사람이 무기다

사람이

한고조 유방의 성공 전략

한의상 지음

무기다

경향신문

[일러두기]

1. 유방(劉邦)은 역사의 흐름과 지위의 상승에 따라 '유계(劉季)', '정장(亭長)', '패공(沛公)', '한왕(漢王)', '황제(皇帝)' 그리고 '한고조(漢 高祖)' 등 다양한 이름과 호칭으로 불려왔고, 기록에도 혼재되어 남아 있으나, 이 책에서는 독자의 혼동을 막기 위해 천하를 통일하기 이전에는 '유방', 이후에는 '한고조'로 통일하여 표기하였다.

2. 모든 외래어와 외국어의 발음은 최대한 우리 독자들에게 친숙한 한자어 발음을 그대로 차용했다.

3. 한자는 처음 나올 때 한 차례만 병기하되, 한자를 병기하지 않을 경우 그 의미에 혼동이 있거나 동음이의어가 빈번한 한자어일 경우 매번 병기를 하였다.

4. 인물의 이름, 지역 명칭과 같은 고유명사의 경우 각종 역사서, 고전 문헌과 비교해 가며 읽는 독자들을 위해 현대 중국어 발음이 아닌 한자어 발음으로 표기하였으며, 신해혁명(1911년 발발) 이후에 주로 활동하거나 언급된 고유명사는 필요에 따라 현대 중국어 발음 표기를 따랐다. 예) 진시황, 항우, 유방 / 마오쩌둥, 저우언라이, 덩샤오핑

5. 책이나 문헌의 이름은 《OOO》로, 해당 책이나 문헌 내의 권(卷)이나 편(篇)의 이름은 〈OOO〉 또는 'OOO'로 표기하였다.

6. 기타 모든 표기는 국립국어원 외래어 표기법에 따랐다.

사람이 무기다

차례

1장 ——— 기꺼이 자신을 낮춰야 상대를 품는다

3장 —— 세상을 얻고 싶다면, 적의 마음까지 얻어라

4장 ——————— 일보다 사람을 보는 게 먼저다

머리말

유방의 강력한 무기는 사람이었다

미래를 제대로 바라보기 위한 고전 학습

매년 새해가 되기 전부터 서점가에는 내년에 어떤 일이 벌어질지 예상하고 분석한 책들이 쏟아집니다. 베스트셀러 순위에도 그런 예측서들이 대부분 높은 순위를 차지해 왔지요. 그런데 몇 해 전부터 분위기가 바뀌었습니다. 사람들이 그런 책들을 이제는 열광적으로 사서 보지 않는 분위기가 형성되었습니다. 그도 그럴 것이, 2019년 말 서점에 숱하게 등장한 수많은 예측서, 트렌드 분석서 중 2020년에 우리가 '코로나(Covid-19)' 때문에 기존과 엄청나게 다른 세상을 살게 될 거라고 이야기한 책은 한 권도 없었습니다. '격리', '백신', '치료제', '마스크' 등 이후 등장한 제품, 트렌드,

생활방식, 사회적 변화에 관해 언급한 책 역시 단 한 권도 없었죠.

그런데 이런 제 이야기가 그런 책들의 무용론을 언급하는 것처럼 들릴 수 있지만, 꼭 그렇지만은 않습니다. 내가 살아온 과거나, 살고 있는 현재에 대해서조차 제대로 말하기 어려운 마당에 아직 살아보지도 않은 미래를 예측하는 것이 가능하리라고 생각하는 것 자체가 무리이고, 그런 시도를 했다는 것만으로도 인정은 해줘야 할 것 같습니다. 다만, 현실을 똑바로 보고, 앞으로 다가올 미래를 틀리지 않은 방향에서 바라보기 위해 우리가 택해야 할 방법은 조금 바꿔야 할 것 같습니다. 아니, 우리는 이미 오래전부터 그 방법을 알고 있었고, 그것을 택했으며, 그 덕분에 많은 도움을 받아 거대한 진보를 이뤄왔습니다. 그 방법은 바로 '역사' 또는 '고전'에 대한 학습입니다.

모든 인간은 다릅니다. 현재 같은 시대를 사는 인간들도 누구 하나 똑같지 않습니다. 한 배에서 난 쌍둥이조차도 모든 것이 똑같지는 않습니다. 하물며 현재를 사는 인간과 수백, 수천 년 전에 살았던 인간이 같을 수는 없겠지요. 달라도 크게 다릅니다. 그러나 어떤 면에서 모든 인간은 같습니다.

시대에 따라, 인종과 민족에 따라, 태어나 자란 나라에 따라, 겉모습이 조금씩 다를 수는 있지만, 외부 환경의 자극에 따라 '어떻게 대응했고', '누구와 손을 잡았으며', '어떤 최후를 맞이했는지'는 크게 다르지 않습니다. 공통된 삶의 방식과 외부의 변화에 반응하는 유형별 모습이 있었으며, 사람과 사람 사이에서 느끼는 감정과 온갖 인간관계의 패턴들이 있었습니다. 그리고 그런 모습들을 제대로만 살피고 분석하면 현대를 사는 우리에게도 접목할 수 있는, 아니 가장 강하고 유효적절한 무기가 될 수 있는 필살기를 얻을 수도 있는 것입니다. 과거에 우리와 비슷한 인간들이 축적해 온 삶의 방식, 성공과 실패의 이야기가 바로 '역사'이고 그런 이야기를 담은 책들이 오랜 시간 사람들의 사랑과 관심을 받아오며 때로는 수정과 보완을 거쳐 대대로 이어지며 발전해 온 것들을 일컬어 우리는 '고전'이라 하는 것입니다.

한 치 앞도 바라보기 힘든 혼란과 혼돈의 시기이며 시대적 격변이 일어나는 듯하면서도 조용히 새로운 진보가 이뤄지고 있는 이때, 저에게 그런 '역사'와 '고전' 중 한 권의 책, 아니 한 사람이 눈에 띄었습니다. 저는 대학원에서 경영학을 전공한 경영학자임과 동시에 여러 개의 기업을 운영하는 사업가입니다. 사업을 하는 입장에서 커다란 변화가 일어나는 격변의 시기는 그야말로 진정한 위기입니다. 제 의사결정 하나에 수백 명의 임직원과 그에 딸린 수천 명의 가족이 거리로 내몰릴 수 있다는 '위협'이 느껴지는 '위험'한 시기이면서 동시에 수많은 경쟁자가 그런 위험한 상황에서 절로 사라져 버리거나, 변화의 물결 속에 이전에는 상상조차 할 수 없었던 커다란 도약의 '기회'를 잡을 수도 있기 때문입니다.

그러다 보니 때로는 위험을 회피하는 데 필요 이상으로 긴장하거나, 조심스럽게 매사를 바라보다 절호의 기회를 놓치고, 주위의 사람을 떠나보내는 우를 범하는 사람들이 있습니다. 반대로 남들보다 먼저, 더 많이 기회를 잡겠다는 일념으로 무리수를 쓰다가 재기불능의 상태로 빠져 버리는 이들도 있습니다.

극히 소수이지만 그렇지 않은 이들도 있습니다. 위협적인 상황에서도 담담한 태도로 전체를 파악하고, 자신이 지켜온 삶의 방식과 철학을 무너뜨리지 않으며, 주위 사람에게 최선을 다해 대하고 그로 인해 자신을 따르지 않았던, 심지어 자신을 적대시했던 사람조차도 감화시켜 자기 사람으로 만들어 성과를 얻고 성공하는 사람들이 있습니다. 그리고 그들이 매번 자신이 살아가는 시대를 자기편으로 만들어 그 시대의 주인공이 되었습니다. 인류의 역사 속에 등장하는 수많은 주인공 중에서도 놀라운 인물이 지금으로부터 2,200여 년 전 중국 땅에 있었습니다. 제가 지금부터 함께 살펴보고자 하는, 한고조 유방이 바로 그 주인공입니다.

지금의 나, 이상적인 나, 그리고 진짜 나

'제나(自我)'와 '얼나(靈我)'라는 말이 있습니다. 일제 강점기 오산학교 교장을 지내며 젊은이들에게 독립정신을 가르쳤고, 씨알 사상으로 유명한 함석헌 선생의 스승으로 알려진 다석(多夕) 류영모 (柳永模) 선생이 하신 말씀입니다. 여기서 제나는 눈앞에 보이는 존재 그 자체로 '나'입니다. 이 존재는 실제의 세상에서 태어나 생존하기 위해 바둥거려야 하고, 다른 이와의 투쟁을 통해 자신이 원하는 것을 쟁취하기 위해 늘 바쁘게 다퉈야 합니다. 당연히 자기중심적인 생각에 빠지고, 나 외에 다른 이들은 타자(他者)로 인식하는 이분법적 사고에 휩싸일 수밖에 없습니다. 끊임없이 조바심을 내고 항상 의심하게 됩니다. 반면, 얼나는 눈에 보이지 않는 그 사람의 인성이나 본성, 본질 등에 가까운 부분이라고 할 수 있습니다. 나와 타자를 굳이 이분법적으로 나누거나 배척하지 않기에 얼나는 나와 타인을 포함한 전체 우주와의 온갖 관계들을 수렴하고 재해석하여 훨씬 더 발전적인 방향으로 끌어내는 것이 가능합니다. 그러므로 다석 선생은 "얼나는 제나가 죽고서 사는 삶이다. 말하자면 형이하(形而下) 생명으로 죽고 형이상(形而上)의 생명으로 사는 것이다. (중략) 그래서 얼나는 영원한 생명이다."라고 말씀하시기도 했습니다. 여기까지 이야기하면 제나는 나쁜 것이고 얼나가 좋은 것으로 생각할 수도 있을 텐데, 맞는 말이기도 하면서 옳지 않기도 합니다. 제나는 현실에 존재하는 나입니다. 이미 부정할 수 없는 사실입니다. 보통의 사람들은 모두 이 제나로서 살아가는 세상에 발을 담그고 살아가고 있습니다. 얼나는 앞서 설명한 그대로 형이상학적인 요소가 강한 세상의 존재입니다. 우리가 추구해야 하는 삶의 존재임은 틀림없지만, 제나 없이 얼나만으로 이 세상을 살아갈 수는 없습니다. 여러 종교에서 성인으로 칭송받는 분들 정도가 얼나라고 할 수 있겠네요. 그렇다면 다석 선생이 "제나가 죽고서야 얼나로 살아갈 수 있다"라고 하신 말씀은 무엇이었을까요?

동양철학 고전인 《장자(莊子)》 〈제물론(齊物論)〉에는 '오상아(吾喪我)'라는 문구가 나옵니다. 글자 그대로 해석하자면 '나는 나를 장사지냈다' 또는 '나는 나를 잃어버렸다'라는 뜻입니다. 저는 이 말이 곧 다석 선생의 '제나가 죽고서야'라는 말씀과 일맥상통한다고 생각합니다. 타인을 의심하고, 어떻게 해서든 이기기 위해서 노력하고, 나 혼자만 잘 살기 위한 삶을 추구하다가 결국 나도 타인도 그다지 잘 살지 못하는 삶을 살아가게 됩니다. 그런 제나로서의 삶을 스스로 참회하고 회개하면서 타인과 함께 어우러져 잘 사는 내면의 목소리에 진심으로 귀를 기울이게 됩니다. 그러면 얼나로서의 삶으로 나아가게 되고, 그것이 바로 기존의 나를 장사지내고 새로운 나를 찾는 과정인 것이지요. 그런 과정을 통해 제나와 얼나가 서로 화합한 참나(眞我)가 되어야 한다는 것을 강조해서 하신 말씀이라 생각합니다.

제나인 사람은 주변에서 쉽게 발견할 수 있습니다. 그리고 그런 제나들 속에서 능력을 발휘해 한때나마 권세를 쥐고 이름을 알린 인물들도 있습니다. 이 책에서 유방과 더불어 숱하게 등장할 항우와 같은 인물들이 대표적입니다. 그러나 그의 말로는 불행했습니다. 산을 옮기고 세상의 문을 열 정도로 막강한 능력을 보유하고 있음에도 불구하고 최후의 승자는 그가 아니었죠. 대신 그 승자의 자리에 오른 것은 변변치 않은 제나를 가졌던 유방이었습니다. 항우보다 덩치도 작고, 힘도 약했으며, 집안도 변변치 않았고, 따르는 군사도 많지 않았던 유방이었지만, 타고난 제나를 극복하고 얼나를 추구해 진정한 참나를 구현해 낸 인물이었습니다. 제나는 시대와 환경의 변화에 휘둘리거나 영향을 받습니다. 얼나는 현실의 세계에 구현하기에는 지나치게 피상적이라는 느낌이 들 수 있습니다. 그러나 참나는 다릅니다. 현실의 세계 속에 살아가면서도 세상을 지나치게 내 편 네 편으로 가르지 않고 '함께 잘 사는 우리'로 만들어 낼 수 있습니다. 유방은 그것을 깨우쳤기에 하루가 다르게 새로운 나라가 세워졌다가 망해가고, 수많은 영웅이 등장했다가 사라져간 격동의 시기에 세상을 자신의 편으로 만들고, 자신 역시 세상의 편이 되어 항우를 비롯한 숱한 경쟁자를 물리치고, 중국 역사상 유례를 찾을 수 없이 긴 시간 동안 영속했던 통일국가였던 한나라를 건국할 수 있었습니다. 코로나가 우리의 삶을 휩쓸고 지나간 격동의 시기에 우리가 유방과 항우, 그중 특히 유방에 관해 관심을 가져야 하는 이유입니다.

유방의 위대한 무기

코로나 팬데믹으로 촉발된 변화의 시기에 이제 우리는 다시 세상에 나서야 합니다. 완벽하게 변해버린 세상에 맞서 용감하게 나아가야 합니다. 이때 우리가 손에 쥘 무기는 무엇일까요? 우리가 이겨내기 위해, 또는 우리를 지키기 위해 반드시 가져야 할 무기는 무엇일까요?

재택근무와 원격 근무 등이 일상이 되었던 시기를 겪으며 갈고 닦은 IT 기술일까요? 아니면, 우리 인간을 대신해 많은 일을 훌륭하게 처리하고 있는 AI 기술일까요? 또는 내연기관을 밀어내고 이제 모빌리티(Mobility)의 대세가 된 전기차 기술일까요? 유용한 수단은 될 수 있겠지만, 완벽한 무기는 될 수 없을 것 같습니다. 저는 우리가 다시 한번 손에 쥐어야 할, 그리고 머리와 마음에 담아야 할 무기는 '인간'이라고 생각합니다. 수천 년 전 유방이 그랬던 것처럼 말이죠.

여기서 '무기'는 단순히 적을 무찌르는 병기가 아닙니다. 인간은 때때로 숫자나 통계로 판단하기 어려운 무한 기회를 가져다주는 '무기'가 됩니다. 수적으로 엄청난 열세이거나 도저히 이길 수 없는 상황임에도 불구하고 신출귀몰한 전략과 방책으로 유방에게 승리를 안겨 주었던 장량(張良) 같은 인물이 그런 '무기'였습니다. 때로는 내가 싸우고자 하는 의욕을 잃고 포기하며 쓰러져갈 때 다시 한번 힘을 내 싸울 수 있는 기운과 기백을 제공해 주는 '무기'가 되어 주기도 합니다. 매번 유방이 패전을 할 때마다 신기하게도 어디서 구했는지 종잡을 수조차 없는 군량과 지원병을 모아와서 '힘내라'라며 기운을 북돋아 주었던 소하(蕭何) 같은 인물이 그런 '무기'였습니다. 어떤 때 인간은 그 자신의 무예와 기술로 역경을 극복하고 문제를 해결해 내서 말 그대로 유용한 무기가 되어 주기도 합니다. 남다른 무공과 전투기술로 연전연승하며 한나라의 영토를 넓혀 나갔던 한신(韓信)이 그런 '무기'였습니다. 어떤 때 인간은 보잘것없어 보이기도 하지만, 아무것도 기록되지 않은 백지와도 같은 모습으로 어떻게 적어 나가고, 갈고 닦느냐에 따라 무한한 가능성을 보여주는 무기가 되어 주기도 합니다. 개장수, 악사, 백수였다가 한나라의 장수로 맹활약하게 되는 번쾌(樊噲), 주발(周勃), 노관(盧綰) 같은 유방의 동네 아우들이 바로 그런 '무기'였습니다. 유방에게만이 아니라 인간은 우리가 궁극적으로 함께 가져가야 할 무기가 되어 줍니다. 저 역시 그 막강한 무기 덕분에 지금의 자리에 올 수 있었습니다.

제가 어려움을 겪을 때마다 가장 강력한 무기가 되어 준 것은 가족이었습니다. 배움이 짧고 가진 것 없으셨지만, 저를 낳아 길러 주신 부모님은 그 존재만으로 제가 열심히 노력하고 쓰러져도 다시 일어날 수 있게 만들어 준 가장 강력한 '무기'였습니다. 사업을 하면서 부정한 방법에 한눈팔거나 도덕적인 나태함의 유혹에 빠져들려고 할 때마다 저를 단단히 붙들어 매주고 그 모든 유혹에 맞서 싸울 수 있도록 도와준 것은 현명한 아내라는 '무기'였습니다. 다시 한번 배움의 길로 뛰어들어 박사학위를 따고 다른 이들에게 지식과 정보를 나눠주는 교수로 나설 때 가장 도움이 된 '무기'는 믿음직스러운 두 아들과 며느리, 그리고 귀여운 손주였습니다. 더불어 비즈니스라는 21세기의 전쟁터에서 만났던 숱한 동료들, 선후배들이 모두 저의 든든한 무기가 되어 주었습니다.

때로는 저 역시 다른 이의 무기가 되어 주기 위해 노력해 왔습니다. 지금은 저희 계열사 중 한 곳이 된 회사를 인수할 때 당시 그 회사를 이끌고 있던 최영호 대표에게 "축하합니다"라고 한 적이 있습니다. 무슨 영문인지를 몰라서 의아한 표정이었던 그에게 "내가 당신을 인수한 것이 아니라 당신이 나를 인수한 것입니다"라고 말해 주었습니다. 그리고는 그에게 경영을 그대로 맡기고 제가 그의 무기가 되어 열심히 뛰었습니다. 실제 국내는 물론 세계적으로 손꼽히는 진단의약 분야의 전문가였던 최영호 대표는 사업 전문가였던 저라는 무기를 손에 쥐게 됨으로써 추가적인 투자를 유치하면서 안정적인 경영을 하게 되었고, 자신이 경영하는 엑세스 바이오를 세계적인 진단키트 기업으로 성장시켰습니다. 이 외에도 저는 시간만 되면 저라는 무기를 쓰고 싶어 하는, 제가 유용한 무기가 되어 줄 수 있는 사람을 돕기 위해 나서고 있습니다.

지금부터 유방과 그의 곁에 있었던 인간이라는 막강한 무기에 관한 이야기와 제가 경험한 일들을 함께 이 책에 담아보고자 합니다.

합리적 추론과 가설을 바탕으로 살펴본 유방의 삶과 지혜

일본 슈지츠대학(就實大學) 인문과학부 종합역사학과 교수이자 베이징대(北京大) 중국 고대사연구센터 겸임연구원인 리카이위안(李開元) 박사는 중국과 일본은 물론 전 아시아에서도 손꼽히는 진한사(秦漢史) 연구의 세계적 권위자입니다. 몇 해 전 출간돼 국내에도 같은 제목으로 선을 보인 그의 책《초망(楚亡)》의 서문에서 역사학의 지식구조를 '3+N'이라 표현한 바가 있습니다.

즉, 실제로 일어난 '사실'이 첫 번째 역사이고, 그를 그대로 받아쓰거나 기록한 문헌 또는 사실의 내용을 실제로 입증하는 각종 유물 등 '사료(史料)'가 두 번째 역사이며, 당대 또는 후대에 역사가가 기록한 '사서(史書)'가 바로 세 번째 역사입니다. 거기서 끝이 아니라 역사에는 그에 더한 N개만큼의 추가적인 것들이 덧붙여지게 되고, 유능한 역사학자라면 앞의 세 가지 역사뿐만이 아니라 그로부터 연장된 N개의 역사에도 관심을 가져야 한다고 주장하고 있습니다.

그 N개의 역사에 포함되는 것 중 대표적인 것이 '합리적인 추측'과 '가설'이라고 합니다. 리카이위안 교수는 제대로 된 역사학자라면 사실에 가장 근접한 사료를 기준으로 역사를 천착해 나가되, 빠진 부분이 있으면 시야를 낮추거나 더 넓혀 상상과 추측으로 역사의 파편을 서로 잇고, 구멍 난 곳을 메워 나가야 한다고 이야기했습니다. 저 역시 그 의견에 전적으로 동의합니다.

저는 이 책을 쓰기 전 《사기(史記)》의 〈본기(本紀)〉와 〈열전(列傳)〉을 포함해 진한(秦漢) 시기를 다룬 사료와 사서들은 물론이거니와 《초한지(楚漢志)》나 일본 작가 시바료타로(司馬遼太郎)가 지은 《항우와 유방》과 같은 소설, 그리고 중국의 여러 방송사에서 제작한 항우와 유방을 주인공으로 한 드라마까지 숱한 자료들을 섭렵해 왔습니다. 심지어 한·중·일 각국의 경영학자나 행정학자, 자기계발서 작가들이 지은 유방이나 항우에 관한 책들까지 도서관과 서점에서 눈에 띄는 족족 구해와서 탐독하기까지 했습니다. 특히 정확성을 기하기 위해 대학에서 한학을 공부한 연구원의 도움을 받아 한자로 된 원전을 기준으로 살을 붙여 나가는 방식으로 글의 골격을 잡았습니다.

거기에 제가 수십 년간 여러 기업을 경영하며 배우고 느꼈던 것들을 더했습니다. 유방과 항우, 그리고 장량, 한신, 소하 등등의 인물들이 지금의 우리에게 다가와 자신들의 이야기를 들려준다면 이렇게 얘기했으리라는 합리적인 추론과 가설을 가지고 이 책에 살을 붙였습니다. 그 덕분에 유방의 이야기로 시작했다가 어느

새 그 이전 시기의 중국 역사로 이어지고 다시 수천 년 이후 현대 서울의 기업 회의실로 연결되는 서사 구조를 갖게 되었습니다.

그를 통해 유방이 지금으로부터 수천 년 전에 태어나 잠시 활약하고 사라져간 기원전의 인간이 아니라 21세기의 우리와 함께 호흡하고, 책을 읽는 독자들 곁에 다가와 그 특유의 능글맞으면서도 진솔한 목소리로 자신의 삶과 지혜를 들려줄 수 있도록 했습니다. 모쪼록 이 책이 어려운 시기를 살아가는 우리 모두에게 작은 희망과 깨달음의 메시지가 될 수 있기를 기원합니다.

2022년 6월
한강이 내려다보이는 서재에서
2,200년 전 중국 대륙을 누비던 한 영웅을 기리며, 씀

인간은 때때로 숫자나 통계로 판단하기 어려운 무한 기회를 가져다주는 '무기'가 됩니다. 수적으로 엄청난 열세이거나 도저히 이길 수 없는 상황임에도 불구하고 신출귀몰한 전략과 방책으로 유방에게 승리를 안겨 주었던 장량(張良) 같은 인물이 그런 '무기'였습니다. 유방에게만이 아니라 인간은 우리가 궁극적으로 함께 가져가야 할 무기가 되어 줍니다.

1

기꺼이 자신을 낮춰야 상대를 품는다

고조는 육생이 못마땅했지만, 부끄러워하는 낯빛으로 말했다.

"나를 위하여, 진나라가 어떻게 천하를 잃었고, 내가 어떻게 천하를 얻었으며, 고대 국가들의 성공과 실패는 어떠했는지 글을 지어 올리시오."

육생은 이에 국가의 존망 징후에 대한 글을 무릇 열세 편 지었다. 그가 글을 지어 올릴 때마다 고조는 칭찬하지 않은 적이 없었고, 곁에 있던 사람들은 모두 만세를 외쳤다(高帝不懌而有慚色, 乃謂陸生曰:"試為我著秦所以失天下, 吾所以得之者何, 及古成敗之國." 陸生乃粗述存亡之徵, 凡著十二篇. 每奏一篇, 高帝未嘗不稱善, 左右呼萬歲).

《사기》 권97, 〈역생육가열전〉

사람을 품을 줄 아는 사람

> (전략) 장년이 되어 시험을 쳐서 관리가 되었는데, 사수정의 정장이
> 되었다. 관아의 관리들치고 그를 업신여기지 않는 자가 없었으며
> 그는 술과 여자를 좋아했다. (후략)(前略 及壯, 試爲吏, 爲泗水亭長, 廷中
> 吏無所不狎侮, 好酒及色. 後略).
>
> 《사기본기》 권8, 〈고조본기〉, 두 번째 절

사수정 정장으로 시작한 위대한 리더

중국은 넓은 땅, 많은 인구, 오랜 역사 때문이었는지 모르겠습니다
만, 수많은 전란을 겪은 것으로 유명한 나라입니다. 어떻게 헤아리
는가에 따라서 제각기 다르기는 하지만, 국가와 국가 사이에서 벌

어진 우리가 '전쟁'이라고 일컬을 만한 규모의 다툼만 쳐서 1만 회라고 하는 이도 있고, 그 열 배인 10만 회라고 하는 이도 있으며, 아예 '셀 수 없다'라고 두 손을 들어버릴 정도입니다.

그런 중국에서도 가장 전란이 많이 벌어진 곳이 있습니다. 바로 장쑤성(江蘇省) 쉬저우(徐州) 인근 지역입니다. 이 지역은 춘추전국시대, 초한쟁패기, 위촉오 삼국시대, 남북조시대, 원명 교체기 등 중세와 고대 시기는 물론이거니와, 근대 이후 중일전쟁과 국공내전 시기에도 가장 극렬한 전투가 수시로 벌어진 곳이었습니다. 오죽했으면 한 군사 칼럼니스트는 이 지역을 일컬어 '울타리 없는 전쟁 박물관' 또는 '살아있는 전쟁사 교과서'라고 했을 정도였습니다.

그러다 보니 이 지역은 작은 마을만 가도 역사적인 전쟁 유적을 볼 수 있고, 집을 짓기 위해 땅을 팔 때마다 숱하게 갑옷 파편과 부러진 화살촉들이 발굴되다 보니, 웬만한 시기의 전쟁 유물은 제대로 된 유물 취급조차 받기 어려울 정도입니다.

이곳 쉬저우가 이토록 자주 전쟁터가 된 까닭은 평상시에는 축복인 줄 알았던 입지 조건 때문이었습니다. 쉬저우는 서쪽으로는 황하의 물길을 따라 광활한 대륙으로 뻗어 나갈 수 있고, 동쪽으로 롄윈강(連雲港)을 통해 바다로 흘러 나갈 수 있는 천혜의 지리적 이점을 바탕으로 오랫동안 교통의 요지이자 상업의 중심지 역할을 톡톡히 해왔습니다. 멀리는 서역에서부터 실려 온 낙타 가죽과 향유들이 강과 호수에 띄운 배에 실려 항구까지 간 뒤 큰 배로 옮겨져서 북쪽 연안 도시와 남쪽 섬으로 팔려 나갔습니다. 역으로 바다에서 만들어진 소금과 염장한 각종 해산물이 내륙 깊숙한 곳으로 실려가는 시작점 역시 쉬저우였습니다. 교통이 발달하고 산업이 융성하니 돈이 풍족했고, 그 돈을 바라는 사람들이 몰려드니 사람으로 붐볐습니다. 도시가 융성하지 않을 수가 없었습니다.

그러다 보니 이 지역을 차지하기 위해 수많은 세력이 다퉜습니다. 작게는 도적의 무리나 지역 단위 반란군부터 크게는 천하 대업을 꿈꾸던 영웅호걸들까지 사람을 모으고 세력을 불리기 위해 이곳을 근거지로 삼았고, 그러니 당연히 다툼이 빈번할 수밖에 없었습니다.

그런 쉬저우에 속해 있는 여러 마을 중에서도 패현(沛縣)은 조금 독특한 지역이었습니다. 위로는 남양호에서 시작해 독산호, 조양호, 끝으로 미산호로 이어지는 4개의 호수를 끼고 있어 마치 커다란 물동이를 머리에 지고 있는 사람의 형상과도 같은 시골 마을이었습니다. 매일 아침이면 물안개가 자욱하게 피어올라 한 치 앞도 보이지 않다가 정오가 다 되어서야 비로소 쾌청한 하늘을 볼 수 있었습니다. 물기를 한껏 머금은 땅은 맑은 날에도 질척거리는 일이 잦았습니다. 마을 이름에 쓰인 '패(沛)'라는 단어 자체가 한자로 '늪'을 뜻하는 글자였을 정도입니다.

그래서였을까요? 바닷가 개펄처럼 검은빛이 감도는 흙으로 이뤄진 농토는 비옥했고, 오랜 가뭄이 들어도 파종을 하고 어렵지 않게 수확할 수가 있었습니다. 그렇기에 패현은 오랜 기간 지역 내 요충지로 여겨졌고 규모보다 지역 내에서의 위상은 인근 다른 마을은 비교할 수 없을 정도로 높았습니다.

진시황이 천하를 통일하고 세운 진(秦)나라가 이곳을 다스리던 무렵, 진나라는 다섯 집을 묶어 행정구역상 최소 단위인 '린(隣)'이라 하였고, 그 린을 5개씩 묶어 '리(里)'라고 불렀으며, 대략 10개 정도의 리를 모아 '정(亭)'이라 하였습니다. 그리고 그 정에는 정장(亭長)이라는 하급 말단 관리를 두어 마을을 다스리도록 했는데, 정장이라는 직위는 250여 가구를 관리하는, 지금으로 치자면 통장 또는 파출소장 정도 되는 벼슬자리였던 셈입니다. 패현에는 여러 개의 정이 있었는데, 사수정(泗水亭) 역시 그중 한 곳이었습니다.

이 사수정에도 당연히 정장이 있었는데, 말이 정장이지 동네 건달패의 우두머리에 지나지 않았습니다. 그는 해가 중천에 떠오를 무렵 느지막이 일어나 저잣거리로 나아가 동네 후배들과 어슬렁거리다가 마을 일을 돌본다는 빌미로 사람들 일에 '감 놓아라 배 놓아라' 참견하는 것이 주된 일과였습니다. 당연히 술과 노름이 빠질 리가 없었습니다. 날이 어둡기도 전에 술잔을 돌리기 시작해 꼬박 밤을 지새운 뒤 새벽녘이 다 될 때까지 술판을 벌였습니다. 술을 마시던 이들이 모두 취해 곯아떨어지든지 술집의 술을 다 마셔 버려야 술자리가 끝이 났습니다. 그제야 자리를 파하고 집에 들어와 잠자리에 들고는 했습니다.

그 모습을 지켜보던 당시 사람들은 이 사수정의 정장이 중국 역사상 가장 위대한 리더, 인류 역사상 가장 유명한 영웅 중 한 사람이 되리라는 것을 몰랐을 것입니다. 이제 시작하는 이야기는 지금으로부터 2,200여 년 전, 그때 그의 이야기이자 오늘을 살아가는 우리의 이야기입니다.

또 하나의 아우를 얻는 법

건달 주정뱅이, 아니 사수정의 정장이었던 이의 이름은 유계, 우리에게는 유방이라는 이름으로 더 잘 알려진 사람입니다. 우여곡절 끝에 정장이라는 말단 벼슬자리를 하기 전까지 유방은 이렇다 할 학업을 쌓지도 않고, 무예를 익혀 전쟁에 나가 공을 세울 생각도 없이 동네에서 선후배, 친구들과 어울리며 하릴없이 시간을 허비하고 있었습니다. 물론 유방이 까마득히 높은 자리에 오른 뒤인 후대에 쓰인 일부 역사서는 이 시기를 '때를 기다리며 세력을 만들어 나가던 시기'라거나, '마을의 정의를 지키는 의협심 넘치던 청년 시절'로 미화시켰습니다. 그러나 《사기》 〈고조본기(高祖 本紀)〉에 조차도 '틈만 나면 술판을 벌이고, 수시로 싸움에 휘말렸던' 것으로 기록되어 있는 것으로 보면 유방의 이 시기는 동네 건달, 또는 쓸데없이 동네를 어슬렁거리는 한량 그 이상도 이하도 아니었습니다.

당연히 그런 그와 어울리는 이들도 비슷한 부류의 인물들이 대부분이었습니다. '개장수'였다고 알려져 있지만, 하는 행동을 보았을 때 가장 하층민인 '개백정'에 가까웠던 번쾌, 초상집마다 찾아다니면서 나팔을 불어주고 상주로부터 수고비를 받아 연명했던 주발, 관아에서 기르던 말들을 관리하던 마부 출신 하후영(夏侯嬰), 심지어 친구 노관은 아예 직업이 없는 백수였습니다. 하는 일들이 다들 변변치 않고 사정들이 이러하다 보니 그들은 모였다 하면 술판이었고, 술판의 끝에는 늘 크고 작은 다툼이 있었습니다. 그런데 그런 다툼을 묘사한 기록 중 한 가지 흥미로운 모습이 있습니다.

어느 날 유방 일당은 유방의 부인(실제로 혼례를 올리지는 않았고 함께 살지도 않았으니 애인이나 여자친구에 가까웠을 겁니다)이 운영하는 술집에서 술판을 벌이고 있었습니다. 한창 흥에 겨워 술잔을 주거니 받거니 하고 있는데, 맞은편 자리에서 고성이 오가는 것이었습니다. 사연인즉 밥과 술을 먹은 손님 하나가 공연히 시비를 걸며 술값을 내지 못하겠다며 버틴 것이었습니다. 유방의 아우들이 술잔을 내려놓고 몰려들어, "돈 없다, 배 째라"라고 버티는 손님을 둘러싸고 여차하면 몰매를 퍼부으려고 했습니다. 상황이 심각해지도록 술잔을 내려놓지 않고 마치 남의 일 보듯이 하고 있던 유방이 느릿느릿 아우들에게 다가와 자리로 돌아가라고 지시를 내렸습니다. 그리고 중재하듯 아직도 씩씩거리고 있는 손님에게 다가가 가만히 속삭였습니다.

"이봐, 나는 이곳을 다스리는 사수정 정장일세. 어지간하면 이쯤에서 술값은 내는 게 어떻겠나?"

그러나 술에 반쯤 취한 손님은 계산할 마음이 없어 보였습니다. 그 모습에 다시 흥분한 아우들이 이번에는 어디서 구했는지 몽둥이까지 들고 와 한바탕 매타작을 할 태세였습니다. 그러자 유방은 이전까지 볼 수 없던 근엄한 모습으로 아우들과 손님 모두에게 훈계를 했습니다. 우선 아우들을 향해 "몽둥이를 내려놓고 자리로 돌아가 술이나 마셔라"라고 다그쳤습니다. 그런데 가관이었던 것은 손님에게 훈계랍시고 한 말이었습니다. 그는 여전히 정신을 못 차리고 있는 손님에게 "자네는 말이지, 내가 누구고, 여기가 어디인 줄 알고 이렇게 말썽을 피우는 건가? 얌전히 술값을 내고 돌아가지 않는다면! 그렇지 않으면… 내가 내주겠네."라고 말했습니다.

그리고 말이 끝나자마자 아예 그 손님의 자리에 퍼질러 앉아 술과 안주를 더 시켜서 거하게 술판을 벌였습니다. 조금 전까지 크게 한판 붙을 것 같았던 아우들도 함께 술을 따르고 건배를 하였습니다. 결국 이날 유방은 또 하나의 '아우'를 얻게 되었습니다.

유방의 유일한 무기

확실히 이 시기의 유방은 지금 시대의 눈으로 보아도 영웅호걸보다는 하릴없이 삶을 낭비하는 건달이나 한량의 모습에 가깝습니다. 한참 나이를 먹고서도 하는 일이라고는 또래 사내들과 몰려다니며 농담이나 하고 술판이나 벌이는 게 다였습니다. 조선조의 성리학자 성호 이익(李瀷) 선생은 그의 책 《성호사설(星湖僿說)》에서 '수정장점(隨定粧點)'이라 하여 "역사라는 것이 승자의 기록이므로, 승패의 결과에 따라 승리한 자는 한없이 미화되어 영웅호걸로 그려지고, 패배한 자는 아무짝에도 쓸모없는 악당으로 그려지기에 십상이다."라며 그러한 방식으로 역사를 서술하지 말아야 함을 강조한 적이 있었습니다.

그러나 성호 선생의 당부에도 불구하고 우리나라를 포함한 전세계 대부분 역사서는 승자에게는 한없이 너그럽게, 패자에게는 지나치게 혹독하게 기록하는 경우가 일반적입니다.

그런 점에서 진시황에 이어 중국을 다시 통일시켰으며 한자, 한족 등의 유래가 되는 한(漢)을 세운 왕에게 후대의 역사가들이 매정하게 대할 이유가 전혀 없었습니다. 그런데도 역사서 이곳저곳에 '건달', '한량', '허풍선이' 등으로 박하게 기록된 걸 보면 확실히 젊은 시절의 유방은 그다지 변변치 않았던 인물이었는 듯합니다.

앞서 이야기한 애인이 하는 술집 기록에 따르면 이 술집은 허구라고 하는 곳도 많습니다. 또한 왕(王)씨 할멈이 하는 술집과 무(武)씨 아줌마가 하는 술집에도 단골로 드나들었습니다. 두 사람 모두 남편을 잃은 과부로 시어머니와 며느리 사이였다는 기록도 있는데 이 역시 확인되지 않은 사실입니다. 분명한 건 두 여인이 하는 술집을 뻔질나게 드나들었다는 것만큼은 사실인 듯합니다. 주량 자체는 그다지 세지 않았는 듯, 유방은 술만 마셨다 하면 곯아떨어지는 것이 일이었습니다. 술값은 당연히 늘 외상이었지요. 그런데도 왕씨 할멈과 무씨 아줌마가 유방을 손님으로 받아준 것은 신기하게도 그가 등장만 하면 그날은 술집이 손님들로 꽉꽉 미어터졌기 때문입니다. 일단 유방은 절대로 혼자 다니는 법 없이 '아우'라고 부르는 이들 십여 명을 몰고 다니기도 했지만 그보다도 웬일인지 모르게 그가 나타나면 몇 년간 뜸했던 손님이 다시 찾아오거나, 그냥 먼 길을 가던 뜨내기가 웬 술집에 대낮부터 사람이 바글바글하니 신기해서 들어오거나 하여 사람이 들끓었습니다. 그러다 보니 왕씨 할멈과 무씨 아줌마는 유방 패거리가 오면 장부에 그들이 마신 외상 술과 안주를 빼곡히 적어 놓았다가도 일정 기간이 지나면 그 장부를 찢어서 버리기를 반복했다고 합니다. 그녀들이 장부를 찢었던 것에는 놀라운 이유가 있는데, 그것에 숨겨진 이야기를 뒤에서 들려 드리겠습니다.

'늘 사람을 몰고 다니고, 항상 주변에 사람이 들끓는 것'이 이 시절 유방이 그나마 미래에 우리가 아는 그 영웅호걸 '한고조'가 되는 그 유방과 같은 인물임을 예측할 수 있는 유일한 모습이자, 그가 가진 유일한 무기였습니다. 그러나 얼마 지나지 않아 그 유일한 모습이자 유일한 무기가, 위대한 모습이자 최고의 무기가 되는 일들이 벌어지게 됩니다.

기다리는 사람만이 자신의 시간을 낚는다

고조가 일찍이 함양에서 부역하고 있을 때 진시황의 행차를 보게 될 기회가 있었다. 그는 길게 탄식하여 말했다. "아, 대장부라면 응당 저래야 할 것이다!"(高祖常繇咸陽, 縱觀, 觀秦皇帝, 喟然太息曰 "嗟乎, 大丈夫當如此也!").

《사기본기》 권8, 〈고조본기〉, 세 번째 절

세월을 낚는 낚시꾼, 강태공

기원전 1040년대 중반, 아직 주(周)나라의 세력이 미미했던 시기에 성군으로 칭송받던 문왕(文王)은 자신을 도와 나라를 다스릴 현명한 신하를 찾아 온 세상을 헤매고 있었습니다. 그의 아버지 태공(太公) 희계력(姬季歷)은 자기 아들 문왕에게 "후세에 주나라에 반드시 성인이 찾아올 것이다. 그를 등용하면 길이 번성할 것이다."라고 예언을 했습니다.

사실 예언이라기보다 평범한 덕담에 지나지 않았지만, 문왕은 아버지의 말을 철석같이 믿었습니다. 그리고 낮이고 밤이고 인재를 찾아 나섰습니다. 문왕이 나랏일을 맡길 인재를 찾고 있다는 소문을 들은 중국의 난다 긴다 하는 인재들이 궁궐로 몰려들었지만, 그들 중 문왕의 눈에 차는 이는 단 한 사람도 없었습니다.

그러던 어느 날, 왕의 명으로 매일 길흉화복 점을 치는 일을 담당하고 있던 신하가 주역 팔괘로 점을 치더니 깜짝 놀라서 문왕에게 달려왔습니다.

"폐하! 그토록 찾으시던 현인(賢人)을 만나실 수 있다는 점괘가 나왔습니다."

신하가 알려준 점괘에 따르면 며칠 뒤 '위수'라는 강가에 가면 백발노인을 만날 수 있는데, 그가 문왕이 찾아 헤매던 바로 그 훌륭한 인재라는 것이었습니다. 문왕은 그날부터 몸가짐을 바르게 하고, 언행을 조심하며 하루하루를 보냈습니다. 만남이 정해진 날에는 새벽같이 일어나 목욕재계까지 한 뒤 문무백관들을 거느리고 위수로 향했습니다. 점사를 담당한 신하의 점괘대로 그곳에는 백발노인이 강물에 낚싯대를 드리우고 앉아 있었습니다. 보기에는 강가에서 흔하게 마주칠 수 있는 낚시꾼에 지나지 않았지만, 문왕은 혹시나 하는 기대에 그에게 몇 마디 말을 건네 보았습니다.

　수백 명의 관료와 그 몇 배나 되는 중무장한 장수, 그리고 병졸들이 늘어선 가운데 왕이 던진 질문에 백발노인은 전혀 위축되거나 당황한 기색 없이 태연하게 답했습니다. 문왕이 던진 질문들은 지난 수년간 그의 머릿속을 복잡하게 했던 문제들이었고, 노인의 답은 그런 문제들을 단번에 해결해 주는 신통방통한 절묘한 답들이었습니다. 문왕은 그가 바로 자신이 그토록 찾던 현인이자 성인임을 직감하고는 그를 궁으로 모셨습니다. 그리고 그에게 자신의 아버지(太公)가 바라던(望) 성인이라는 뜻으로 '태공망(太公望)'이라는 호칭을 내렸지요. 원래의 이름은 강상(姜尙)이었던 백발노인은 그때부터 강씨 성을 가진 태공망이라는 뜻으로 강태공이라 불리기 시작했습니다. 강태공은 이후 지혜를 발휘해 문왕을 여러 차례 위기에서 구해내고, 문왕의 아들 무왕까지 잘 보좌하여 그들이 상나라를 물리치고 주나라를 굳건히 세울 수 있도록 도왔으며, 산둥반도 일대를 다스리는 제후로 봉해져 제나라를 건국하게 됩니다.

　그런데 그의 이름이 후세에 널리 알려진 것은 이러한 업적 때문만은 아닙니다. 정작 그를 더 유명하게 만든 것은 문왕에게 발탁되기 전까지 그가 강가에서 보였던 행동이었습니다. 그의 행동이 수많은 야사에 언급되고, 호사가들의 입에 오르내리면서 마치 동화 속 한 장면 또는 무협지의 한 페이지처럼 사람들을 매료시켰습니다.

강태공은 어린 시절부터 배움을 좋아하고, 하나를 배우면 열을 깨우치는 지혜로움을 갖고 있었지만 무슨 꿍꿍이속이었는지 벼슬길에 나서지 않았습니다. 주위에서 여러 차례 추천을 해주겠다고 나섰지만, 그럴 때마다 불같이 역정을 내고는 집 근처 위수로 나가 낚싯대를 드리우고는 했습니다. 그러기를 수십 년, 그의 나이는 어느새 70세를 훌쩍 넘어가고 있었습니다. 기록에 따라서는 80세가 넘어섰다는 이야기도 있으나, 이 무렵은 정확하게 역사가 기술되기 이전 시대의 일이므로 조금은 감안해서 읽을 필요가 있겠습니다. 그런데 늘 그를 지켜보던 이들이 한 가지 이상한 점을 발견하게 되었습니다. 하루도 빠짐없이 강가에 나와 낚싯대를 드리우고 종일토록 앉아 있기는 하는데, 정작 집으로 돌아갈 때 물고기를 가져가는 모습을 누구도 보지 못한 것이었습니다. 궁금해하던 사람들은 이내 그 이유를 알게 되었습니다. 그가 낚싯바늘을 강에 던질 때 유심히 살펴보니 바늘은 일자로 펴져 있고, 바늘에는 아무런 미끼도 끼어 있지 않았습니다. 물고기가 낚이지 않은 것은 당연한 일이었던 것이죠.

그 모습을 지켜본 동네 사람들은 물론이거니와 낚시하는 모습을 구경하던 나그네까지 그에게 "왜 그런 낚싯바늘로 고기를 낚으려 합니까?"라고 물었습니다. 그럴 때면 그는 시큰둥하게 다음과 같이 답했다고 합니다.

1장_ 기꺼이 자신을 낮춰야 상대를 품는다

"내가 물고기를 낚으려고 여기 나와 있는 것으로 보이시오? 나는 세월을 낚으려고 여기 앉아 있는 거라오."

그의 대답이 후세까지 널리 알려져, '세월을 낚는 어부, 강태공'의 이야기가 만들어지게 되었습니다.

세기의 라이벌, 유방과 항우

역사를 유심히 살펴보면 이처럼 '세월을 낚는 낚시'를 해온 이들을 은근히 여럿 발견할 수 있습니다. 그중 대표적인 사람이 바로 유방이었습니다. 사실 유방은 앞서 이야기한 강태공처럼 뭔가 그럴듯한 행동을 하면서 때를 기다렸다거나, 남들의 물음에 멋들어진 이야기로 포장하여 자신이 때를 기다리는 사람이라고 내세우지 않았습니다. 당시 평범한 시골 마을의 청년들처럼 그저 술과 여자, 그리고 싸움박질을 하며 하루하루를 '낭비'했을 따름입니다. 역사를 연구하는 사람들 사이에서는 유방이 일부러 파락호(破落戶)[1] 노릇을 하며 사람들의 눈을 속인 거라고 이야기하는 사람도

---

1. 재산과 권력, 출중한 재능을 갖고 있음에도 불구하고 허튼짓을 하며 자산을 털어먹는 난봉꾼.

있습니다.

그도 그럴 것이 유방은 기원전 247년도 태어났습니다. 학설에 따라서는 기원전 256년에 태어났다는 설도 유력하지만, 일단 좀 더 많은 이들이 정설로 여기는 연도를 택하기로 합시다. 그해는 공교롭게도 나중에 '시황제(始皇帝)'가 되는 영정(嬴政)이 아직 제후국 신분이었던 진(秦)나라의 왕에 즉위한 해이기도 했습니다. 이후 유방이 한창 20대 혈기 왕성한 무렵에 영정은 거의 매년 한 나라씩을 멸망시키며 천하통일을 향해 질주해 나가고 있었습니다. 하루가 멀다고 전투가 벌어졌다는 소식이 들렸고, 가끔 거리에는 전쟁에 휘말린 고향을 떠나 피난길에 오른 유랑민들과 신체에 성한 부위가 별로 없는 패잔병들 무리가 지나가고는 했습니다. 몇 년마다 한 번씩 건장한 사내들을 군역(軍役)이나 사역(事役)으로 차출해 갔는데, 한번 가면 몇 년간 못 돌아오는 것은 물론, 그나마다 돌아오지 못하고 절반 이하의 숫자만 겨우 살아 돌아올 수 있었습니다. 이런 상황에 살아남기 위해서 유방이 선택한 삶의 모습이 한량이고 동네 건달패와 어울려 다녔다는 설명입니다. 하지만 그렇다 하더라도 젊은 시절 유방은 삶을 낭비하는 모습만 보여줬습니다.

그가 슬쩍슬쩍 보여준 행동거지나 내뱉은 말 속에 범상치 않음이 담겨 있습니다. 유방의 이 시절은 그저 애먼 짓거리를 하며 허송세월을 한 것처럼 보일 수 있지만, 세심히 살펴보면 그가 숱한 영웅호걸들을 자신의 수하에 두고 강력한 경쟁자들과의 승부에서 이길 수 있었던 힘을 기르고 있었던 셈입니다.

반면, 이후 수십 년간 유방과 천하를 두고 목숨을 걸고 겨뤘던 이는 달랐습니다. '힘으로는 산을 뽑아낼 듯하고, 기세로는 세상을 덮을 만하다'라는 뜻의 역발산기개세(力拔山氣蓋世)로 불렸던 항우(項羽)가 바로 그 주인공입니다. 그의 성은 항(項)이고 이름은 적(籍)입니다. 우리가 그의 이름으로 알고 있는 우(羽)는 그의 자(字)로, 자는 옛사람들이 한 인물이 성장해 일가를 이루면, 어릴 때부터 쓰던 이름으로 불리는 것을 피하려고 새롭게 짓는 이름입니다.《삼국지》에 등장하는 제갈량의 자인 공명(孔明), 조운(趙雲)의 자인 자룡(子龍), 충무공 이순신 장군의 자 여해(汝諧) 등이 대표적입니다.

항우는 초(楚)나라 팽성(彭城)의 하상(下相)이라는 곳에서 태어났는데, 지금의 장쑤성 쑤첸(宿迁)시에서 서남쪽 멀지 않은 곳이었습니다. 집안은 풍족했지만, 신분 자체는 변변치 않았던 유방에 비해 항우는 '금수저 중의 금수저'로 초나라의 유명한 명문가 자손이었습니다. 그의 아버지는 그가 어렸을 때 사망해서 남겨진 기록이 거의 없지만, 실질적으로 어린 시절 그를 키웠던 할아버지 항연(項燕)은 진나라에 멸망하기 직전까지 초나라를 실질적으로 이끌었던 군 최고 수뇌부로 초나라 왕조차도 어찌하지 못했다고 합니다. 작은아버지들이었던 항량(項梁)과 항백(項伯) 역시 할아버지 항연의 명성에는 못 미쳤지만, 그 이름이 이웃 마을에까지 널리 알려졌던 지방의 군벌이자 유지였습니다. 그 때문에 항우는 고아와 다름없는 신세였지만, 어렸을 때부터 할아버지의 든든한 배경과 작은아버지들의 살뜰한 보살핌 덕분에 꿀릴 것 하나 없이 당당하고 늠름한 모습으로 성장할 수 있었습니다.

어떤 이들은 여러모로 애정이 결핍될 수밖에 없는 어린 시절에 할아버지의 군사력, 작은아버지들의 무술 실력 등이 과도하게 영향을 끼친 것이라고 합니다. 그래서 정복욕에 사로잡혀 늘 자신만만하고 자신의 힘을 과시하는 모습을 보이다가도 사랑하는 이 앞에서는 한없이 부드러워지다가 심지어 유약하게 허물어져 버리는 항우의 독특한 정신세계가 만들어졌다고 합니다. 실제로 역사 속에 비친 항우는 '항우 장사'라는 말이 수천 년간 동양 전역에서 유행할 정도로 듬직한 체구[2]를 자랑했던 맹장 중의 맹장, 사나이 중의 사나이였음에도 불구하고 어딘가 모르게 정서적으로 불안한 모습을 자주 보이고는 했습니다.

항우는 청년 시절 이후 초패왕에 즉위한 뒤 천하 제패를 꿈꾸다 삶을 마칠 때까지 평생 유방과는 숙적 관계였습니다. 최종 승리자가 유방이긴 하지만 숙적이라고 표현하기 미안할 정도로 대부분의

---

2. 기록에 따르면 항우의 키는 8척이 넘었다고 한다. 당시 한 척은 약 23센티미터였으므로 현재의 기준으로 환산하면 184센티미터가 넘는다. 당시 성인 평균 신장이 150센티미터 초반대로 추정되므로 그의 키는 현재로 치면 210센티미터가 훌쩍 넘는 엄청난 신장이었다.

전투에서는 항우가 유방을 압도하곤 했습니다. 특히 뜻을 세우고 거병을 한 초기 무렵에 유방은 항우의 상대가 되지 못했습니다. 출생부터 성격과 외모, 강점과 약점 그리고 삶의 궤적 하나하나가 달라도 이렇게 다를 수 있을까 싶을 정도로 유방과 항우는 정반대 위치에서 살아간 사람들이자 같은 하늘 아래에서는 도저히 살아갈 수 없는(不俱戴天) 숙적 중의 숙적이었습니다. 그런데 생의 초년 시기 유방과 항우는 너무나 똑같은 경험을 하게 되는데, 두 사람 모두 젊은 시절에 당시 천하를 지배하던 진시황을 눈앞에서 마주친 적이 있다는 것입니다.

평생 운명을 가르는 한마디의 차이

할아버지 항연이 장렬히 전사하며 초나라와 함께 운명을 다하자 아직 어렸던 항우는 작은아버지 항량에게 몸을 의탁할 수밖에 없었습니다. 어느 날 항량의 집에서 큰 싸움이 벌어지고 말았습니다. 오랜만에 개최한 연회에서 '당장이라도 진나라에 반기를 들고 초나라를 다시 세우자'라는 급진파 무리와 '아직은 때가 아니니 진나라에 굴복하는 척하면서 때를 기다리자'라는 관망파 무리 사이에서 말다툼이 일어난 것이었습니다. 처음에 항량은 두 무리 사이를 중재하며 싸움을 말렸습니다. 그러나 급진파의 공격에 관망파가 수세에 몰려 "어디 두고 보자. 가만히 안 두겠다"라며 협박하자 덜컥 걱정되기 시작했습니다. 혹여라도 관망파가 억하심정에 진나라 조정에 신고라도 한다면 애써 키운 반(反) 진나라 세력이 한순간에 형장의 이슬로 사라져 버릴 수 있었습니다. 무엇보다 이런 연회와 회합을 개최한 항량 자신의 목숨부터 부지하기 힘들 것이었습니다. 항량은 칼을 빼 들고 관망파 중에서도 펄펄 날뛰던, 가장 우두머리 격인 사내를 살해하며 호통을 쳤습니다.

서슬 퍼런 그 모습에 관망파를 비롯한 참석자 모두가 침묵을 지켰습니다. 그러나 '담벼락에도 귀가 있다(屬耳垣墻)'라는 옛말처럼 누군가 철저한 보안망을 뚫고 관아에 항량을 고해바쳤습니다. 안 그래도 옛 초나라 백성들이 반란을 일으킬까 노심초사하고 있던 진나라에서는 이때다 싶어 명문가 출신이었던 항량과 그 무리를 옥에 가둬 버렸습니다. 그러나 평상시 이런 상황이 올 것을 알고 미리 대비했던 항량은 자신의 지인들을 불러 대책을 논의했습니다. 논의를 거듭하던 끝에 그들의 눈에 띈 것은 조구(曹咎)라는 사내였습니다. 그는 당시 항량이 살던 곳의 감옥을 담당하던 옥리(현재로 치면 교도관)였습니다. 공명심이 대단하고, 야심은 컸지만, 연줄이 없어 늘 신세 한탄을 하던 이였습니다. 항량은 사람을 시켜 조구를 구워삶았습니다.

"언제까지 이런 시골 동네에서 좀도둑 잡범들이나 지키는 일을 할 겁니까?"

비아냥대는 건지 높여주는 건지 알쏭달쏭한 항량 부하들의 부추김이 의외로 조구의 마음을 흔들었습니다. 조구는 자신이 모시고 있던 직속 상사 사마흔(司馬欣)을 찾아가서 "항량을 풀어주는 게 어떠시겠습니까"라고 청을 올렸습니다. "지금은 비록 항씨 가문이 별 세력이 없지만, 옛 초나라 출신들의 신임을 얻고 있으며 따르는 이들도 많으니 언젠가는 큰 뜻을 펼칠 것이고, 그때가 되면 반드시 은혜를 갚지 않겠습니까"라는 조구의 설득에 사마흔 또한 흔들렸습니다. 그 역시 원대한 꿈을 품고 있었지만 늘 주어진 임무가 변변치 않았고, 관운도 좋은 편이 아니었기에 이번 기회에 항씨 가문과 인연을 맺는 것도 괜찮겠다는 생각을 하게 되었습니다. 결국, 항량은 옥에 갇힌 지 며칠 되지 않아 풀려나게 되었습니다. 단, 주위에 보는 눈도 있으니 살고 있던 집을 떠나 타지로 가야 했습니다. 그렇게 항량은 항우를 데리고 정처 없는 유랑 생활을 하게 되었습니다.

그러던 어느 날 그들이 머물던 마을에 진시황의 행차가 지나게 되었습니다. 운몽, 구외산, 회계산, 낭야, 지부 등을 둘러보기 위해 출발한 5차 순수(巡狩)[3] 행차였습니다. 진시황의 행차 대열은 잠시 인원과 장비를 정비하고 말들에게 물을 먹이기 위해 마을로 들어

---

3. 왕이 자신의 영토가 평안히 잘 다스려지고 있는지 살피기 위해 정기적으로 둘러보는 일.

섰습니다. 창을 든 호위 병사들이 줄지어 서서 길 양옆에 인(人)의 장벽을 만들었고, 그사이 칼을 든 장수들이 휘저으며 혹시라도 난입할지 모르는 자객들을 경계했습니다. 진나라를 상징하는 색깔인 검은색 천으로 만든 수천 개가 넘는 깃발이 대열의 앞에 섰고 그 뒤로 커다란 북을 실은 마차가 웅장한 북소리를 내며 사람들에게 물러나라는 신호를 보냈습니다. 수백 명의 악사가 궁중에서 곡을 연주했고, 다시 그 뒤로 수천 명이 넘는 병졸들이 대열을 이뤄 행진했습니다. 그 대열 중간에 웬만한 서민들의 살림살이 집보다 더 큰 구조물을 얹은 마차가 줄을 이었는데, 마차는 여러 대가 크기부터 색깔, 세세한 모양까지 똑같이 생겨서 어느 마차에 진시황이 타고 있는지 밖에서는 알 수가 없었습니다. 각 마차의 주변에는 살벌한 표정의 중무장한 기병 수십 명이 윤기 나는 말을 타고 둘러싸고 있었습니다.

그 대열은 갑작스러운 기습을 피하고자 빠른 속도로 이동했음에도 불구하고 워낙 긴 행렬이다 보니 마을을 통과하는 데 몇 시간이나 걸렸습니다. 구경거리가 별로 없었던 당시 사람들에게 진시황의 행차는 평생에 한 번 볼까 말까 한 대단한 볼거리였습니다. 사람들은 지붕이나 담장 위에 올라가 조금이라도 잘 보이는 곳에서 행렬을 구경하기 위해 난리였습니다. 항연 역시 조카 항우를 데리고 행렬을 보러 나갔습니다. 일반적인 사람들은 병사들의 어깨너머로 보기 위해 발돋움을 하거나 뛰어오르기도 했지만, 항우는 그럴 필요가 없었습니다. 일반적인 진나라 병사들보다도 머리 하나가 더 컸기 때문이었습니다.

그때 언짢은 눈으로 진시황의 대열을 지켜보던 항우의 입에서 "이런 젠장! 내 반드시 저놈을 물리치고 저 자리에 앉고야 말겠다!"라는 소리가 터져 나왔습니다. 자칫하면 반역을 도모하는 것으로 들리는 말을 진시황이 행차하는 앞에서 했으니 대형 사고로 번질 수도 있었습니다. 다행히 수많은 병사의 발걸음과 말발굽 소리, 마차에서 나는 소음 등에 묻혀 주위 사람을 제외하고는 항우의 '문제 발언'을 들은 이들이 없는 듯했습니다. 항량이 서둘러 항우의 입을 틀어막고 자리를 뜬 덕분에 큰 사건으로 발전하지는 않았습니다.

유방 역시 잠깐, 그것도 먼 발치에서였지만 진시황을 눈앞에서 마주쳤던 적이 있습니다. 당시 일반 백성이라면 누구나 해야 했던 부역을 수행하기 위해 진나라 수도 함양에 머무를 때, 유방은 출타하는 진시황의 행차와 우연히 마주쳤습니다. 오랜 부역으로 옷은 너덜너덜해졌고, 머리부터 발끝까지 흙먼지를 뒤집어쓴 비루한 처지였지만 유방은 미소를 띤 얼굴로 행차를 보며 탄복을 했습니다.

"이야! 멋지다! 사내라면 저렇게 한 번 살아봐야 할 것 아닌가?"

저는 두 사람의 서로 달랐던 이 한마디가 십수 년 뒤, 아니 그들의 평생 운명을 가르는 차이를 가져왔다고 생각합니다.

당신은 무엇을 낚을 것인가?

유방과 항우는 같은 '진시황의 행차'를 똑같이 바라보았지만 태도는 달랐습니다. 진시황은 당시 그들의 지배 군주이자, 과거 자신들의 나라를 멸망시켰던 정복자였고, 천하 대의를 꿈꾸는 이들이라면 반드시 넘어서야 하는 장애물이었습니다. 그런 장애물을 바라보는 두 사람의 자세에서 이미 승패는 일찌감치 결정되었다는 생각이 듭니다.

항우의 접근은 그 시작부터 '부정적'이었습니다. 자신도 그 자리에 앉고 싶다고 생각하면서도 일단 비난하고 불평을 늘어놓으며 폭력성을 보이기 시작했습니다. 진시황이 자신의 조국이었던 초나라를 망하게 했다는 원한에 사무쳐 과잉 반응을 보이고, 의사 결정의 기준과 시작점을 미래가 아닌 과거의 시점에 두고 매사를 판단했습니다. 자신을 둘러싼 주위의 환경과 장애물을 부정적으로 바라보고 파괴하며 물리쳐야 할 대상으로 여긴 그의 습성은 이때뿐만이 아니라, 그의 짧은 인생 내내 수시로 드러났고, 그런 모습은 두고두고 그의 발목을 잡았습니다.

한참 후의 이야기이긴 하지만, 군대를 이끌고 함양으로 쳐들어간 항우가 가장 먼저 한 일은 진나라의 마지막 왕이었던 자영(子嬰)과 그 가족들을 죽이는 일이었습니다. 향후 전쟁에 있어 왕족을 인질로 잡고 있는 것이 얼마나 전략적으로 도움되는지에 대해 측근 참모들이 조언했지만, 그는 귀 기울이지 않았습니다. 게다가 궁궐뿐만이 아니라 아무 죄 없는 궐 밖 민가와 상점들까지 죄다 불 질러 버리더니, "자, 진을 멸망시켰으니 이제 고향으로 돌아가자!"라며, 군사들을 몰아 초나라 팽성으로 회군하려고 했습니다. 한생(韓生)을 비롯한 중신들이 '함양의 전술적 가치'와 현 정세상 '팽성으로 되돌아가는 길의 위험성', 향후 다시 중원을 두고 '정복 전쟁을 펼치는 데 있어서 팽성 지역의 불리함'에 대해 여러 차례 간언했지만, 항우는 귓등으로도 안 들었습니다. 이 역시 과거에 사로잡혀 발전적인 방향으로 생각을 바꾸지 못하는 현상 또는 과거에 고착된 사고를 하는 항우의 특성이 그대로 드러난 것으로 보입니다. 간언하다가 답답해진 한생이 무심코 혼잣말로 "사람들 말이 초나라 사람들의 무식함을 두고 '원숭이가 갓을 쓰고 사람 행세 하는 듯하다'라고 하던데, 그 말이 맞는 말이었군."이라고 내뱉었습니다. 그 말을 듣고 격분한 항우에 의해 그는 펄펄 끓는 솥에 갇혀 죽음을 맞이해야 했습니다. 그로부터 '초나라 사람들은 원숭이가 머리를 감고 갓을 쓴 셈이다'라는 뜻의 '초인목후이관(楚人沐猴而冠)'이라는 고사성어가 유행하게 되었고, 이 고사성어는 이후로도 항우에게 내내 꼬리표처럼 따라다녔습니다. 항우가 세상만사를 정복하거나 극복해야 할 대상으로 삼고, 조급하게 달려들어 폭력적으로 대하는 모습은 이외에도 역사 속 기록에서 쉽게 찾아볼 수 있습니다.

반면, 유방은 달랐습니다. 모르는 사람의 눈에는 '대체 이 사람이 뭔 속셈으로 이렇게 허송세월하고 있나?' 하는 생각이 들 정도로 느긋하고 관조적으로 세상을 바라보았습니다. 마치 앞서 이야기한 '세월을 낚는 어부' 강태공처럼 말입니다. 자기보다 잘난 사람에게는 기꺼이 존경의 시선과 찬사를 보냈습니다. 또한 자신보다 못난 사람에 대해서도 비아냥대거나 무시하지 않고 존중하고 경청했으며, 그들이 성장하기까지 인내심을 갖고 기다려 주었습니다. 그런 모습 탓에 처음에는 기세 좋게 세력을 넓혀 나가던 항우에 비해 뭔가 부족한 사람, 야망이 없는 사람으로 비친 것도 사실이지만, 그랬기에 이후 그의 성공담이 만들어질 수 있었습니다.

요즘 세상이 과거 고도성장기에 비해 빠르게 성공하기도, 쉽게 돈 벌기도 어려운 시대라고 합니다. 하지만 K팝 스타가 되어 한류 열풍을 타고 세계적인 유명인사의 반열에 오른 10대 연예인 소식과 스타트업을 창업해 거액을 거머쥐고 30대 초반의 나이에 일찍 은퇴하여 윤택한 삶을 누리고 있는 이들의 소식을 언론 매체나 SNS를 통해 심심치 않게 접해 들을 수 있는 시대이기도 합니다. 그렇다 보니 많은 이들이 아직 젊은 나이임에도 불구하고 조바심하며 허황한 생각과 엉뚱한 시도를 하거나, 다른 이의 성공에 대해 무차별적인 비난과 비판, 폭력적인 댓글 반응 등을 보입니다. 아예 '이번 생은 망했어'라는 자조적인 표현을 하며 자신이 인생에서 성취한 것들을 부정하는 모습을 보이기도 합니다. 그러나 그런 '조바심'만으로는 나아지는 것이 없고 이룰 수 있는 것도 없습니다. 오히려 그럴 때일수록 조금 여유를 갖고 자신의 삶부터 애정이 어린 시선으로 바라보려는 마음 씀씀이가 필요할 듯합니다. 수천 년 전 그 격동의 시기에 유방이 그러했던 것처럼 말입니다.

03 가족은 무엇과도 바꾸지 않는다

미앙궁(未央宮)이 완공되었다. 고조는 제후들과 군신들을 대거 소집하여 미앙궁 전전(前殿)에서 연회를 베풀었다. 고조가 옥 술잔을 받쳐 들고 일어나 태상황에게 축수(祝壽)를 올리며 말했다. "처음 대인께서는 늘 제가 무뢰하여 생업을 꾸려가지 못할 것이고, 노력도 둘째 형님만 못하다고 하셨습니다. 지금 제가 이룬 업적과 둘째 형님의 업적을 비교하면 어느 쪽이 더 많습니까?" 대전의 신하들이 모두 만세를 부르고 크게 웃으며 즐거워했다(未央宮成. 高祖大朝諸侯群臣, 置酒未央前殿. 高祖奉玉卮, 起為太上皇壽, 日 "始大人常以臣無賴, 不能治產業, 不如仲力. 今某之業所就孰與仲多?" 殿上群臣皆呼萬歲, 大笑為樂).

《사기본기》 권8, 〈고조본기〉, 칠십 번째 절

유계, 유씨 집안 넷째 아들

과거 처음으로 《사기》 원문을 읽으며 한 가지 궁금했던, 아니 초기에 원문을 해석하는 데 있어 큰 혼선을 주었던 것이 하나 있습니다. 역사서에 기록된 유방 가족의 성씨와 이름이었습니다. 우선 부모님의 이름이 이상합니다. 《사기》를 비롯한 역사서에 기록된 유방의 아버지 이름은 '유태공'이고 어머니는 '유온'입니다. 이름은 크게 이상이 없어 보입니다. 그런데 자세히 살펴보면 이상하거나 신기한 것이 한둘이 아닙니다. 일단 아버지와 어머니의 성이 똑같습니다. 혹시라도 '버들 유(柳)'씨와 '성 유(劉)'씨로 발음만 똑같은 건 아닌지 살펴보니 유(劉)씨로 똑같습니다.

동성동본 간의 결혼을 근대에 와서는 불법으로 간주하거나 사회적으로 금기시하기도 했지만 우리나라만 하더라도 삼국 시대나 고려 시대 때는 동성동본은 물론 8촌 이내 근친혼까지 허용되던 때가 있었으니 그럴 수도 있다고 합시다. 그렇다고 해도 '태공(太公)'과 '온(媼)'이라는 이름 역시 이상합니다. '태공'이라 하면 강이나 바닷가에서 고기를 낚는 어부 또는 높은 공직 이름인 것 같지만 그건 모두 앞서 이야기한 '강태공'의 이야기 탓일 뿐, 실제로는 마을에서 나이든 남자 어르신들을 존대하여 부르는 호칭에 지나지 않습니다. 우리로 치면 '어르신' 정도인데 '온'이라는 이름 역시 이상하기로는 만만치가 않지요. 당시 중국에서 '온'이라는 호칭은 여자 어른을 존대하여 부르는 호칭으로 '~댁 안주인' 정도로 해석하면 되는 호칭이었습니다. 즉, 유태공, 유온은 유방 부모님의 진짜 이름이 아니라, '유씨 어르신', '유씨 댁 안주인'이라는 뜻으로, 흔한 동네 어르신이었다는 것을 알려줍니다.

이상한 거로 치자면 형제들의 이름은 더 했습니다. 유방의 이름자인 '방(邦)'자는 후대의 역사가들이 기록을 작성하며 자료 조사를 통해 발굴해 낸 이름이고, 실제 집안에서나 동네 사람들은 그를 '계(季)'라고 불렀습니다. 그런데 이 '계'라는 이름이 묘한 것이, 특정한 사람에게 주어진 고유명사가 아니었습니다. 과거 중국에서는 이름 대신에 형제간의 서열을 따져 사형제면 '백(伯), 중(仲), 숙(叔), 계(季)', 삼형제면 '백, 중, 계' 순으로 호칭을 붙였습니다. 이 전통이 우리에게도 이어져 아버지의 형, 큰아버지를 백부(伯父), 동생인 작은아버지를 숙부(叔父)라고 부르는 것이지요. 유씨 집안의 큰아들이면 유백, 둘째 아들이면 유중, 셋째는 유숙, 그리고 막내는 유계가 되었습니다. 즉, 유계라 하면 '유씨 집안의 넷째 아들'쯤 되는 호칭인 셈이었습니다. 그러나 유방은 특이했던 것이 사형제 중 셋째였음에도 불구하고 막내를 부르는 호칭인 '유계'라 불렸습니다.

여기에는 사연이 있는 것이, 원래 유씨 어르신, 유태공은 아내 유온과의 사이에 삼형제를 두었습니다. 그래서 삼형제 중 막내였던 유방을 '유계'라 불렸는데, 그만 유온이 일찍 세상을 떠나고 말았습니다. 유태공은 재혼을 하였고, 아들을 하나 더 낳아서 사형제가 된 것이었습니다. 그 때문에 막내는 형제 중 넷째 아들이었음에도 불구하고 '계'라는 호칭을 형인 유방에게 뺏기고(?) '유교(劉交)'라고 불렸습니다.

심지어 일본의 저명한 역사 소설가에 따르면 '유방'의 '방(邦)'자조차도 강소성 일대에서 쓰이던 '형님'이라는 뜻의 방언이라고 하니, 역사 속에 등장하는 모든 호칭이 결국은 '유씨 어르신 댁 셋째 아들' 또는 '유씨 집안 출신 형님' 정도인 셈입니다.

그의 먼 후손 정도 되는, 소설 《삼국지연의》의 주인공 중 하나인 (우리에게는 유비라는 이름으로 친숙한) 유현덕(劉玄德)이 사람들에게 자신을 소개할 때, '한나라를 세운 누구의 핏줄로 그 누구의 몇 대손인지' 장황하고 거창하게 설명하며 얼마나 고귀한 가문의 후손인지 거들먹거리고는 했습니다. 실제로 그 '누구누구'였던 유방은 정작 황제가 되기 전까지는 '유씨 집안 넷째 아들'이라는 이름으로 평생을 살았다는 사실을 떠올려 보면 실소를 금할 수가 없습니다.

아버지를 극진히 모신 유방

지극히 평범한 이름 자조차 남기지 못했다는 게 정확한 표현이지만 이름처럼 역사에 기록된 그들의 삶 또한 미미하기 이를 데가 없었습니다. 사실, 정사로 대접받는 역사서에는 아예 유방의 가족 이야기는 거의 등장하지 않습니다. 그나마 떠도는 야사나 출처가 불분명한 소문까지 죄다 갖다 붙여 만든 역사서나, 어디까지가 사실이고 어디까지가 허구인지 명확하게 구분하기 어려운 역사 소설 정도에 겨우 가족의 이야기가 등장합니다. 그런데 그마저도 유방의 부인들 이야기가 80~90퍼센트이고 가족들의 이야기는 다 합쳐 봐야 10퍼센트에도 못 미치는 수준입니다.

역사는 대부분 강자 또는 승자의 기록이었기 때문에 중국의 황제 또는 천자쯤 되면 아버지, 할아버지는 물론이고 위로 몇 대손 아래로 몇 대손까지는 일반인들이 범접할 수 없는 위대한 인물로 만드는 것이 일반적이었습니다. 당장 우리만 하더라도 고려 시대 말 변방의 무장이었던 이성계가 고려를 멸망시키고 조선을 창업한 뒤 왕으로 즉위하자, 그의 아버지, 할아버지가 연달아 환조, 도조로 추존되었으며, 증조, 고조할아버지까지 익조, 목조라 하여 갖가지 업적과 고매한 인품에 얽힌 일화 등으로 치장하기 바빴던 것만 보아도 알 수 있습니다. 그런데도 낳아 준 부모님과 어린 시절을 함께 보낸 형제들에 대해 칭송은커녕 이렇다 할 일화조차 없이, 이름마저 제대로 알려지지 않은 것을 보면 얼마나 보잘것없는 집안이었는지 짐작할 수 있습니다.

유방의 아버지 유태공은 출생연도가 기록마다 들쑥날쑥한 터라 정확하지는 않지만, 대략 기원전 270년 무렵에 태어났다는 것이 정설입니다. 그런데 사망한 해는 역사서에 정확히 기록되어 있는데, 기원전 197년이라고 합니다. 즉, 일흔이 훌쩍 넘는 나이까지 생존했으니 당시엔 엄청나게 장수한 편이었습니다. 아들 유방이 그로부터 불과 2년 뒤에 숨을 거뒀으니 말 그대로 황제의 아버지로 천수를 거둔 셈입니다. 유태공은 지극히 미천한 평민 신분이었지만 주위의 인심을 잃지 않았고 수완도 좋았던 덕분에 재산은 꽤 모았던 듯합니다. 유방이 청년이 되어서도 이렇다 할 직업 없이 놀고먹었음에도 언제나 주위에 인심을 베풀 수 있었던 것을 보면 나름 동네에서는 제법 산다는 집이었음이 분명합니다.

제일 큰 형이었던 유백(劉伯)은 결혼한 지 얼마 안 돼 사망한 터라 가뜩이나 변변한 기록이 없는 유씨 집안 식구 중에서도 알려진 내용이 거의 없다시피 하고 오히려 그 아내가, 젊은 시절 한량이었던 유방을 업신여긴 못된 형수로 야사에 종종 등장하고는 합니다. 둘째 형이었던 유중(劉仲)이 아버지를 도와 집안을 돌보고 재산을 관리한 터라 실질적인 장남 노릇을 하였고 유태공 역시 둘째 아들 유중을 가장 믿고 의지했습니다. 그리고 그 아래가 바로 유방, 부모들에게는 아픈 손가락이자 다른 집안 식구들에게는 생각만 해도 머리가 지끈거리는 골칫덩어리였습니다.

어릴 때부터 천덕꾸러기 취급을 당했음에도 유방은 부모님, 특히 아버지 유태공을 극진히 모셨습니다. 그가 자신의 아버지를 얼마나 끔찍하게 생각했는지는 한나라의 사상가이자 저술가였던 유흠(劉歆)이 지은 《서경잡기(西京雜記)》에 생생하게 기록되어 있습니다. 황제의 자리에 오른 유방, 즉 한고조는 자신의 아버지를 궁전으로 모셔서 매일 밥상에 산해진미가 오르게 했고, 어의(御醫)를 통해 몸에 좋다는 것은 무엇이든 구해서 드시도록 했습니다. 유태공이 장수를 한 것이 우연은 아니었던 것이지요. 그런데 아버지 유태공이 시름시름 앓기 시작했습니다. 더 귀한 재료를 구해다가 기름진 요리를 해 드려도 입에 대지 않고 음식을 물리기 일쑤였고 어의가 처방한 탕약을 올려도 별 소용 없었습니다. 유태공의 그런 상태를 전해 들은 한고조는 문득 자신의 무릎을 치며 "그래! 그거야. 산해진미도, 귀한 약재도 답이 아니야!"라며 크게 소리쳤습니다.

도성에서 멀지 않은 곳의 넓은 들판에다가 마을을 조성하기 시작했습니다. 마을의 모습은 아버지와 젊은 시절의 유방이 살던 고향 패현 풍읍을 그대로 본떠 만들도록 했습니다. 백정이 고기를 끊어 팔던 고깃집도, 쿵덕거리는 떡방아 소리가 새벽잠을 깨우던 떡집도, 매일 저녁이면 술꾼들로 북적이던 술집도 풍읍에 있던 모습 그대로 옮겨오도록 했습니다. 심지어 그 마을에 살던 아버지의 지인들까지 특별한 혜택을 약속하며 이주시켰습니다. 말 그대로 또 하나의 풍읍 마을이었습니다. 이름 역시 '새로운 풍읍'이라는 뜻으로 '신풍(新豐)'이라 지었을 정도였습니다.

저잣거리에서 사람들과 어울려 자유롭게 살아가던 아버지가 답답한 궁궐 생활에 적응하지 못하고 일종의 우울증에 걸리신 것을

1장_ 기꺼이 자신을 낮춰야 상대를 품는다

알아차린 유방이 아버지를 위해 한나라판 테마파크를 지어드린 것이었습니다.

가장 가까운 곳에서 가장 큰 영향을 미치는 존재

요즘 강연과 멘토링이나 코칭을 해달라는 요청을 받고 젊은 친구들을 만날 때마다 가끔 깜짝 놀라고는 합니다. 그것은 바로 가족에 대한 애정이 없고 무관심하거나, 그를 넘어서 외면하고 심지어 미워하는 감정을 가진 이들이 생각보다 많다는 것을 발견하게 되어서입니다. 물론 그들을 무조건 이해하지 못하겠다는 것은 아닙니다. 한 명씩 사연을 들어보면 왜 그런 마음을 먹게 되었는지 충분히 이해가 되기도 합니다. 그런데도 가족은 그런 존재가 아닙니다.

저희 아버지는 초등학교 졸업장 학력이 전부였습니다. 당시에는 아예 학교 문턱을 넘어보지 못한 분들도 꽤 많았으니 그리 큰 흠은 아니었지요. 아무튼, 배움의 덕을 보고 살 만큼은 아니었다는 말씀을 드리고 싶었습니다. 아버지의 젊은 시절에는 우리나라에 이렇다 할 직장이 많지 않았습니다. 그중 군대도 있었습니다. 다행히 아버지 아시는 분 중 군대 사정에 밝은 분의 소개로 아버지는 해병대에 입대해서 길지 않은 직업군인 생활을 하실 수 있었습니다. 그러나 그마저도 얼마 안 가 그만두시고 이번에는 환경미화원 일자리를 얻으셨습니다. 말이 환경미화원이지 과거에는 그저 '청소부'라고 불리던 직업이었습니다. 새벽 4시가 되기도 전에 일어나 손수레를 끌고 동네 골목골목을 다니며 집 앞에 모아 놓은 쓰레기를 수거하고 거리에 버려진 쓰레기를 쓸어 담는 것이 주된 일이었습니다. 혼자 힘으로 벅차니 어머니까지 청소 일을 도왔습니다. 아버지가 쓰레기가 가득 담긴 손수레를 끌고 언덕길을 올라가면 어머니는 뒤에서 손수레를 밀었습니다. 겨울철이면 미끄러질까 봐 어머니는 고무신을 신은 채로 새끼줄로 발을 둘둘 감아 마치 자동차 타이어에 스노체인을 감은 것처럼 만들었습니다.

그렇게 오전 청소 일을 마치시면 아버지는 곧바로 술을 드셨습니다. 고된 일이 주는 피로를 잊기 위해 한두 잔 반주를 걸치다 보면 식사 자리는 어느새 거한 낮술 판으로 변해버리고 말았습니다. 술에 취하면 아버지는 저희 남매들을 큰소리로 나무라거나 욕설을 퍼부었습니다. 제대로 된 양육과 배움의 기회도 주지 못한 가난한 부모, 또는 돈이나 권력을 가진 자들에게는 한없이 너그럽고 없는 이들에게는 가혹하기만 했던 세상에 대한 원망을 그런 식으로 표현하셨는지 모릅니다. 한바탕 주사를 부리다가 잠들어 버리시면 어머니가 집안일을 몽땅 도맡았습니다. 저희 어머니는 태생적으로 몸이 약하셨습니다. 그런 병약한 몸으로 아버지 일을 돕고, 가족들을 돌보느라 자신의 몸은 돌보지 못해 늘 잔병치레가 끊이질 않았습니다. 집안이 이렇다 보니 저를 포함한 형제자매들의 삶도 편치 못했습니다. 다들 이런저런 병을 달고 살거나 안 좋은 일에 휘말리는 등 하루도 편안한 날이 없었습니다.

그런데도 저는 단 한 번도 가족을 외면하거나 싫어해 본 적이 없었습니다. 제가 착해서가 아니라 가족은 제게 그런 존재였고, 가족에게는 그렇게 대해야 한다고 본능적으로 생각했기에 그랬던 것입니다.

많은 사람이 앞으로 펼쳐질 미래에 현재와 다른 대단한 업적을 이루고자 한다면 무언가 현재와는 다른 삶을 살아야겠다는 생각을 합니다. 현재 겪고 있는 문제들을 극복하고 다른 삶을 살고 싶다는 의지가 생기면 지금 주변에 있는 것들을 훌훌 털어버리고 백지 상태에서 새롭게 시작합니다. 그럴 때 우리 주변의 가장 가까운 곳에 있는, 가장 오래전부터 있던, 그리고 우리의 일상에 가장 큰 영향을 미치는 존재부터 바꿔야겠다는 유혹에 빠지기 쉽습니다. '가장 오래전부터, 가장 가까운 곳에서, 가장 큰 영향을 미치는 존재'는 두말할 것 없이 '가족'입니다. 조금만 힘든 일을 겪어도 가족이라는 존재가 거추장스럽고, 뭔가 새로운 시작을 할 때는 역설적으로 제일 먼저 가족이라는 가장 친숙한 존재에게서 멀어지는 이들이 참 많습니다.

어떤 때에는 그런 생각이 잘 맞아떨어지고는 합니다. 처자식을 버리고 몇 년간 산에 틀어박혀 고시 공부에 매진하여 사법고시를 좋은 성적으로 통과해 법조인이 되었다는 이의 사례나, 아버지가 소를 팔아 마련한 전 재산을 훔쳐서 가출한 뒤 그를 종잣돈 삼아 사업을 시작해 재벌 그룹을 일궈낸 기업가의 사례를 신문이나 잡지를 통해 심심치 않게 접할 수 있습니다. 그러나 그 사례는 극히 일부 특정한 사람들의 이야기일 뿐 일반화하기 힘듭니다.

가족은 성공이라는 잣대로 측정하거나, 다른 무언가와 비교해서 선택할 수 있는 영역이 아닙니다. 존재 그 자체만으로 든든한 자양분과 탄탄한 버팀목이 되며, 실패하더라도 언제든지 되돌아갈 수 있는 베이스캠프가 되어 줍니다. 제 가족들 역시 비록 배움도 짧고, 가진 것 없었지만, 그 존재만으로도 너무나 큰 힘이 되었습니다. 아마도 2,200년 전의 유방 역시 그랬을 것입니다.

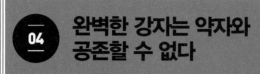

회음땅에서 푸줏간을 하던 한 젊은이가 한신을 못마땅해하며 말했
다. "네가 비록 장대하고 칼 차기를 좋아하나 속은 겁쟁이일 뿐이
다." 그리고 사람들 앞에서 모욕을 주며 말했다. "네가 죽을 용기가
있으면 나를 찌르고, 용기가 없다면 내 가랑이 밑으로 기어가라."
이에 한신은 그를 한참 쳐다보다가 몸을 굽혀 가랑이 밑으로 기어
서 나갔다. 거리의 모든 사람이 한신을 비웃으며 그를 겁쟁이라 여
겼다(淮陰屠中少年有侮信者, 曰 "若雖長大, 好帶刀劍, 中情怯耳." 眾辱之曰
"信能死, 刺我, 不能死, 出我袴下." 於是信孰視之, 俛出袴下, 蒲伏. 一市人皆
笑信, 以為怯).

《사기열전》 권92, 〈회음후열전〉, 삼절

빈틈이 있어야 사람이 끊이지 않는다

자세하게 기억은 잘 나지 않지만, 꽤 오래전 모 잡지에서 여대생들을 대상으로 설문 조사를 한 적이 있습니다. 실재와 허구를 불문하고 '가장 매력적인 남성 캐릭터는?'이라는 질문이었습니다. 요즘 젊은 세대는 잘 알지 못하는 '람보'나 '코만도' 그리고 '터미네이터' 등과 같은 영웅 캐릭터들과 만화 영화 〈캔디 캔디〉[4]에 나오는 '테리우스'나 영화 〈사관과 신사〉의 '잭 메이어' 등과 같은 감미로운 연인 캐릭터들이 설문지 문항에 적혀 있었습니다. 그런데 의외의 결과가 나왔던 것으로 기억합니다. 쟁쟁한 캐릭터들을 제치고 우리나라 만화책의 주인공이 압도적인 1등으로 꼽힌 것이었습니다. 그 주인공은 《공포의 외인구단》의 '까치 오혜성'이었습니다.

설문 당시 《공포의 외인구단》과 '까치'라는 별명으로 불리는 주인공 '오혜성'의 인기는 가히 폭발적이었습니다. 이현세 작가가 그린 《공포의 외인구단》은 대본소라고 불리던 만화방용 책으로 처음 출간된 이후 다음 편을 서로 먼저 보겠다고 양복 입은 멀끔한 신사들끼리 주먹다짐을 벌였다는 뉴스가 심심찮게 신문에 보도될 정도로 공전의 히트를 기록했습니다. 그 뒤, 일반 서점 판매용으로 다시 출간되어 이 역시 부동의 베스트셀러 자리를 한참 동안 차지

---

4. 일본 애니메이션으로 국내에서 방영된 제목은 〈들장미 소녀 캔디〉.

했습니다. 그 여세를 몰아 당대 청춘스타였던 최재성과 이보희, 이미 국민배우 반열에 올라서 있던 안성기까지 총출동한 영화가 제작되기도 했으니, 설문에 응한 여대생들이 오혜성에 많은 관심을 두는 것은 어쩌면 당연한 일이었는지도 모릅니다. 그러나 오혜성이 '가장 매력적인 남성'이라는 수식어에 걸맞은 인물인지 생각해보면 그리 쉽게 수긍할 수 없을 것 같습니다. 일단 그는 승리자가 아닙니다. 그의 곁에는 늘 훨씬 나은 환경에서 더 많은 성취를 거둔 마동탁이라는 탁월한 승자가 있었습니다. 오혜성은 오히려 허점투성이의 허술한 캐릭터였습니다. 성장 환경은 비참했고, 매 순간 승리보다 패배가 더 많았으며, 복수심과 같은 감정에 휘말려 번번이 일을 그르치곤 했습니다. 여자친구에 대한 사랑은 순수한 애정을 넘어서 다소 과한 집착이나 자기파괴 본능처럼 보일 정도였습니다. 이쯤 되면 매력적인 캐릭터라고 하기보다는 '문제적 인간'으로 보는 편이 더 맞을 것입니다. 그러나 이런 오혜성을 수많은 여성이 '가장 매력적인 남성 캐릭터'로 꼽은 것이었습니다. 그런 까치 오혜성만큼이나 구멍이 숭숭 뚫린 사내가 있었으니 당연히 유방이 그 주인공입니다.

중국 문화권에서는 한고조 유방을 주인공으로 다룬 영화나 드라마가 엄청나게 많이 만들어졌습니다. 그러나 그보다 훨씬 더 많은 영화나 드라마에서 주인공으로 다룬 이가 있으니, 바로 항우입니다. 영화나 드라마 특성상 짧은 시간 내에 훨씬 더 극적인 장면을 보여줘야 하고, 주인공 역시 일반인들과는 확연하게 다른 외모, 타고난 역량에 남다른 면모를 보여줄 수 있어야 하는데, 항우가 그에 딱 들어맞는 캐릭터였기에 그렇습니다.

다른 사람들은 건드리지도 못 하는 거대한 솥을 항우는 한 손으로 들어 올리는 것은 물론, 전투가 벌어지면 혼자 적진에 뛰어들어 단숨에 수십 명의 병사를 베어버리고 적장 역시 손쉽게 물리쳐 버렸습니다. 병사들을 다스리고 전투를 지휘하는 모습은 어떨까요? 차이는 더 커집니다. 역사 자료에 기록된 모습을 종합해 보면 항우는 늘 대열의 선봉에 서서 전투를 이끌었습니다. 특히 치열한 전투를 앞두고 병사들을 독려할 때나 강한 적군을 맞이하여 상대방의 기를 꺾어 놓기 위해 열변을 토할 때의 모습을 보면 간담이 서늘해 질 정도입니다. 한마디로 고대 중국판 엄친아, 완벽남이었습니다.

반면, 유방은 그와 거의 정반대였습니다. 한때는 천하장사 스타일인 항우와 더 대비된 모습을 보여주려고 그랬는지 모르지만, 일반인보다도 훨씬 더 못생긴 비루한 외모로 묘사되기도 했습니다. 그러나 그 정도는 아니었던 듯하고, 다만 얼굴 생김새와 몸에 난 점 정도밖에 기록에 남아 있지 않은 것으로 봐서 그저 평범한 체격에 무예 역시 크게 탁월하지는 못했던 것으로 알려져 있습니다. 기록을 보아도 매번 실수투성이에 말실수를 남발합니다. 아예 영화나 드라마에 등장하는 유방은 실책을 저지른 뒤 다음과 같이 말하는 장면이 매회 등장할 정도입니다.

"형제들아! 미안하다!"

"이보게들 용서하게나, 다 내 실수이네."

그러나 유방이 강성했던 대제국 진나라를 물리치고, 자신보다 훨씬 강했던 상대인 항우를 꺾고 천하를 제패할 수 있었던 가장 큰 비결은 바로 이 모습에 담겨 있습니다. 항우는 타고난 능력과 물려받은 자산, 주위의 환경으로 볼 때 그 누구보다 천하의 패권에 훨씬 더 가까이 가 있는 인물이었습니다. 사실 초기에는 유방이 넘볼 수 있는 그런 인물이 아니었지요. 그러나 너무나 완벽한 자기 자신을 굳게 믿고 있었기에 그 사이를 비집고 들어갈 만한 틈이 없었습니다. 인재가 찾아왔다가도 자신의 역할을 제대로 찾지 못하고 물러 나갈 수밖에 없었습니다.

유방은 달랐습니다. 아마도 그는 중국 역사서에 등장한 인물 중 가장 솔직하게 자신의 잘못을 인정하고 적극적으로 용서를 구한 인물일 것입니다. 얼핏 보면 결점투성이에 구멍이 숭숭 나 있는 것처럼 보였지만, 그랬기에 그의 주변에는 늘 사람이 끊이지 않았고, 그를 도와주려는 이들이 넘쳐났습니다. 그들 중에는 중국 역사에 길이 남을 위대한 인물들이 수두룩했습니다.

가랑이 밑을 기어가는 치욕을 참다

대표적인 인물이 한신이었습니다. 지금의 장쑤성 화이안(淮安) 지방인 회음(淮陰) 사람이었던 그는 기록에 따라 조금씩 다르기는 하지만, 몰락한 왕족의 후손 또는 귀족의 자제로 묘사되어 있습니다. 사실 당대 수많은 영웅호걸과 마찬가지로 그 출신과 핏줄이 불분명하기는 마찬가지였습니다. 특히 청년 시기에는 이렇다 할 직업도 없이 동가식서가숙(東家食西家宿)하며 하릴없는 백수 생활을 꽤 길게 하기도 했습니다. 이 당시 그의 사정이 얼마나 곤궁했으면 하나밖에 없는 피붙이였던 어머니가 돌아가셨음에도 불구하고 장례를 치를 돈이 없어 홀로 어머니의 시신을 둘러매고 인적이 드문 높은 산기슭에 올라가 매장을 해야 했을 정도입니다. 그런데도 그는 속칭 '어디 가서 무게 좀 잡았던' 인물이었습니다.

진시황 이전 시기에는 국가, 군대에 이렇다 할 정책과 제도, 규율 등이 없어서 평상시에는 농사를 짓다가 전쟁이 나면 집에 보관하고 있던 무기(말이 무기지 농기구를 겸해 사용하던 장비)들을 들고나와서 싸우다가, 용케 살아남으면 그것들을 챙겨 들고 집으로 돌아갈 수 있었습니다. 그러나 진나라는 달랐습니다. 군대는 엄한 규율과 놀라운 수준의 군수 보급체계로 운영이 되었고, 대신에 민간 여염집에는 무기가 될만한 것들을 절대로 두지 못하도록 했습니다. 일정 길이 이상의 도검이 발견될 경우 압수하는 것은 물론 집주인까지 바로 잡아 가둘 정도였습니다.

　사람을 벨 수 있는 길이의 칼을 소유할 수 있는 것은 오로지 진 나라가 임명한 고관대작들만이 가능했습니다. 또는 지역 내에서 인정받은 협객들만 들고 다닐 뿐이었습니다. 당시에 칼을 차고 다닌다는 것은 곧 '남다른 신분'을 의미했습니다. 한신은 비천한 신분이었지만 어디서 구했는지 모르는 늘 긴 칼을 차고 다녔습니다. 그 모습이 사람들의 눈에 곱게 보였을 리가 없었습니다. 특히 저 잣거리에서 푸줏간을 운영했던 무리에게 한신은 눈엣가시였습니다. 그들은 직업의 특성상 제법 큰 칼을 다룰 수 있도록 관청의 허락을 받았지만, 신분상으로는 가장 하층민 대우를 받았습니다. 그런데 밥값도 못하는 백수 녀석 하나가 자신들보다 훨씬 큰 칼을 차고 다니며 입으로는 귀족 가문의 후예라 칭하면서 고귀한 신분인 양 거들먹거리고 다니니 거슬렸던 것입니다.

　어느 날 푸줏간 무리 중 한 명이 길을 가는 한신을 막아섰습니다. 그리고 "거 맨날 칼을 차고 돌아다니는데, 용기가 있으면 나를 베던지, 아니면 내 가랑이 밑을 기어가라!"라며 시비를 걸었습니다. '허구한 날 칼을 차고 다니는데, 칼을 쓸 줄이나 아느냐?'는 비아냥과 함께 '칼을 쓸 줄 안다면 살인을 저지르던지, 아니면 굴욕을 감내하라'라는 아주 고단수의 시비였습니다. 지금도 그렇지만 당시에 '가랑이 밑을 기는 것'은 차마 목숨을 내주어야 한다고 해도 쉽게 선택할 수 없던 치욕적인 행위였습니다. 흔히 적군을 굴복시킨 장수가 상대편 장수를 죽이기 전에 농락하기 위해 시키는 일 또는 주인어른이 머슴이나 하인에게 신분적 차이나 명확한 상하 관계를 인식시키려고 지시하는 일로 여겨졌습니다. 그런 행동을 사람들로 가득 찬 저잣거리에서 한신에게 선택하도록 한 것이었습니다.

사실 한신은 시비를 거는 푸줏간 사내를 단칼에 베버리고도 남을 실력을 갖추고 있었습니다. 어린 시절부터 길거리를 헤매며 온갖 고비를 넘기고 목숨을 부지해 왔기에 싸워서 이기는 방법에는 도가 튼 사람이었습니다. 그런데도 그는 시비를 건 상대방의 가랑이 사이를 기었습니다. 구경꾼들은 손가락질하며 큰소리로 비웃었지만, 그는 아랑곳하지 않았습니다. 이 일화는 '과하지욕(袴下之辱)'이라 하여 고사성어로까지 남아 있습니다.

이러한 한신과 더불어 유방을 도와 천하를 도모한 영웅호걸로 꼽히는 장량 역시 뜻밖에도 의외로 허술한 면이 있었습니다. 백전백승의 명장으로 전투에서 공을 세운 한신과 달리 치밀한 방책과 신출귀몰한 전술로 유방을 도왔던 장량은 출신 성분 자체가 달랐습니다. 대대로 한(韓)나라의 명망 있는 귀족 가문 출신이었던 그는 진나라가 천하를 통일할 때 나라와 가문이 모두 몰락해 버려 정처 없는 유랑 길에 오른 신세가 되었지만 그래도 따르는 무리와 물려받은 재산이 넉넉했습니다. 그러나 창해군(倉海君)이라는 무사를 사주해서 시도했던 진시황 암살사건이 실패로 돌아간 뒤 수사망을 좁혀 오던 관군을 피해 은둔하던 무렵 그는 역사에 길이 남을 헛똑똑이 짓을 하게 되는데요, 그것은 바로 비법을 전수해 주겠다는 노인을 만나기 위해 다리 위에서 몇 날 며칠을 기다린 일입니다. 물론 몇몇 역사 기록과 야사에는 결국 장량이 노인으로부터 《황석공병법(黃石公兵法)》이라는 군사 전략이 담긴 비전(秘典)을 얻게 되고 이후 이 책의 내용을 활용해 역사에 길이 남을 전략가 반열에 올라서는 것으로 나와 있지만, 과연 그럴까요? 실체도 분명치 않은 《황석공병법》은 신출귀몰 신통방통했던 장량의 전략을 흠모한 이들이 만들어 낸 허구에 가깝습니다. 비법서를 전해준 노인이 알고 보니 길가의 바윗덩어리였다는 결말을 보면 그런 생각에 더욱더 확신이 듭니다. 유방과 함께한 이들 중 가장 고귀한 신분이었으며 학식이 풍부하고, 세심한 것으로 알려진 장량조차도 때로는 자신의 주군 못지않게 치밀하지 못하고 빈틈이 많은 사람이었습니다. 그런데 이런 허술한 사람들이 더 허술한 유방과 서로 끈끈하게 뭉쳐, 하나의 목표를 향해 무섭게 달려나가자 그들은 몰라보게 달라졌고, 그들을 바라보는 사람들의 시선 역시 크게 바뀌었습니다. 그로 인해 사람들이 몰려들어 삽시간에 그들은 거대한 세력으로 변모해 갔습니다.

리더십은 수많은 이가 함께 채우는 플랫폼이다

과거 정치적 맞수로 꼽히던 두 전직 대통령의 용돈 주는 법 역시 화제가 되었던 적이 있습니다. 지금은 그래서는 안 되겠지만, 예전만 하더라도 유력 정치인들은 선거를 앞두고 후배 정치인이나 정치 지망생들을 불러모아 '선거에 쓰라'며 현금을 챙겨주는 것이 중요한 정치 활동 중 하나였습니다. 그와 같은 활동을 통해 자신의 계보를 구축하면서 그들의 충성심을 확보하였고, 그렇게 할 수 있는 능력이 곧 정치력이라 인정받던 시기였죠.

두 사람은 성격과 화법만큼이나 상대에게 돈을 쥐여 주는 방법 역시 달랐습니다. 한 사람은 사람들을 만나기 전에 미리 봉투에 돈을 넣어 이름까지 적어서 준비했다고 합니다. 금액은 일정하게 넣었는데 혹여라도 불필요한 오해를 막기 위해서였습니다. 다른 한 사람은 그런 법이 없었다고 합니다. 그냥 만나러 가서 "아 참, 자네 요즘 선거 치르느라 쪼들리지?"라고 갑자기 생각난 것처럼 말하면서 지갑을 꺼내 돈을 세는 것처럼 하다가 "내가 오늘 현금을 얼마 안 갖고 왔네, 에라 모르겠다!"라며 지갑 채로 줘버렸다고 합니다.

어떤 사람의 '용돈'이 더 효과적이었을까요? 전해지는 이야기에 따르면, 다른 건 모르겠지만 용돈의 효과만큼은 후자 정치인의 방식이 훨씬 더 효과적이었다고 합니다. 돈을 받는 상대는 미리 준비한 용돈 봉투를 받는 것보다 '제대로 준비하지 못했지만, 일단 내가 가진 것을 너에게 모두 준다'라는 식으로 전달받는 용돈에 마음이 움직인다고 합니다. 그래서 그의 밑에 들어가 계파 활동을 해야겠다고 마음먹는 경우가 훨씬 더 많았다고 합니다.

언젠가 읽은 한 수녀님의 수필집에 허황한 남자와 현실적인 남자 이야기가 나옵니다.

결혼하면 손에 물 한 방울 안 묻히고 여왕처럼 살게 해주겠다는 남자는 허황해서 싫고, 가진 것 없이 시작하니깐 같이 고생해야 된다고 말하는 남자를 현실적이라고 좋아하지만 수녀님 생각은 다르다고 하셨습니다. 현실적으로 결혼 초기부터 우리가 손에 물 안 묻히고 살 가능성은 거의 없습니다. 그럴 때 현실적인 남자는 아마도 "그것 봐, 내가 뭐랬어?"라며 당당하게 말하겠죠. 그런데 전자의 남자는 "미안해. 여왕처럼 모시겠다 그래 놓고 앞으로 잘 할게"라고 말할 겁니다.

전직 대통령과 수녀님의 수필집에 소개된 이야기, 그리고 유방과 그 무리가 우리에게 공통으로 전해주는 메시지는 무엇일까요?

많은 리더가 완벽을 추구하고, 완벽함이 곧 리더십의 중요한 요인 중 하나라고 생각합니다. 아니, 거의 진리인 것처럼 확신하며 완벽함을 갖춘 '강자'가 되려 노력합니다. 특히 함께 일하는 부하 직원이나 후배들보다 하나라도 더 나은 모습, 조금이라도 더 강한 모습을 보여주려고 노력합니다. 그것을 통해 자신을 성장시키고 끊임없이 발전시켜 나가는 동력을 얻는 것은 나쁘지 않습니다. 그러나 너무 '강한 모습'을 보여주는 데에만 관심이 쏠린 나머지 진정한 '승자'가 되는 길에는 등한시하는 모습을 보여주는 이들이 많습니다.

사업을 하다 보면 참 다양한 사람들을 만나게 되는데, 많은 분이 미팅을 시작할 때 저에 대해 아는 척하는 경우가 많습니다. 아마도 네이버나 구글 같은 포털에서 검색했거나, 저를 아는 지인들에게 물어보셨겠죠. 준비성이 철저한 부분은 인정할 만합니다. 그러나 저는 생각이 조금 다릅니다. 저는 어떤 분을 만나기로 하면 미리 그분에 대해 검색하거나 알아보지 않습니다. 그분과 만났을 때도 어떤 사람인지 탐색하기 위해 많은 질문을 하지 않습니다. 그 대신 상대방이 저에 대해 어떻게 생각하는지 질문을 던지며 그것을 통해 대화를 이어갑니다. 어떤 차이가 있을까요?

카드게임에 비유해 보면 내가 상대방보다 좋은 패를 쥐고 있으면 이길 수 있지만, 내가 손에 쥐고 있는 패가 아무리 좋아도 상대방이 나보다 단 한 끝자리라도 더 좋은 패를 갖고 있으면 이길 수가 없습니다. 카드게임은 상대가 있기 때문에 그렇습니다. 사람들 간의 만남 역시 그렇습니다. 내가 아무리 손에 많은 것을 쥐고 있어도 상대가 그것보다 티끌 하나라도 더 많은 것을 쥐고 있거나, 상대가 조금이라도 좋은 것을 지니고 있거나, 또는 내가 가진 것에 대해 아예 관심이 없으면 그 관계는 형성되지도, 발전할 가능성도 없습니다. 성공한 수많은 리더는 자신의 손에 쥔 것에 집착하지 않고, 상대가 어떤 것을 원하는지 더 나아가 상대가 내 패를 어떻게 읽고 있는지 알아내기 위해 '상대에게 관심을' 가지는 데 집중한 것입니다.

일단 내 손에 들어온 패, 내가 쥐고 있는 것들에 집착하게 되면 상대방이 눈에 잘 들어오지 않습니다. 그때부터는 이 승부를 통해 내가 취할 수 있는 이득에 모든 관심이 쏠리게 되죠. 그렇게 시작하게 되면 반드시 패하게 됩니다. 인간 관계에 있어서도 마찬가지입니다. 스스로가 완벽한 인간이라고 자만하며 상대방의 장점이나 상대방이 쥐고 있는 것을 보지 못한다면 결코 원하는 것을 얻을 수 없습니다.

완벽한 리더가 되기 위해 노력하기보다는 상대방이 내게 원하는 것, 상대방에게 내가 채워줄 수 있는 것이 무엇인지 살피고, 그것을 채워 나가기 위해 노력하는 것이 필요합니다. 조직을 성공으로 이끌고 결국 자기 자신도 성공하게 만드는 리더십은 완성된 산물이 아닌 일종의 플랫폼이어야 합니다. 바람직한 리더십은 리더가 홀로 완성한 결과물이 아닌, 수많은 사람이 함께 채워가면서 발전과 진화의 과정으로 만들어야 합니다.

때로는 조금 여유가 있고, 숨 쉴 공간이 있어야 사람들도 편하게 찾아오고 함께 채워 나갈 수 있는 것입니다. 완벽한 강자는 약자와 공존할 수 없지만, 발전해 나가는 승자는 패자와 공존할 수 있습니다. 오히려 패자의 도움을 받아 훨씬 더 큰 승리를 만들어 갈 수 있습니다.

그런 점에서 보면 확실히 항우는 거의 모든 것을 다 갖춘, 완벽한 스타일의 권력자이며 천하를 거의 손에 쥘 뻔한 강자였지만, 진정한 리더가 되지 못했고, 실제 천하의 패권을 차지한 승자는 결국 유방이었습니다.

05 때로는 반칙도 규칙이다

당시 팽월이 '양'이라는 지역에서 여러 차례 반란을 일으켜 초나라의 군량 보급을 끊으니 항우가 이를 염려하였다. 이에 높은 곳에 도마를 설치한 뒤 유방의 아버지를 그 위에 올려놓고 외쳤다. "지금 빨리 항복하지 않으면 내가 너의 아버지를 삶아 죽이겠다." 그러자 유방이 말했다. "나와 그대는 초회왕의 명을 받들 무렵 형제가 되기로 약속했으니 나의 아버지가 곧 너의 아버지인 셈이다. 그런데도 꼭 네 아버지를 삶아 죽이려거든 부디 나한테도 국 한그릇 나눠 주기 바란다." 그 말에 항우가 노하여 유방의 아버지를 죽이려 했다. 그때 항백이 "천하의 일이라는 것은 알 수가 없고, 또 천하를 도모하는 자는 자신의 집안을 돌보지 않으니 죽여봤자 이득이 될 것이 없고 오히려 화만 더 커질 뿐입니다"라고 말했다. 항우가 그의 말을 따랐다(當此時, 彭越數反梁地, 絶楚糧食, 項王患之. 爲高

俎, 置太公其上, 告漢王曰 "今不急下, 吳烹太公." 漢王曰 "吾與項羽俱北面受
命懷王, 曰 '約為兄弟', 吾翁即若翁, 必欲烹而翁, 則幸分我一桮羹." 項王怒,
欲殺之. 項伯曰 "天下事未可知, 且為天下者不顧家, 雖殺之無益, 只益禍耳.項
王從之).

《사기본기》 권7, 〈항우본기〉, 서른세 번째 절

원칙에 '왜?'라는 의문이 주는 기회

언젠가 예약을 위해 모 인터넷 사이트를 이용했던 적이 있습니다.
비서가 개인정보 등의 확인을 위해 제가 직접 연락해야 한다고 해
서 해당 사이트 고객센터에 전화하게 되었습니다. 정확히 10분 남
짓한 통화 만에 저는 두 손 두 발 다 들고 말았습니다. 고객센터의
상담직원은 제가 묻거나 요청한 것에 대해 모든 것을 안 된다고
했고, 그 이유로 모든 것이 자신들의 원칙 때문에 안 된다고 했습
니다.

처음 하나를 요청하자 안 되는 이유 둘을 댔고, 그 두 가지 이유
에 대해 해결할 방안이 있을 듯하여 두 가지 사항 확인을 요청하
자 다시 그것이 안 되는 이유 네 가지를 댔습니다. 그 네 가지 이유
에 대해 하나씩 확인을 해봤습니다. 그럴 수 있었던 것은 제가 예
전에 그 분야와 관련된 사업을 했기 때문입니다. 저 자신도 관련

된 지식이 있었고, 해당 사항에 대해 우리나라에서 최고로 잘 아는 사람들도 여럿 알고 있었기 때문입니다. 제가 알고 있는 범위 내에서는 그 어떤 것도 제가 요청한 사항에 대해 '안 되는 이유'가 될 수 없었습니다.

상담직원이 제시한 '안 되는 네 가지 이유'에 대해 왜 안 되는지, 안 된다고 정한 사람이 누구인지, 안 된다고 한 것이 관계 법령 어느 곳에 나와 있는지, 안 된다고 하는 것이 당신의 회사에 어떤 이익이 되는지 물었습니다. 하지만 어느 질문 하나에도 시원하게 답을 들을 수 없었습니다. 더는 대화를 해봐야 상담직원만 괴롭히는 일이 될 것 같아, 그렇게 찜찜한 상태로 통화를 끝낼 수밖에 없었습니다. 통화를 마칠 무렵 상담직원의 마지막 한마디가 제 머릿속을 한동안 맴돌았습니다.

"원칙적으로 안 되는 원칙이 저희의 원칙이라고 말씀드려야 하는 것이 상담원의 원칙입니다."

사실 상담직원에게 가장 묻고 싶었지만 차마 묻지 못했던 질문은 따로 있었습니다.

"도대체 그 원칙은 누구의 원칙입니까? 당신의 원칙입니까? 저의 원칙입니까? 아니면 우리 모두의 원칙입니까?"

이런 일은 비단 상담센터 직원과의 전화 통화에서만 일어나지 않습니다. 이처럼 누구에게 이로울지 모를 원칙만을 고집하다가 일을 그르치고 마는 경우가 우리 일상에서 흔하게 발견됩니다. 세상을 살아가다 보면, 특히 사업을 해보면 비일비재하게 발생하는 상황이자, 그때마다 듣게 되는 이야기가 앞서 상담원이 했던 말과 같은 이야기들입니다. 무언가 과감하게 시도를 해야 하는 상황이거나, 이제까지 해보지 않은 것들을 해봐야 하는 상황에 부딪히면 수많은 사람이 들먹이는 것이 원칙입니다. 물론 우리가 안정적이고 평화롭게 사회를 움직여 가기 위해 마련한 법과 규정을 어기면서까지 무언가를 해야 한다는 것은 아닙니다. 그러나 누가 만들었는지, 왜 만들었는지도 모르는 원칙을 단순히 원칙이라는 이유만으로 무조건 맹목적으로 따르거나, 그것을 고집하느라 그 뒤에 숨어 있는 새로운 기회를 발견하거나 활용하지 못하는 것만큼 안타깝고 어리석은 일이 또 없을 듯합니다.

그러한 원칙에 '왜?'라는 의문을 갖고 그러한 원칙에 대한 준수가 우리에게 주는 것보다 훨씬 더 큰 이익을 창출할 방법을 찾아내 그것을 다시 원칙으로 만들어 낸 이들이 결국은 현실의 승자이자 역사 속의 위인이 되었습니다. 그 원칙에 반발할 당시에는 '반칙을 저지른 사람', '반기를 든 인물'로 비난을 받기도 할 것입니다. 그런 점에서 보면 유방은 원칙과 반칙을 교묘하게 넘나들며 실리를 얻고, 결국에는 천하의 패권까지 얻었던 대표적인 인물입니다.

원칙과 반칙을 교묘히 오가다

《사기》의 열전들이나 당대를 글로 담은 여러 야사를 보면 유방이 얼마나 교묘하게 다른 이들을 속이는 데 능한 인물인지 미뤄 짐작할 수 있는 다양한 에피소드들이 등장합니다. 그중 대표적인 것이 유방이 처음으로 항우와 만나게 되는 장면입니다.

당시 유방은 안팎으로 큰 어려움에 부딪쳐 있었습니다. 대의를 품고(상황에 떠밀려서 어쩔 수 없이) 패현과 풍읍 젊은이들의 우두머리가 되어 전투에 나서며 풍읍을 옹치(雍齒)라는 인물에게 맡겨두고 길을 나섰습니다. 그런데 평상시 유방에 대한 감정이 좋지 않았던 그가 풍읍 일대의 땅을 위나라 왕 위구에게 냉큼 넘겨버리고 자신은 그로부터 위임을 받아 풍읍을 지배하게 되었습니다.

옹치는 유방과 같은 패현 출신이었지만 동향 출신이라고 하기에는 뭔가 조금은 애매했습니다. 원래부터 유방의 패거리는 아니었고 유방이 사수정의 정장을 하던 무렵에 이웃인 동악정에서 활개 치던 건달패거리들의 우두머리 격이었던 인물이었습니다. 당시 유방과는 논에 수로를 내는 문제를 갖고 두세 차례 패싸움을 한 터라 일찌감치부터 악연이 있었습니다. 그런데도 전투에 임에서는 용맹하고 날렵하기가 맹수와도 같았고, 동악정 출신의 청년들에게는 나름대로 신망도 얻고 있어서 곁에 두고 중용을 했던 터였습니다.

그런 옹치에게 배신을 당한 유방은 오갈 데가 없었습니다. 따르는 아우들로는 성벽 뒤에 숨어 단단히 지키고 있는 옹치 무리를 당해낼 재간이 없었습니다. 그렇다고 군량도 막사도 없이 성 밖 들판에서 장기간 머무를 수도 없었습니다. 일단은 누군가의 수하로 들어가 시간을 벌면서 병력과 무기 등의 지원을 받아야 했습니다. 그때 유방의 머리에 첫 순위로 떠오른 것이 항우였습니다. 이미 그 무렵 항우는 진나라에 반기를 든 무리 중 막강한 전투력과 압도적인 군사력으로 명성이 자자했던 인물이었습니다. 그를 찾아가 부하가 되기를 청한 뒤 병력 지원을 받아 배신자 옹치 무리를 무찌르겠다는 것이 계획이었습니다.

지금도 그렇지만 부하가 된다고 해도 나 자신, 우리 자신의 실력과 세력이 있어야 당당하게 대접을 받으면서 합류할 수 있는 것입니다. 스스로가 보잘것없으면 나, 우리를 받아줄 상대방도 흔쾌히 부하로 받아들여 주지 않거나, 받아주더라도 중용하지 않고 무시하거나 버려둘 가능성이 컸습니다. 유방 역시 그를 잘 알고 있었습니다. 당시 유방과 그를 따르는 무리의 모습은 패전의 상처와 오랜 노숙으로 인해 동네 거지 그 이상도 이하도 아니었습니다. 게다가 무리의 숫자 역시 쪼그라든 형편이었습니다. 이대로라면 항우가 그들을 부하로 받아들여 줄지, 아니면 먹을거리가 없어 찾아든 거지로 볼지 알 수 없었습니다.

고심하고 있던 유방의 눈에 저 멀리서 말을 타고 오는 무리가 보였습니다. 숫자는 많지 않았지만 하나같이 깔끔한 옷을 단정하게 차려입었고, 몇몇은 좋은 말을 타고 있었습니다. 특히 무리의 가장 앞에 선 인물은 한눈에 보더라도 고귀한 혈통의 자제로 보였습니다. 장량의 무리였습니다. 그들 또한 항우가 진나라를 물리치고 패권을 잡기 위해 경쟁하는 무리 중 가장 앞서 있다는 소문을 듣고 그에게 의탁해 천하를 도모하기 위해 찾아가는 중이라고 했습니다. 여기서 유방의 절묘한 변칙이 빛을 발합니다. 그는 장량과 그 무리를 한껏 추켜세운 뒤 그들에게 "함께 항우를 찾아가자"라고 하며 자신들이 보호해 주겠노라며 대열의 앞에 서겠다고 했습니다. 장량은 왠지 찜찜했지만, 유방의 뜻대로 했고, 항우의 진영에 도달할 무렵 유방은 기존보다 두 배 가까이 불어난 병력을 이끄는 장수로 자신을 포장할 수 있었습니다.

원칙과 반칙을 교묘히 오가며 자신이 원하는 바를 얻은 유방 특유의 모습은 그가 항우와 광무산(廣武山)에서 대치하는 장면에서도 여지없이 나옵니다. 항우가 유방의 아버지를 높은 대에 올려두고 당장이라도 끓는 솥에 넣어 버리려고 하자 유방의 부하들이 너 나 할 것 없이 오들오들 떨며 어쩔 줄 몰라 했습니다. 그러나 유방은 능청스럽게 말했습니다.

"그대와 나는 과거에 전장에서 형제의 연을 맺은 적이 있으니 나의 아버지는 곧 그대의 아버지다."

"그런데도 아버지를 삶으려 하니 할 수 없군. 그 국물 나에게도 한 사발 주라."

아무리 천하의 유방이라 하더라도 아버지의 생사가 달린 일에 마냥 태연할 수만은 없었을 것입니다. 그러나 그는 알았습니다. '아버지와 아들 간의 예의', '전장에서 장수로서 보여야 하는 자세와 태도'라는 원칙만 고집하다가는 정작 가장 중요한 아버지의 목숨과 장수로서의 승리 모두를 잃을 수도 있다는 생각에 과감하게 반칙 아니 변칙으로 승부에 나선 것이었습니다.

알고 보면 빈틈없는 원칙주의자

유방 역시 원칙을 아예 무시하거나 모른 체했던 것은 아닙니다. 정사에는 등장하지 않고 야사에만 등장해, 역사적 사실인지는 다소 의문시되고 있지만, 유방이 도망자 신세였던 시절에 있었던 에피소드가 하나 있습니다.

한때 유방과 그의 아우들 그리고 몇몇 추종자 무리는 진나라 관군의 눈을 피해 산속에서 생활했던 적이 있습니다. 식량이 부족했던 그들은 민가로 내려가 식량을 구해오기로 했는데, 그때 유방은 아우들과 자신의 부하들에게 몇 가지 지켜야 할 규칙을 알려주고 약조를 받았습니다. 그중 '불가피하게 약탈은 하더라도 사람의 목숨을 빼앗지는 말 것', '만일 살인을 저질렀을 때는 반드시 목숨으로 갚게 될 것'을 단단히 일렀습니다.

다짐한 아우들과 부하들은 민가로 내려가 몇 달은 족히 먹어도 될 만큼 충분한 식량을 구해왔습니다. 그러나 말이 씨가 된 것일까요? 유방이 우려했던 대로 살인이 벌어지고 말았습니다. 무리 중 그 누구보다 착하고 유방을 잘 따르던 미생(尾生)이라는 아우가 식량을 챙기는 과정에서 우발적으로 마을 주민의 목숨을 빼앗고 말았습니다. 그의 품성이 고의로 살인을 저지를 만한 인물이 아님을 유방도 알고 있었고, 함께 식량을 가지러 갔던 그의 동료들도 의도적인 살인 행위가 아니라 우연히 발생한 사고였다고 증언을 했지만, 유방은 흔들림이 없었습니다. 가뜩이나 진나라의 법을 어기고 도망자가 된 상황에서 한 번 원칙이 무너지는 순간 산적이나 마적 떼와 다를 바 없는 잔악무도한 무리가 될 수도 있음을 그는 알고 있었습니다. 말 그대로 읍참마속(泣斬馬謖)의 심정으로 유방은 아끼던 동생 미생을 사형에 처했습니다.

이처럼 원칙을 중시했던 유방의 모습은 앞서 '아버지의 국물' 같은 끔찍한 말들이 난무했던 광무산에서의 대치에서도 보입니다. 긴 시간 동안 승부를 내지 못하고 양쪽 모두에게 결코 유리하지 못한 소모전이 이어지자 항우는 유방을 따로 불러냈습니다. 가운데 골짜기를 두고 양쪽에 서서 두 사람은 고함을 질러가며 대화를 나눴습니다.

"유방, 네 이놈아! 이럴 것이 아니라 너랑 나랑 단둘이 한판 붙어 결판을 내자!"

일대일 싸움 실력으로는 중국 역사상 통틀어서도 세 손가락 안에 꼽힌다는 평가를 받는 항우였기에 당연히 할 수 있는 제안이었습니다. 놀라운 장면은 여기서 펼쳐집니다. 평상시 매사를 논리적으로 판단하고, 규정과 방침을 따지는 사람이라면 옹졸한 소인배 취급을 하던 유방이 왜 항우와 싸울 수 없는지, 아니 싸워서는 안 되는지에 대해 조목조목 따지기 시작한 것입니다.

"항우 네 이놈! 너와 나는 왕명을 받아 관중을 먼저 평정하는 자가 왕이 되기로 했으나 너는 약속을 어기고 나를 고작 촉한땅을 다스리도록 했다. 그것이 너의 첫 번째 죄이다. 또한 너는 왕명을 속여 송의 장군을 죽였으니 그것이 너의 두 번째 죄이며 (중략) 너는 사람을 시켜 강남땅에서 왕을 시해하였으니 아홉 번째 죄이다. 마지막으로 무릇 신하된 자가 군주를 시해하고, 항복한 사람을 죽이며, 정치를 공평하게 하지 아니하고, 약속을 주관하고도 신의가 없어 천하가 용납할 수 없는 대역무도한 것이 열 번째 죄이다."

이렇게 댄 이유가 무려 열 가지나 되었습니다. 그리고는 꿀 먹은 벙어리처럼 아무 말도 못 하는 항우에게 최후의 일갈을 날려 버립니다.

"나는 다른 제후들과 함께 의로운 군대로 남은 도적들을 토벌하고, 그동안 너에게 형벌을 받은 이, 원한을 품은 이들을 시켜 너를 공격하게 하면 되는데 무엇 때문에 힘들게 너와 싸운다는 말인가?"

1장__ 기꺼이 자신을 낮춰야 상대를 품는다

그 말에 항우는 분해서 펄쩍 뛰었습니다. 어찌나 분노했던지 얼굴이 벌게지다 못해 시커멓게 보일 정도였습니다. 활을 쏴서 유방을 맞추려고 하였으나, 분함에 손이 벌벌 떨려 번번이 화살이 빗나갈 지경이었습니다. 결국 매복해 있던 다른 궁수를 시켜 화살을 날려 유방을 맞추기는 했으나 그의 목숨을 빼앗지는 못했습니다.

이 장면에서 매사에 얼렁뚱땅 넘어가려 하고 원칙과 방침은 대충 뭉개고 넘어가려는 인간 유형으로 그려진 유방의 새로운 모습을 보게 됩니다. 유방은 의도적으로 원칙을 무시하고 제멋대로, 자기 하고 싶은 대로 사는 폭군 같은 인간은 아니었습니다. 함께 지키기로 한 원칙에 대해서는 누구보다 앞장서서 철저하게 지키고자 했습니다. 다만, 무조건 지키라고 강요받는 원칙에 근원적인 의문을 갖고 조금이라도 더 나은 방향에서 문제를 해결할 방법을 찾는 데 다른 이들보다 더 적극적이었을 뿐입니다.

본질에 기반한 원칙이 핵심이다

이런 유방의 모습을 생각할 때마다 제게 떠오르는 사업가 후배가 있습니다. 인큐텐이라는 업체 대표로 있는 박진희 이사회 의장인데, 제가 35세 무렵에 처음으로 만났던 사이입니다. 그때 박 의장은 불과 25세였는데, 제가 수억 원의 연봉을 주며 스카우트하려고 했던 적이 있습니다. 대학 졸업반 나이밖에 안 되는 젊은 청년에게 당시 웬만한 대기업 사장 연봉의 몇 배나 되는 돈을 주면서까지 영입하고자 했던 까닭은 그가 사람에 대한 분명한 원칙이 있었고, 그를 실천하기 위한 시스템을 만들고 운영할 줄 아는 사람이었기 때문입니다.

당시 그는 스타트업에 가까운 작은 기업을 창업하여 경영하고 있었습니다. 그를 포함해 소규모 신생기업들은 생존하기 위해서 어떻게 해서든 고정비를 줄이는 것이 급선무였습니다. 그럴 때 가장 먼저 생각해 볼 수 있는 것이 회사의 사무 공간을 저렴한 곳으로 옮기든지, 수많은 기업이 우선순위로 행하는 방법인 사람을 줄이는 것입니다. 그런데 박 의장은 달랐습니다. 그는 직원의 숫자를 단 한 사람도 줄이지 않았습니다. 오히려 더 많은 사업적 기회를 발굴하기 위해 전략기획 업무를 담당하는 직원, 구성원들의 역량을 향상하고 자기 계발을 지원해 줄 교육 담당자, 그리고 직원들이 수월하게 일하면서도 더 큰 성과를 낼 수 있도록 돕는 시스템 엔지니어 등을 채용해 사내 시스템을 일하기 좋은 방향으로 거의 완벽하게 구축해 나가고 있었습니다.

그렇게 하는 이유를 묻자, '자신의 회사는 사람을 통해 이윤을 창출하는 기업이고, 그를 위해 회사는 직원들이 사람들과 관계를 맺고 그것을 통해 성과를 창출'할 수 있도록 도와야 하므로 회사 내외를 막론하고 '사람에 대한 투자는 아끼지 않는다'를 자신의 기업 경영 원칙으로 삼고 있다 했습니다. 박 의장이라고 쉽게 가는 길을 모르지는 않았을 것입니다. 당장 눈앞에 보이는 비용 절감 방법을 택하고 싶었을지도 모릅니다. 그러나 그는 자신이 지켜야 할 원칙을 분명하게 알고 있었으며, 그것을 지키는 방법을 선택하고 지키기 위해 노력함으로써 젊은 나이에 남다른 성과를 낼 수 있었습니다.

그러나 박 의장의 이야기에는 중요한 것이 하나 더 담겨 있습니다. 그것은 바로 그가 꿋꿋하게 지켜낸 원칙이 그냥 원칙이 아닌 '본질에 기반한 원칙'이라는 점입니다.

삶에 있어서 원칙은 매우 중요합니다. 원칙이 없는 삶은 때로는 기반이 없는 사상누각처럼 쉽게 쓰러지거나 넘어져 버릴 것처럼 보입니다. 원칙이 분명하지 않은 삶을 사는 사람은 기준이 불분명해 오락가락하는 사람처럼 보일 수도 있습니다. 때로는 정해 놓은 것 없이 그때그때 즉흥적으로 대처해서 제멋대로 사는 것처럼 평가받을 수도 있습니다.

그러나 본질을 잊은 채 원칙만을 고집하다 보면 실리를 잃게 되고, 결국 그 원칙조차 제대로 지키지 못하게 됩니다. 우리가 진정 깨닫고 따라야 할 것은 원칙이 아니라 원리입니다. 세상이 돌아가는 근본적인 바탕인 원리에 대한 이해를 따라 모든 일을 꿰뚫는 하나의 사실을 발견하면 그것이 진리이고, 그 진리를 따라 모든 일을 순조롭게 처리하면 그것이 곧 순리입니다. 많은 사람이 원리를 깨우치지 못하고 원칙만을 앞세우며 맹목적으로 그것을 따르기만을 고집하다가 낭패를 보게 되는 경우가 빈번합니다.

박 의장의 원칙은 '사람에 대한 투자를 아끼지 않는다'였지만, 그보다 더 중요했던 것은 그가 사업의 본질이자, 기업 경영의 기반이 '사람'에 있음을 어린 나이에도 불구하고 명확하게 알고 있었다는 점입니다. 그렇기에 어려운 상황 속에서도 자신의 원칙을 굳건하게 지킬 수 있었고, 그것을 지키는 데 있어 무작정 자신의 원칙만 고집부리기보다는 그것이 가장 잘 작동할 수 있는 방향으로 유연하게 대처할 수 있었던 것입니다.

원리를 깨우치고 원칙이 있는 삶을 살아가되 맹목적으로 그것을 고집하지 않고 현실에 유연하게 적응해 나가는 것의 중요성과 유용함을 생활 속에서 실천한 유방의 삶이 현재를 살아가는 우리에게 지속해서 전해주는 교훈입니다.

1장_ 기꺼이 자신을 낮춰야 상대를 품는다

내가 나를 믿지 않으면, 누구도 나를 믿지 않는다

06

소하가 말했다. "유계는 늘 큰소리만 치지 하는 일은 거의 없습니다." 고조는 여러 빈객을 업신여긴 채 상석에 가서 앉았는데 사양하는 기색이라곤 찾아볼 수 없었다. 술자리가 끝날 무렵 여공이 눈짓으로 고조를 남게 했다. 고조가 술자리가 끝날 때까지 남았다(蕭何曰 "劉季固多大言, 少成事." 高祖因狎侮諸客, 遂坐上坐, 無所詘. 酒闌, 呂公因目固留高祖. 高祖竟酒).

《사기본기》 권8, 〈고조본기〉, 네 번째 절

갑작스럽게 제안받은 인륜지대사

중국사에 등장하는 숱한 영웅호걸 중 유방이 유독 사람들의 사랑과 관심을 독차지하는 이유는 여러 가지 있지만, 그의 인생사에 얽힌 엉뚱하면서도 유쾌한 에피소드들이 워낙에 많기 때문일 것입니다. 그중 그가 후에 여태후가 되는 정실부인 여씨와 결혼하게 된 사연을 들어보면 흥미롭습니다.

유방이 사수정 정장이었던 시절, 단보(單父) 출신의 여씨 성을 가진 부호 여공(呂公)이 고향에서 재산 다툼을 하다가 한 집안과 크게 다투는 일이 있었습니다. 격분한 그 집안에서는 "여씨 집안 족속들은 씨를 말려 버리겠다"라며 칼을 갈았고, 실제로 동네에 힘 좀 쓴다는 싸움꾼들을 불러 모으고 있다는 소문이 들리기도 했습니다. 자칫하다가는 큰 싸움에 휘말려 가족들이 죽거나 다칠 수도 있다는 생각에 여공은 자신의 오랜 벗이었던 패현 현령에게 고충을 털어놓았습니다. 그러자 현령은 대수롭지 않다는 듯 자신의 빈객이 되어 패현으로 옮겨와 살 것을 권했습니다.

"이보게, 천하에 제아무리 불한당이라 하더라도 현령의 손님을 건드릴 만큼 무모하지는 않을 걸세. 이사 오면 내 병사들을 시켜 매일 자네 집 앞을 순찰하도록 해주지."

그 약속에 감복한 여공은 수많은 재산을 정리하여 식솔들을 이끌고 패현으로 이사를 왔습니다. 현령은 그런 여공을 패현의 향리들과 호걸들에게 소개해 주기 위해 연회를 열도록 했고, 행사의 주관을 소하에게 맡겼습니다. 잔치가 열린다는 소문에 수많은 사람이 여공의 집으로 몰려들었지만 셈에 밝고 일 처리가 꼼꼼하기로 유명했던 소하는 능수능란하게 입장 통제와 자리 안내를 진행했습니다. 주빈인 여공과 패현 현령을 제외한 참석자들은 누구든지 여공에게 바치는 환영 예물의 액수로 구분하여 자리를 배치했습니다. 예물 액수가 1,000전을 넘지 않으면 마당에 펼쳐 놓은 명석 위에 주저앉아 다른 이들과 뒤섞여 음식을 먹게 했고, 그 이상이면 건물 안으로 들어와 앉도록 했습니다. 그 액수가 많을수록 여공과 현령의 자리에 가까운 상석에 앉혔습니다. 자연스럽게 입구를 지키는 향리가 손님이 가져온 예물의 액수를 물어 그 금액을 말하면 안쪽에서 소하가 그것에 합당한 자리를 지정해 주었습니다. 대다수가 1,000전 미만이었고, 간혹 고위직 관리 또는 마을 원로 역할을 하던 부자 노인들이 수천 전을 예물로 들고 와 건물 안쪽의 안락한 자리를 차지했습니다. 그때 대문 밖이 시끌벅적해졌습니다. 그 소리에 놀라 그쪽을 바라본 소하의 양미간이 심하게 찌푸렸습니다. 대문 문간에는 유방이 서 있었습니다. 그가 적어온 종이를 받아 든 향리는 소하 쪽을 향해 "사수정 정장이자, 유씨 어르신 댁 자제분이신 유계, 축하금 1만 전!"이라고 큰소리로 외쳤습니다.

그 말에 손님들과 환담하며 술잔을 주고받던 여공이 신발도 신지 않은 채 뛰쳐나와 유방을 건물 안으로 들여 자신의 가장 가까운 자리에 앉게 했습니다. 반면 평상시 유방을 알던 마을 어르신들과 고을 관리들은 혀를 끌끌 차거나, 어이없다는 듯 헛웃음을 지었습니다. 유방이 차려진 음식에 관심을 보이는 사이 불만과 걱정스러운 모습으로 그를 지켜보던 소하가 여공에게 몰래 귓속말을 건넸습니다.

"지금 저기 온 유방은 유복한 평민 가문 출신이기는 하나, 일생을 한량으로 살아온 터라 아직도 이렇다 할 가업을 못 이룬 자입니다. 늘 큰소리만 치지 하는 일은 거의 없습니다. 아마도 1만 전을 준비했다는 축하금 역시 허풍일 것입니다."

소하는 유방에게 다가가 "들통나서 괜히 망신살 뻗치기 전에 얼른 집으로 돌아가시죠"라고 타일렀습니다. 그러나 여공은 실랑이를 벌이는 소하와 유방을 물끄러미 바라보더니 오히려 유방에게 다가가서 "긴히 할 이야기가 있으니 연회가 끝나면 가지 말고 잠시 기다려 주십시오"라고 말했습니다. 그 말에 유방은 잠자코 고개를 끄덕이고는 편하게 앉아 연거푸 술잔을 들이켰고, 소하는 어안이 벙벙할 따름이었습니다.

술자리가 파할 무렵, 연회의 주인공인 것처럼 맘껏 즐기고 있던 유방에게 여공이 다가와 말을 꺼냈습니다.

"내가 어려서부터 세상 온갖 풍파를 겪으며, 얼마 되지는 않지만 그래도 재산과 식솔들을 거느리며 살다 보니 웬만한 사람은 관상만 봐도 그 인물의 됨됨이를 알 수 있지요. 그런데 내가 당신만큼 좋은 관상을 본 적이 없소. 부디, 내 딸과 결혼하여 주시오."

갑작스럽게 인륜지대사와 관련된 엄청난 제안에 유방은 손을

1장_ 기꺼이 자신을 낮춰야 상대를 품는다

내저었으나, 여공은 완강했습니다.

"혹여 이미 혼례를 치러서 그러시는 거라면 첩으로라도 들여 허드렛일이라도 시켜주시오."

그 말에 유방이 난감해 하고 있을 때, 여공의 부인이 일꾼에게 소식을 전해 듣고 거의 맨발로 뛰다시피 다가와 여공을 말리고 나섰습니다. 그도 그럴 것이 패현 현령이 여공에게 친절을 베푼 까닭은 원래부터 친한 사이이기도 했지만, 내심 자기 아들과 여공의 딸 간에 혼례를 시키려는 욕심이 있었기 때문이었습니다. 요충지를 다스리는 책임자인 자신의 권력에 여공의 재산이 더해지면 큰 꿈을 꿀 수도 있으리라는 생각이었던 것입니다. 그런 현령의 속내를 알고 있었던 부인은 좋은 혼처를 마다하고 근본도 알 수 없는 '허풍쟁이'에 딸을 '첩으로라도' 보내려는 남편 여공의 뜻을 이해할 수가 없었습니다. 결국 여공은 주위 모든 사람의 만류를 물리치고 썩 내키지 않아 하는 유방에게 자신의 딸을 시집보냈습니다.

어떻게 이런 일이 생길 수 있었을까요? 단순히 관상이 좋다고 앞뒤 가리지 않고 가장 아끼던 딸의 혼사를 결정해 버리는 아버지가 진짜 있었을까요? 본인의 지혜와 노력으로 인근에서 가장 큰 부를 일군 여공쯤 되는 인물이 과연 그렇게 앞뒤 재지 않고 큰일을 결정했을까요? 그렇지 않다면 유방의 어떤 부분이 그런 선택을 하도록 여공을 이끌었을까요?

세상 무모했던 프러포즈

그 질문에 대한 답을 하기 전에 제가 결혼한 사연을 말씀드릴까 합니다. 제가 한창 돈을 벌기 위해 마산에 내려가 조선소에서 용접 일을 할 때였습니다. 연일 이어지는 고된 작업과 야근만으로도 몸은 천근만근 무거웠지만, 그때는 빨리 목돈을 모으는 것이 지상 최대의 목표였기에 휴일 근무와 수당을 두둑하게 챙길 수 있는 철야 작업까지 도맡아 했습니다. 그러면서도 상급학교 진학을 위해 잠시라도 틈이 나면 검정고시 공부에 매달렸고, 틈틈이 시 창작에 심혈을 기울였습니다.

그때 만났던 인연이 정다운이라는 스님이었습니다. 백양사에서 입산수도해, 불교신문 편집국장을 역임하셨으며 〈한국일보〉 신춘문예로 등단하여 작가로도 활동하셨던 문인이었습니다. 스님은 문학 활동과 종교를 접목해 젊은 청년들을 중심으로 적극적인 포교 활동을 하셨는데, 당시 '부름'이라는 이름의 전국 단위 문학 동인회를 운영하셨습니다. 저 역시 '부름'의 회원으로 활동했습니다. 원래는 호기심 반, 재미 반에 참여하게 됐는데, 이내 핵심 회원이 되었고, 얼마 지나지 않아 덜컥 '부름'의 마산지역 회장으로 선출되어 버리고 말았습니다.

회장으로 선출되었으니 지역 동호회 모임도 챙겨야 했지만, 전국 단위 행사 때는 지역을 대표해서 모임에도 참가해야 했습니다.

그 모임에서 유독 눈에 들어오는 여성 회원이 있었습니다. 강원도 원주에서 왔다고 하는데, 단아한 외모에 시와 사람을 대하는 진솔한 모습이 모임이 끝나고 난 뒤까지도 뇌리에 깊이 남았습니다. 인사를 나누고 몇 차례 편지를 주고받으며 더 많은 것을 알게 되면 될수록 마음이 더 갔습니다. 결국 그녀와 사귀는 사이가 되었습니다.

그러나 그 무렵 제 몸은 정상이 아니었습니다. 원래부터 약했던 몸으로 제대로 먹지도 자지도 못한 채 야근과 철야를 밥 먹듯 하다 보니 폐결핵이라는, 당시로는 죽음까지도 염두에 두어야 하는 중병에 걸렸습니다.

몸은 급격히 쇠약해졌고, 서울로 올라와 치료에 전념했음에도 불구하고 병세는 쉽사리 나아지지 않았습니다. 먹고는 살아야겠기에 사회복지사 자격증을 따서 한 정신병원의 상담원으로 취직을 했습니다. 그러나 급작스럽게 상태가 나빠져서 응급실에 실려 간 것도 여러 번이었고, 중환자실에 며칠 입원해야 한 적도 있었습니다. 지금의 제 체격과 몸 상태만을 알고 있는 사람이라면 상상도 못할 텐데, 그 당시 제 체중은 54킬로그램을 밑돌았습니다. 말 그대로 살은 쪽 빠지고 뼈밖에 없어 피골이 상접한 상태였습니다. 주위에서 "저 집 아들 저거, 어떻게 인간 노릇이나 하겠나?"라고 수군거리는 소리가 종종 제 귀까지 들렸습니다. 그런데도 제가 희망을 품고 버틸 수 있었던 것은 평생을 이어온 어머니의 간절한

기도와 '원주의 그녀'가 보낸 편지에 담긴 글과 마음 덕분이었습니다.

그런 와중에도 그녀와의 관계는 지속해서 발전해 갔습니다. 저는 이제 결정을 내려야 할 시간이 다가왔다고 생각했습니다. 아직 폐의 병은 그대로였지만, 그녀라면 제 병을 고쳐줄 수 있을 듯했습니다. 저 역시 그녀와 함께한다면 빠른 시일 내에 병을 고칠 수 있을 것만 같았습니다.

"내 병 좀 고쳐주세요"라는 말이 그대로 저의 결혼 프러포즈가 되고 말았습니다. 저의 모든 진심을 담아 간절하게 그녀에게 말했던 것입니다.

내 병을 고쳐주면 내가 영원히 너의 곁을 지키겠다는 마음을 담아 '참으로 염치없는' 프러포즈를 했던 것이었습니다. 그런데 사실 정상적인 사고를 하는 사람이라면 이런 프러포즈에 넘어갈 여자가 있으리라 상상이나 할 수 있을까요? 만일 지금의 저에게 누군가 이런 식의 프러포즈를 했다고 한다면 저 역시 "제정신이냐?"라고 물었을 것입니다.

그런데 놀랍게도 그녀는 고개를 끄덕였습니다. 제 청혼 같지도 않은 청혼을 받아 준 것이었습니다. 그 이후로는 모든 것이 일사천리로 진행되었습니다. 모든 것이 잘 준비되었다는 것이 아니라, 아무것도 준비할 수 없었기에 역설적으로 별다른 어려움이 없었다는 의미입니다. 가진 것이 너무 없어서 별달리 할 것이 없었습니다. 유일한 난관은 예비 장인어른께 허락을 받는 일이었습니다. 그런데 불가능할 것 같았던 그 '허락'은 뜻밖에도 수월하게 받을 수 있었습니다.

명절날 인사드리면서 결혼 허락을 받기 위해 원주에 내려갔습니다. 예비 처가에 들러 '내가 어떠한 사람이고 앞으로 따님과 함께 어떻게 알콩달콩 잘 살지'에 대해 한참을 이야기했는데, 예비 장인어른이 가타부타 말씀이 없으셨습니다. 사람 자체는 마음에 들어 하시는 것 같은데, 워낙 가진 게 없는 집안 출신에 현재 손에 쥔 것도 없어 보이니 공연히 딸을 데려가서 고생만 시키지 않을까 걱정하시는 듯했습니다. 확답을 받지 못하고 다시 서울로 올라와야 했습니다. 그런데 차표를 미리 예매하지 않은 것이 문제였습니다. 다음 날 출근을 하려면 반드시 꼭 올라와야 했는데, 모든 시간대 차표가 매진이었습니다. 이때만 하더라도 명절이면 민족의 대이동이 일어난 반면, 자가용은 거의 없던 시대라 버스표 구하기가 '하늘의 별따기'였습니다. 터미널까지 배웅을 나오셨던 예비 장인의 얼굴에도 낭패라는 기색이 역력했습니다.

정작 차표가 필요한 당사자였던 저는 너무나도 태연하게 원주 시외버스 터미널 한쪽에 있던 동부고속 사무실 문을 열고 들어갔습니다. 호흡을 한 차례 가다듬은 뒤 사무실 안이 쩌렁쩌렁 울리도록 크게 인사부터 했습니다.

"안녕하십니까? 저는 한의상이라는 사람입니다!"

이후로는 이야기가 술술 나왔습니다. 결혼할 여자와 같이 예비 처가에 인사를 드리러 왔다. 오늘 중 서울로 올라가야 하는데 차표를 구하지 못하고 있으며, 아직 결혼 승낙 여부를 결정하지 못한 예비 장인이 터미널 대기실에서 '이놈이 과연 표를 구해오나, 못 하나 두고 보자'라며 뚫어지게 쳐다보고 있다고 말했습니다.

처음에는 '이 사람 뭐지?' 하는 표정으로 뚫어지게 저를 쳐다보던 사무실 직원들은 이어진 저의 너스레에 파안대소를 터뜨리고 말았습니다. 넉살 좋은 제 태도와 구수한 이야기에 경계심을 풀기 시작하는 직원들을 보면서 저는 고개를 꾸벅 숙이며 마지막으로 부탁을 했습니다.

"표 두 장만 구해 주십시오. 제가 결혼으로 보답하겠습니다!"

어떻게 되었을까요? 사무실을 나오는 저의 손에는 서울행 버스표 두 장이 쥐여 있었습니다! 그리고 그 승차권은 곧 결혼 승낙을 받게 해준 '결혼 티켓'이 되었습니다. 원주에서 오랫동안 택시 운수 사업을 하시며 온갖 사람을 다 만나 보셨던 예비 장인어른은 그날 터미널에서의 제 모습을 보고 '저놈이 어떠한 일이 있어도 자기 식구들은 굶겨 죽이지 않겠구나'라는 확신을 하셨다고 합니다. 그렇게 결혼을 하게 되어 30년 넘게 잘 살아오고 있습니다.

나 자신을 먼저 믿어야 타인의 신뢰를 얻는다

유방은 수많은 동생을 수하에 거느리고 한 지역을 다스리는 인물이 되었지만, 여전히 여러 사람에게 '미심쩍은 인물'이었을 것입니다. 실제로 그를 아는 관료들이나 지방의 원로, 유지들은 유방에 대해 사람 좋고, 따르는 이 많으며 호방한 인물이기는 하지만 그 능력에 대해서는 여러모로 의심스럽게 생각했습니다. 이는 그 측근들 역시 마찬가지였습니다. 그럴 때 유방은 어떤 태도를 보였을까요? 유방은 앞서 여공의 저택에서 열린 연회에서 보여줬던 모습대로 자기 자신을 믿고 자신 있게 나서는 것을 택했습니다. 그는 자기 자신을 일컬을 때 입버릇처럼 "나 유계는…"으로 시작했습니다. 자기 자신을 대단한 사람으로 생각하여 자신을 타자화하고 브랜드화하여 말하는 그의 화법은 아우들과 부하들에게 깊은 신뢰감을 주었습니다.

예전에 대학에서 '커뮤니케이션학'을 가르치는 교수님으로부터 이런 이야기를 들은 적이 있었습니다. 독재국가에서 신격화되고 있는 독재자들이나 사이비 종교의 교주들이 처음에 대중 앞에 서면 외면을 당한다고 합니다. 그런데 자신이 얼마나 대단한 사람이고, 얼마나 엄청난 능력을 보유하고 있는지 반복해서 이야기하다 보면 사람들이 조금씩 귀 기울이는 것이 느껴진다고 합니다. 한두 번 계속 반복하다 보면 어느 순간 사람들이 깊은 신뢰감을 보이며 폭발적으로 호응을 하는 순간이 오고, 그때부터는 그의 말이 곧 법이요, 진리인 상태가 이어지며 대중들이나 신도들은 말 그대로 맹목적인 믿음을 보여주게 된다고 합니다. 그러면 대중이나 신도들의 신뢰와 폭발적인 호응을 얻게 되는 순간은 과연 어느 때일까요? 교수님의 이야기에 따르면 연설이나 설교를 하는 독재자 또는 교주 본인이 자신을 믿게 되는 순간이라고 합니다.

처음 연설을 하고, 설교할 때만 해도 본인 스스로가 잘 안다고 합니다. 대중들은 눈에 보이는 권력이 무서워서 내 이야기를 들어주고 있고, 신도들 역시 다른 이유로 내 설교를 들어주고 있을 뿐이지 내가 대단한 사람이라서 내 이야기를 듣고 있는 것은 아니라는 것을 말입니다. 한두 번, 하루 이틀 대중과 신도 앞에 서면 설수록, 그리고 작지만 알찬 호응을 받게 될수록 이상한 생각이 들게 된다고 합니다.

'어? 혹시 내가 이 사람들 앞에서 말한 것처럼 대단한 사람이 아닐까?'

'이 사람들은 정말로 나의 대단함을 알기 때문에 나에게 이렇게 열렬히 호응하는 것은 아닐까?'

이렇게 점점 자기 자신에 대한 굳은 신뢰가 생기는 순간, 태도와 말투는 자신도 모르게 달라지고, 풍채도 좋아지며 모든 것이 죄다 바뀌게 됩니다. 그때 사람들이 그 변화를 가장 먼저 알아보게 되면 그를 대하는 태도와 모습이 이전과 확연하게 달라진다고

1장__ 기꺼이 자신을 낮춰야 상대를 품는다

합니다. 신뢰와 호응을 얻게 되는 겁니다.

유방은 그를 잘 모르는 사람의 눈에는 단순히 허황한 인간, 빈 말만 늘어놓는 허풍선이로 보일 수 있습니다. 또는 더 나아가 거짓말쟁이나 사기꾼으로 여겨질 수도 있습니다. 그러나 단순히 그렇게만 보기에는 유방의 삶이 우리에게 전하는 메시지가 너무나도 분명하고 또 명확합니다. 리더라면 다른 사람들의 신뢰를 얻어야 합니다. 그런 신뢰의 첫 시작은 다른 누구보다 먼저 자기 자신이어야 합니다. 내가 나를 믿어야 합니다. 내가 나를 못 믿는데 누가 나를 믿을 수 있겠습니까? 내가 나를 믿어야 흔들림 없는 자신감과 당당함이 생기고, 그러한 자신 있는 당당한 태도를 기반으로 한 말투와 행동거지가 다른 사람들의 믿음을 불러일으키는 것입니다.

제가 원주 시외버스 터미널 동부고속 사무실에 무작정 들어가서 너스레를 떨며 표를 구해달라 부탁을 할 수 있었던 것도 그 근원에는 '꼭 티켓을 구해야 한다'라는 절실함과 '나는 티켓을 구할 수 있다', '나는 이 사람들을 설득할 능력이 있다'라는 자신감이 크게 한몫했습니다. 그러한 저 자신에 대한 믿음이 결국은 생면부지 터미널 직원이 저를 믿고 어렵사리 표를 구해 주도록 나서게 한 원동력이 된 것입니다.

남들의 신뢰를 얻고 싶으신가요? 다른 사람들이 믿고 의지하는 인물이 되고 싶으신가요? 그렇다면 가장 먼저 여러분 자신을 믿어

봅시다. 지위가 높고 거창한 직함을 달고 있고 남다른 능력을 갖추거나 엄청난 부를 축적했기에 믿는 것이 아닙니다. 믿을 만한 인간이라서, 뭔가 믿음이 갈 만한 업적을 이뤘기에 믿는 것도 아닙니다. 다른 사람이라면 그런 것들을 확인하고 믿어야 하겠지만, 여러분이 자신을 믿을 때는 그런 조건 하나도 따질 필요 없이 그냥 믿으면 됩니다. 왜냐하면 세상에 둘도 없는, 오직 하나뿐인 내 자신이니까요. 그런데 내가 나를 진심으로 믿을 때 시작되는 변화에 아마도 깜짝 놀랄 것입니다. 예전에 볼 수 없었던 당당한 태도, 내 발목을 사로잡았던 패배주의를 대신해 무엇이든 할 수 있다는 자신감, 그리고 내 삶 자체에 대해 애정 어린 시선으로 바라볼 수 있음에 얻게 된 마음의 안정감을 발견할 수 있습니다.

자신을 믿으세요. 우리가 우리 자신을 굳게 믿을 때 우리는 이미 한고조 유방이라는 위대한 영웅의 삶에 몇 걸음 더 가까이 다가가 있을 겁니다.

1장__기꺼이 자신을 낮춰야 상대를 품는다

2 당신의 사람이 당신의 성공을 결정한다

한나라 4년, 한신은 제나라를 모두 평정하고, 한왕 유방에게 사자를 보내, "제나라는 속임수가 많고 변절을 잘하며 자주 번복하는 나라인 데다가, 남쪽으로 초나라와 국경을 맞대고 있으니, 가짜 왕이라도 세워 진정시키지 않으면 정세를 안정시키기 어렵습니다. 신을 가짜 왕으로 삼아 주시면 모든 일이 순조로울 것입니다."라고 이야기를 전했다. (중략) 한왕도 역시 깨달음이 있어, 다시 꾸짖어 말하기를 "대장부가 제후를 평정했으면 진짜 왕이 될 일이지 가짜 왕 노릇을 한단 말이냐!"라며 장량을 보내 한신을 세워 제나라 왕으로 삼고 그의 병사를 징발하여 초나라를 쳤다(漢四年, 遂皆降平齊. 使人言漢王曰 : "齊僞詐多變, 反覆之國也, 南邊楚, 不爲假王以鎮之, 其勢不定. 願爲假王便." 中略 漢王亦悟, 因復罵曰 : "大丈夫定諸侯, 卽爲眞王耳, 何以假爲!" 乃遺張良往立信爲齊王, 徵其兵擊楚).

《사기》, 〈회음후열전〉

01 사람을 얻는 일이 우선이다

고조는 정장으로서 현을 대표해 여산(酈山)으로 죄수들을 호송한 적이 있었는데 도중에 많은 죄수가 달아났다. 여산에 도착할 때면 모두 다 달아날 것으로 생각하여 풍읍의 서쪽 늪지에 이르자 가던 길을 멈추고 술을 마신 뒤, 밤이 되자 호송해 가던 죄수들을 풀어 주었다. 그리고 말하기를, "그대들 모두 가시오, 나 역시 여기서 달아날 것이오!"라고 했다. 죄수 중 장정 10여 명이 그를 따르길 원했다. (후략) (高祖以亭長﹐縣送徒酈山, 徒多道亡. 自度比至皆亡之, 到豐西澤中, 止飮, 夜乃解縱所送徒. 曰 "公等皆去, 吾亦從此逝矣!" 徒中壯士願從者十餘人. 後略).

《사기본기》 권8, 〈고조본기〉, 일곱 번째 절

하늘은 높고, 말은 살찌고, 황제는 성을 쌓다

역사상 최초로 중국을 통일시키고 황제의 자리에 오른 시황제는 더는 두려울 것이 없었습니다. 전국을 36개의 군으로 나누고 그 밑에 현을 두어 중앙 정부의 힘이 말단 동리까지 미치도록 한 행정 체계는 역사상 그 유래를 찾아볼 수 없을 정도로 질서 있게 자리 잡았고, 산전수전 다 겪은 맹장과 용장들 아래 잘 훈련된 병사들은 일당백의 전투력을 자랑했지요. 그리고, 통일 왕조를 세우며 유력한 제후와 가문들을 초토화해 버리거나 부하로 복속시켜 버렸기에 더는 진나라와 그를 다스리는 시황제에게 반기를 들만한 인물들도 보이지 않았습니다. 게다가 얼마나 치밀한 사람이었던지, 진시황은 수도인 함양의 궁궐 안에서 보고만 받고 있지 않았습니다. 수천의 행정관료들과 수만의 병사를 이끌고 지방을 순회하며 직접 현장을 살피고, 행정이 제대로 돌아가고 있는지 챙겼습니다. 벌할 사람은 벌하고 상 줄 사람은 상을 주는 일종의 현장경영 격인 순유(巡遊)를 정기적으로 해오면서 말 그대로 물샐틈없이 관리를 했습니다.

그러나 흉노(匈奴)만은 도무지 통제도 예측도 되지 않았습니다. 지금의 시베리아 벌판 남부와 몽골 고원 일대를 거점으로 활동했던 이들은 역사상 국가와 비슷한 조직을 몇 차례 갖추고 활동했던 적도 있었지만, 대부분 기간에는 제각기 뿔뿔이 소규모 부족 단위로 살아온 유목민족이었습니다. 바로 그 부분에 이들의 약점과 강점이 모두 존재했습니다. 제대로 된 국가 체계를 갖춘 적이 별로 없었기에 역사적으로 결정적인 순간마다 이들은 늘 주변인이나 조연에 머물러야 했습니다. 항상 이방인 취급을 당했으며, 배척해야 할 대상이나 교화시켜야 할 미개인 취급을 당하고는 했지요. 흉노라는 이름 자체도 '흉할 흉(匈)'자에 '노비 노(奴)'자를 붙여 더 비하하거나 비난하기가 쉽지 않을 만큼 독한 이름을 붙여 놓았습니다.

하지만 말로만 무시하고 비하했지, 중국을 지배했던 어떠한 왕조도 이들을 완벽하게 제압하지 못했습니다. 오히려 섣부르게 이들과 맞섰다가 존망의 갈림길에 처하거나 왕실이 그들의 노리개로 전락하는 수모를 겪은 왕조도 숱하게 많았습니다. 흉노는 대규모 행정조직의 구성과 운영에는 약했지만, 소규모 조직이 유기적인 연계를 맺고 상황에 따라 개별 또는 집단으로 선택과 집중의 공격을 퍼붓는 데 본능적으로 탁월한 능력을 발휘했습니다.

흉노족과 싸우다 보면 분명히 전투에서 이긴 것 같은데 손에 쥔 것은 하나도 없었고, 다 몰아낸 것 같은데 어느 틈에 다른 쪽에서 더 많은 흉노 병사들이 몰려들었습니다. 어느 날 협상을 맺고 휴전을 선언했음에도 다음 날 또다시 공격을 해와서 자초지종을 확인해 보면 협상을 맺은 흉노 부족과 싸움을 걸어온 흉노 부족 간에도 서로 소통이 되지 않았던 것입니다. 결과적으로는 한쪽으로는 평화의 악수를 하고 다른 한쪽으로는 뒤통수를 맞는 일이 벌어진 셈이 되는 경우도 빈번했습니다.

흉노족의 침략은 특히 수확 철에 집중되었는데, 곡식이 익어가기를 기다렸다가 달려들어 한해 농사한 농작물을 약탈해 가는 통에 흉노족과 국경을 맞대고 있는 북방 지역의 사람들은 늘 공포에 시달려야 했습니다. 오죽하면 천고마비(天高馬肥)라는 말까지 사람들 사이에서 유행어처럼 회자될 정도였습니다. 우리에게 천고마비라 하면 '하늘은 높고 말은 살이 찐다'하여 가을이 다가왔음을 뜻하는 낭만적인 사자성어로 인식되고 있지만, 실은 이 말은 '가을이 되고 흉노족들이 키우는 말에도 살이 올랐으니 이제 곧 수확물을 도둑질하려고 흉노족이 들이닥칠 것에 대비하라'라는 슬픔과 공포를 머금은 탄식에 가까운 말이었습니다.

결국 천하의 진시황조차도 흉노족을 말살하거나 복속시킬 생각을 버리고, 다만 그들이 진나라의 곡창지대를 침략할 생각을 쉽게 갖지 못하게 하려고 장벽을 쌓기로 했습니다. 시황제 32년인 기원전 215년에 만리장성의 축성이 시작되었습니다. 초기엔 장성이 세워지는 인근 지역의 농민들과 병사들이 주로 동원되었습니다. 그러나 공사가 계속되며 평지가 아닌 험준한 산지로까지 성벽이 이어지고 성 주변을 활보하던 흉노족이 홧김에 쳐들어와 분탕질을 치기 시작하면서 장성 건설 현장에서 목숨을 잃는 이들이 부지기수로 늘어나기 시작했습니다. 가뜩이나 일손이 모자랐는데 '성벽 쌓는 곳에 끌려가면 살아 돌아오기 힘들다'는 뜬소문까지 퍼지기 시작하면서 건설 현장 여기저기서 일할 사람이 부족하다는 원성이 들려오기 시작했습니다.

3년 뒤인 기원전 212년에 진시황은 왕실의 위엄을 높이기 위해 어마어마한 규모의 호화로운 아방궁(阿房宮)을 짓도록 했습니다. 또한 '살아생전에 죽어서 묻힐 능을 조성해 놓으면 오래 산다'라는 속설에 따라 자신이 묻힐 수릉(壽陵)을 미리 조성하도록 했습니다. 이쪽으로도 엄청난 숫자의 인부들이 차출되어 갔습니다. 당연히 노동력이 부족할 수밖에 없었습니다. 게다가 변방 지역에 있어 시황제의 직접적인 확인과 감독을 받기 어려운 장성 축성 현장이나 그보다는 가깝지만 그래도 교외 지역에 있던 수릉 건설 현장과 달리 아방궁을 짓는 현장은 사흘이 멀다고 시황제가 직접 찾아와 점검하고 독려했습니다. 그의 눈에 띄어야 출셋길이 보장되는 고위관료들이 당연히 더 신경 쓸 수밖에 없었고, 인력 투입은 아방궁 건설 현장 쪽으로 집중이 되었습니다.

진나라 정부에서는 죄수들까지 장성 축조와 수릉 건설에 동원하기로 했습니다. 각 고을에 황제의 명령을 내려 장정들을 차출해서 보내도록 했는데, 그중 수감 중인 죄수들도 포함하도록 했습니다. 그 명은 사수정 정장이던 유방에게도 예외가 아니었습니다. 그는 마을의 청년들과 함께 고을 관아에 가둬 두었던 죄수들을 수릉이 한창 조성 중이던 여산(驪山)으로 압류하는 임무를 수행하게 되었습니다.

목숨을 건 임무, 그리고 목숨을 버린 임무

유방과 그의 아우들은 모두 부모님께 큰절 올리고 길을 떠났습니다. 돌아오지 못할 전장으로 나가는 병사들처럼 비장한 모습이었습니다. 그도 그럴 것이 험악한 죄수 수백 명을 이끌고 먼 길을 걸어가는 여정 자체가 험난한 일이었습니다. 언제 어디서 누가 반란을 일으켜 목숨을 빼앗을지 모를 일이었습니다. 무사히 도착해도 수십 미터 땅속을 파고 들어가 지하에 궁궐과도 같은 능을 조성하는 일을 해야 했습니다. 당시의 열악한 건축 기술 탓에 숱한 붕괴 사고가 일어났고 하루가 멀다고 목숨을 잃는 이들이 생겨났습니다. 그런데도 그들은 여산으로 갈 수밖에 없었습니다. 일반 여염집에서 차출한 장정에 압송한 죄수들의 숫자를 더해 할당된 인부의 숫자를 맞추지 못하면 마을 전체에 큰 벌을 내리겠다는 조정의 협박에 가까운 엄포가 있었기 때문이었습니다. 마을에 남겨진 가족들이 일종의 인질인 셈이었습니다. 유방은 가는 길에 또는 그곳에 가서 죽을지 모르지만, 안 간다고 해도 죽을 수밖에 없는 어려운 임무를 맡게 된 것이었습니다.

　여산으로 가는 길은 예상대로 험난했습니다. 길은 험했고 식량은 부족했으며 죄인들이 언제 도망치거나 반란을 일으킬지 몰라 교대해 가며 감시하느라 잠은 늘 부족했죠. 그러나 그토록 악착같이 지켜보고 관리를 했음에도 불구하고 하루에 한두 명씩 이탈하는 죄수들이 생겨나기 시작했습니다. 지금과는 달라 산길에서 도망친다는 것은 살 확률보다 목숨을 잃을 확률이 훨씬 높은 위험한 일이었음에도 이탈하는 숫자는 줄지 않았습니다. 매일 아침 눈을 뜨면 어젯밤 몇 명이나 도망을 쳤고 몇 명이 남았는지 헤아리는 것이 일이었습니다.

결국 감당할 수 없는 숫자가 대열에서 이탈해 버리고 말았습니다. 이대로 간다면 여산에 도착한다고 해도 호송 책임자인 유방과 그를 따른 아우들은 큰 벌을 받을 것이 분명했습니다. 유방은 걸어가는 대열을 멈추게 한 후 아우들에게 남아 있는 술을 다 내오라 했습니다.

"아니, 형님. 술이라니요? 밤낮 할 것 없이 전속력으로 뛰어가도 모자랄 판에."

가뜩이나 이탈한 인원을 헤아리느라 계획한 일정보다 이동이 늦어져서 마음이 급했던 아우들은 유방에게 따지듯 물었습니다. 유방은 태연히 술병 하나를 따서 일행들의 잔을 채우고는 병째 들이켰습니다. 아우들은 속이 타들어 가 미칠 지경이었지만, 유방은 개의치 않고 연거푸 술병을 비울 뿐이었습니다. 얼마나 지났을까?

유방은 눈앞에 보이는 술들을 다 비운 뒤 아무렇지도 않다는 듯

좌중을 향해 말했습니다.

"자, 모두 제 갈 길을 가시오. 말리지 않을 테니."

그러나 그 누구도 꼼짝하지 않았습니다. 죄수들은 '이게 무슨 일인가?' 싶어 어리둥절해 하고 있었고 호송을 맡은 아우들은 '형님이 왜 이러시는 걸까?' 하는 생각에 유방을 멍한 표정으로 바라볼 뿐이었습니다. 그러나 유방은 농담하거나 한번 떠본 것이 아니었습니다. 이번에는 좀 더 확실하게 다시 한번 말했습니다.

"자, 어서들 갈 길 가시래도! 이참에 나도 도망칠 계획이요."

그때 한 죄수가 유방에게 다가오더니 짐 보따리 속에 숨겨 두었던 술병을 꺼내서 유방에게 바치고 절을 올렸습니다. 다른 죄수 한 사람도 꽁꽁 싸맨 술 한 병을 내밀더니 절을 했습니다. 다른 죄수 한 사람은 기름 먹인 천으로 단단히 동여맨 사슴 고기 한 덩어리를, 또 한 명의 죄수는 커다란 소간 한 덩어리를 갖다 바쳤습니다. 아마도 그들이 표할 수 있는 최상의 감사였을 것입니다. 유방은 말없이 고개를 끄덕이며 그들이 바친 것들을 받아 들고 망연히 앉아 있었습니다. 그제야 비로소 죄수들은 삼삼오오 흩어지기 시작했습니다.

한참이 지나고 나서도 떠나지 않는 무리가 있었습니다. 평상시 유방이 '형제들'이라 부르던 풍읍 출신의 무리와 일부 죄수들이었습니다. 풍읍 패거리들이야 그렇다 하더라도 죄수들까지 떠나지 않은 것은 의외였습니다. 어차피 돌아가 봐야 죄수 신세이니 차라리 유방을 따르겠다며 아우로 받아들여 달라고 졸랐습니다.

"좋네. 형제들의 뜻이 정 그렇다면 앞으로는 생사를 같이하는 걸세!"

유방은 고기와 술을 공평하게 갈라 그들과 나눠 먹고 마신 뒤 진나라 관군의 눈을 피해 은신할 곳을 찾아 정처 없는 길을 떠났습니다.

사람이 전부다

힘들거나 어려운 일을 겪게 되면 그 문제의 이유를 사람, 특히 나 외의 다른 사람으로부터 찾고는 합니다. 가장 대표적인 사례가 학생들이 안 좋은 일에 휘말렸을 때 그들의 부모님들이 공통으로 하는 말 "우리 애는 착한데 친구를 잘못 사귀어서…"입니다. 회사에 다니거나 경영을 할 때도 마찬가지입니다. 뭔가 프로젝트를 그르치면 그것에 참여한 다른 사람 탓을 하기 바쁘고, 기업체를 경영하다가도 뭔가 일이 안 풀리면 '왜 우리 회사 직원들은 이 모양이지?'라고 남 탓을 합니다.

그러다가 더 문제가 꼬이기 시작하면 "사람 데리고 일하는 게 제일 어렵다"라거나 "결국 사람이 문제다"라고 하거나 "어휴, 인간이라면 아주 지긋지긋하다!"라는 말까지 스스럼없이 내뱉게 되고는 합니다. 어찌 들으면 맞는 말인 것도 같습니다. 우리 사는 인생사가 결국은 모두 사람의, 사람을 위한, 사람에 의한 일들이 모여 만들어진 것입니다. 그러므로 더욱더 사람이 중요합니다. 어려우나 쉬우나, 잘 풀리거나 꼬여 있을 때든 사람의 중요성을 잊지 말고, 내 사람을 제대로 만들려면 그들을 도와 함께 성장하고 성공을 할 수 있도록 하는 데 최선의 노력을 다해야 합니다.

그게 또 쉽지만은 않습니다. 저는 엄청나게 많은 명함을 주고받는 편입니다. 1년에 제가 받는 명함은 대충 1,000장이 넘습니다. 코로나 상황이 심각해지면서 많이 뜸해지기는 했지만, 외부 특강을 가거나, 정부 기관이 주최한 회의라도 참석하는 날에는 한두 시간 만에 수십에서 수백 장 이상의 명함을 주고받기도 하니 실제로는 수천 장 넘게 명함을 주고받을 것 같습니다. 처음 만나거나 소개받은 사람들과 명함을 주고받는데 그런 사람을 하루 평균 3명 정도라고 어림잡으면 대략 1,000장 정도 명함을 교환했다고 계산을 해봅시다. 아무튼, 그렇게 1년에 1,000명 넘는 사람들과 명함을 주고받고 안면을 트고 친분을 맺고 살아갑니다. 3년엔 3,000명, 5년엔 5,000명이 넘는 엄청난 숫자입니다. 그런데 5년이 지났을 때 그 5,000명 중 저와 서로 좋은 관계를 맺고, 제대로 인연을 이어 나가는 사람은 몇 명일까요? 이번에는 아무리 낙관적으로 잡아도 5명이 채 안 될 겁니다.

야구에서 10번 타석에 나가 안타를 한 번 치면 1할, 100번 나가

한 번 치면 1푼, 1,000번 나가서 한 번을 치면 1리라고 하는데, 1 할 타자만 하더라도 야구를 계속해야 할지 말지를 두고 고민해야 할 텐데, 1리 타자라고 하면 야구선수라고 하는 것이 부끄러울 지경일 것입니다. 아예 야구선수라고 하지 말아야겠죠. 그런데, 제가 바로 그 1리 타자입니다. 5,000명과 명함을 주고받았음에도 불구하고 5명의 사람도 남기지 못한⋯.

이렇게 말하면, 사람 관계라는 것이 들이는 공에 비해 남는 것이 거의 없는 '하지 말아야 할 장사'인 듯싶습니다. 그런데 꼭 그렇지만도 않은 듯합니다. 한때 저는 종로3가에서 곰 인형 좌판을 했던 적이 있습니다. 당시의 저 같은 좌판 상인들이 가장 두려워하는 것은 날씨나 매출, 손님의 많고 적음이 아니라 바로 구청 또는 경찰의 단속이었습니다. 단속이 한번 떴다 하면 상인들은 혼비백산하여 도망치거나 그 자리에 주저앉아 세상이 망하기라도 한 듯 통곡을 하는 것이 일상이었습니다.

하지만 저는 달랐습니다. 단속되어 경찰서 유치장에 끌려가기라도 하는 날에는 마음을 단단히 먹었습니다. 그 마음가짐은 경찰 조사나 유치장 생활에 대비한 것이 아니었습니다. 유치장에 끌려가면 종로 일대 유흥가, 극장 주변, 골목 구석구석에서 온갖 노점상을 하던 이들로 바글거렸습니다. 그들 중에는 노점 생활에 이골이 나서 지역 상권 정보에 밝고, 노점에 적합한 판매 기술을 보유한 베테랑들도 제법 있었습니다. 평상시엔 장사하느라 바빠, 또는 경쟁 상인이라 여겨 말 한 번 걸기도 힘들 터였지만, 유치장에 함께 앉아 있다 보면 동병상련의 기분이 느껴져서일까요? 쉽게 대화가 이뤄졌고, 노점에서의 판매 노하우 등도 술술 흘러나왔습니다. 짧은 유치 기간 그들에게 최대한 많은 것들을 배우기 위해 마음가짐을 단단히 한 것이었습니다.

특히 기억이 나는 것은 저보다 어린 액세서리 노점상이었는데, 판매 수완이 좋기로 일대에서 아주 유명했던 인물이었습니다. 저는 두 살이나 어린 액세서리 노점상을 무조건 형님으로 대하며 노점 운영 기법과 판매 기술 등을 배웠습니다. 그 만남 역시 이후의 제 삶에서 성공을 싹틔우는 귀한 자양분이 되었음은 두말할 필요가 없습니다.

많은 분이 저에게 '사업 성과', '조직 관리', '인사이트', '성공적인 삶' 등의 비결 또는 원동력에 관해 묻습니다. 저는 그에 대한 답으로 늘 '사람'에 대한 이야기를 합니다. 그러면 일부는 고개를 끄덕이며 수긍하지만, 일부는 고개를 갸웃거리며 좀 더 구체적이고 확실한 성공 비결을 말해달라고 합니다.

그때나 지금이나 언제나 저의 답은 변함이 없습니다. 결국은 사람입니다. 세상의 변화 속에서도, 숱한 성공과 실패의 부침 속에서도, 결국 성공하고 싶으면 우리는 사람에 집중해야 합니다.

성공한 사업가는 일을 통해 사람을 볼 것으로 생각하지만, 절대로 그렇지 않습니다. 사업으로 성공하거나 돈을 많이 벌거나 조직을 장악하여 권력을 손에 쥔 사람들일수록 사람을 통해 사업을 바라보고, 사람을 통해 돈을 바라보며, 사람을 먼저 살펴 권력을 바라봅니다. 마치 유방이 자신의 명운은 물론이거니와 자기를 따르는 아우들의 생사까지 달린 시기에 '사람을 버는' 일에 모든 것을 과감하게 투자했던 것처럼 말입니다.

02 사람 귀한 줄 모르고 천하를 얻은 사람은 없다

(전략) 소하가 말했다. "왕께서 평소 오만하고 무례하셔서 지금 대장의 임명을 어린아이를 부르는 것같이 하시니, 이것이 바로 한신이 떠난 이유입니다. 왕께서 반드시 그를 대장으로 임명하시려면 좋은 날을 골라 목욕재계하시고, 단상과 마당을 마련하고 예를 갖추어야만 가능할 것입니다." 그 말을 듣고 왕이 그렇게 하도록 허락했다. 영문을 모르던 장수들은 모두 들떠서 왕이 자신을 대장으로 임명하기 위해 마련한 자리라 생각했다. 그러나 대장으로 임명한 이가 한신인 것을 알고는 모두가 깜짝 놀랐다(前略 何曰 "王素慢無禮, 今拜大將如呼小兒耳, 此乃信所以去也. 王必欲拜之, 擇良日, 齋戒, 設壇場, 具禮, 乃可耳." 王許之. 諸將皆喜, 人人各自以爲得大將. 至拜大將, 乃韓信也, 一軍皆驚).

《사기열전》 권92, 〈회음후열전〉, 다섯 번째 절

난세에 등장한 영웅들

우리가 흔히 쓰는 말로, '난세에 영웅이 난다'라는 말이 있습니다. 100년 전쟁 무렵의 잔 다르크, 프랑스 대혁명 시기의 나폴레옹, 임진왜란 시기의 충무공 이순신, 가까이는 6·25전쟁과 베트남전 당시의 수많은 무명용사를 생각해 보면 고개가 끄덕여지는 말입니다. 유방이 활약했던 무렵도 앞서 말씀드렸던 시기 못지않은 아니 오히려 더했던 난세였고, 숱한 영웅들이 등장했다 사라졌던 시기였습니다. 일단 유방과 천하 쟁패를 겨룬 항우가 있고, 그들 이전에 천하를 통일한 진시황이 있었습니다. 그들만은 못했지만 한 지역의 왕이 되어 나라를 이끌었던 수많은 공자(公子)가 있었고, 그들의 밑에서 함께 천하를 도모했던 책사들이 있었습니다.

그중 '전국사군자(戰國四君子)'로 유명했던 이들이 있었습니다. 초나라의 춘신군(春申君), 조나라의 평원군(平原君), 제나라 맹상군(孟嘗君) 그리고 위나라의 신릉군(信陵君)이 바로 그 주인공들이었습니다. 이들의 공통점은 고귀한 핏줄의 자손이라는 것과 각자의 나라에서 큰 공을 세워 그 명성이 자자했다는 것입니다. 그에 더해 가장 중요한 공통점은 사람 보는 눈이 뛰어나고 탁월한 인재 영입을 위해 투자를 아끼지 않았다는 점입니다. 오죽하면 네 사람의 공자마다 '인재영입'과 관련한 유명한 고사성어가 하나 이상씩 있을 정도입니다.

춘신군은 초나라 고열왕 시기의 명재상으로, 진나라의 천하통일을 막기 위해 동분서주했던 인물입니다. 자신의 주군인 고열왕이 왕위를 이을 후사를 생산하지 못하자 그는 자신의 식객이었던 이원(李園)의 여동생을 임신시킨 뒤 그것을 비밀로 한 채 왕에게 받쳐 그녀를 후궁으로 들이도록 했습니다. 그렇게 태어난 아이는 고열왕 사후 왕위에 올라 초나라 유왕(幽王)이 됩니다. 이를 두고 마치 '꽃이 핀 나무를 다른 나무에 접붙여서 그 나무에서 핀 꽃처럼 보이게 만든다'라는 뜻의 '이화접목(移花接木)'이라는 사자성어가 탄생했습니다. 왕의 진짜 아버지가 된 춘신군의 말로는 생각보다 비참했습니다. 그의 식객 중 한 사람이 이원 측의 이상한 낌새를 눈치채고, "후환이 없도록 모든 비밀을 알고 있는 이원을 제거해야 합니다"라고 간하였으나 이미 손에 쥔 권력에 도취해 두려울 것이 없었던 춘신군은 그 말을 무시해 버렸고, 이후 역으로 이원이 사주한 자객들의 칼에 목숨을 잃고 말았습니다.

평원군은 조나라 무령왕의 아들로 역시 진나라에 맞서 조나라를 구하기 위해 애썼던 인물입니다. 그는 수많은 인재와 교류하며 세상의 이치를 묻고 배우는 데 큰 흥미가 있었는데, 식객 중 모수(毛遂)라는 인물과 인재 발탁에 대해 벌인 논쟁이 유명합니다. 평원군은 수백 명의 식객 중 학문적 성취가 탁월하거나 무예가 뛰어난 사람 20명을 뽑아 그들을 단순한 식객이 아닌 참모로 활용하려 했습니다. 여러 경연을 벌여 19명까지는 선발하였으나 마지막 한 사람을 뽑지 못해 고심하게 되었습니다. '어떻게 해서든 한 사람을 더 찾아내 계획했던 20명을 채울 것인지, 아니면 19명으로 참모진을 꾸릴 것인지'를 결정해야 했습니다. 그때 모수라는 사람이 자신이 마지막 한 명이라며 자신을 천거하고 나섰습니다. 이에 평원군은 "빼어난 인물은 주머니 속 송곳처럼 어떻게든 튀어나오는 법인데, 자네는 그간 두드러지지 않은 것을 보니 빼어난 인물은 아닌 것 같네"라며 솔직하게 이야기를 했고, 그로부터 유래한 말이 '주머니 속의 송곳처럼 두드러지는 인재'라는 의미의 '낭중지추(囊中之錐)'입니다. 그런데 이 이야기에는 놀라운 반전이 있습니다. 그 말을 들은 모수는 기가 죽기는커녕 오히려 "저는 아직 그 주머니에 들어가지 않았습니다"라며 말대꾸를 했고, 평원군은 그 기백을 높이 사 그를 스무 번째 참모진의 자리에 앉히게 됩니다. 그리고 조나라와 평원군이 위기에 처할 때마다 모수는 혁혁한 공을 세우며 자신이 했던 말이 빈말이 아님을 입증해 보였죠.

맹상군은 이래저래 전국사군자 중 으뜸으로 꼽히는 인물입니다. 일단 네 사람 중 나이가 가장 많기도 하거니와 거느렸던 식객의 숫자도 기록에 따라서는 1,000여 명에서 많게는 3,000명이 훌쩍 넘었다는 이야기가 있을 정도로 대단한 세력을 일군 인물이었습니다. 거뒀던 식객이 많았던 만큼 맹상군은 인재확보 및 육성과 관련한 다양한 고사의 주인공으로도 유명합니다. 진나라 소양왕이 맹상군의 재능을 탐내서 그를 초청하여, "당신같이 아까운 인재가 초야에 묻혀 있다니… 내 밑에서 나를 위해 일해 주시오, 아니면 죽여 버리겠소."라며 칭찬 반 협박 반의 말로 붙잡아 두고자 했습니다. 그때 닭 울음소리를 흉내 내 새벽이 밝은 것처럼 꾸며 닫혀 있던 성문을 열고, 왕의 애첩을 회유하기 위해 받칠 귀한 선물을 훔쳐내 오는 일을 한 이들이 모두 맹상군의 식객들이었습니다. 이로부터 '계명구도(鷄鳴狗盜)'라는 유명한 고사가 탄생하게 되었죠.

또 다른 식객이었던 풍훤(馮諼)에 얽힌 고사는 더 유명합니다. 잘나가던 맹상군이 제나라 왕의 미움을 사 거의 망하기 직전까지 몰렸던 때가 있습니다. 풍훤은 낙담하고 있던 맹상군에게 수레 하나만 내어달라고 하더니 "약은 토끼는 도망칠 굴을 세 개쯤 파둔다는데, 내가 공을 위해 구멍을 두 개 더 파두겠소"라며 위나라와 제나라 사이를 오가며 두 나라의 왕들 사이에서 이간책을 폈습니다. 결국 그 술책에 넘어간 위왕과 제왕 모두 '간절히 모시고 싶다'라며 맹상군을 찾게 되었고, 그 사이에서 맹상군은 과거의 부와 명성을 다시금 되찾게 되었습니다. 그로부터 알려지게 된 고사가 '교토삼굴(狡兔三窟)'입니다.

'내 사람'에 대한 욕심

전국사군자 중 마지막 인물이자 네 사람의 군자 중 현대 중국인들에게 가장 인기 있는 인물은 위나라 안리왕(安釐王)의 이복동생이었던 신릉군입니다. 그가 특히 혈기 왕성한 젊은이들에게 많은 인기를 끌게 된 것은 바로 그 화끈한 성격 때문인데요. 그는 자신의 매제가 다스리던 조나라가 진나라에 침공을 당하자 군대를 이끌고 그들을 박살 낸 일화가 있습니다. 이 이야기가 더욱더 극적인 것은 원래 형인 안리왕은 강성했던 진나라의 눈치를 보느라 조나라를 구해 줄 마음이 없었습니다. 이런저런 핑계를 대며 출병 시기를 늦춰 조나라가 스스로 진나라 휘하로 들어가기만 기다렸습니다. 그러나 신릉군은 달랐습니다. "누이와 그 남편이 위기에 처해 있는데 어찌 눈치만 보고 있을 수 있느냐?"며 분통을 터뜨렸습니다. 안리왕의 처소를 마음대로 드나들 수 있는 왕의 애첩을 설득해 군사 지휘권을 상징하는 병부(兵符)를 훔친 뒤, 그것으로 병사들을 직접 진두지휘했습니다. 그는 조나라를 구해 형제애를 발휘하고 의리를 지킬 수 있었습니다. 어찌 보면 일국의 지도자로서 조금은 좌충우돌, 대책 없는 모습이기는 하지만, 그런 모습이 사람들의 마음을 사로잡았습니다.

이런 성격 때문이었을까요? 유방 역시 소싯적에 전국사군자 중 신릉군을 가장 흠모하고 따랐던 것으로 알려져 있습니다. 유방이 한때이지만, 신릉군의 식객이었던 장이(張耳)와 교유하며 반쯤 신릉군의 식객처럼 생활했던 사실은 정설로 전해지고 있습니다. 이후로도 신릉군을 얼마나 존경했는지 패권을 차지한 뒤 천하를 두루 순시할 때 누군가 인근에 신릉군의 묘가 있다고 보고하자 후속 일정을 모두 미룬 뒤 신릉군의 묘를 참배하고 남은 일정을 소화했을 정도였습니다.

유방으로부터 거의 절대적인 신뢰와 존경을 받은 신릉군은 가족을 아끼고 의리를 중시하는 것만큼이나 인재를 귀하게 여긴 것으로도 유명한데, 그런 그의 모습이 가장 극명하게 드러나는 것은 '인거매장(引車賣漿)'이라는 고사를 통해서입니다. 고사의 유래는 다음과 같습니다.

한창 신릉군이 좋은 인재를 구하기 위해 애쓰던 무렵, 그의 귀에 후영(候嬴)이라는 사람의 이름이 자주 들렸다고 합니다. 직책은 한갓 성문을 지키는 부대의 말단 문지기에 지나지 않았는데, 사람을 시켜 좀 더 살펴보니 원래는 학식이 무척이나 깊고 신통방통한 책략을 지니고 있던 고매한 선비였습니다. 그는 무슨 연유에서인지 벼슬길을 마다하고 신분을 속인 채 말단 한직에 은거하고 있다고 했습니다. 보고를 받은 신릉군은 그가 무척 탐이 나서 정중하게 그를 초청하였지만, 거절을 당했습니다.

"천하의 신릉군이 손님으로 초대했는데 말단 문지기 주제에 그를 거절하다니!" 저잣거리의 사람들은 놀랐고, 부하 장수들은 "감

　　　　2장__당신의 사람이 당신의 성공을 결정한다

히 우리 주군을 능멸했다"라며 당장에라도 후영을 끌고 와 목을 벨 기세였습니다. 신릉군은 그들을 말린 뒤 오히려 직접 마차를 끌고 가 후영의 거처로 가서 그에게 예를 표한 뒤 마차로 모셔왔습니다. 이후 신릉군이 조나라에 머물 때, 설공(薛公)이라는 현자가 시장에서 술과 간단한 음식, 양념과 밑반찬 등을 파는 가게를 운영하고 있다는 소식을 듣게 되었습니다. 이번에도 신릉군은 직접 가게를 찾아갔습니다. 왕의 동생이라는 신분은 그에게 그다지 큰 의미가 없는 듯 행동했습니다. 아예 마차도 끌지 않고 시장 거리를 걸어서 갔을 정도였습니다. 그로부터 생겨난 것이 '마차를 끌고 가거나, 가게에 직접 찾아가서라도 인재를 모시고 온다'라는 뜻의 '인거매장'이라는 고사입니다.

'인거매장'의 고사에 딱 어울리는 사람이 있는데, 그가 바로 유방입니다. 세상만사 관심이랄 것도 없고, 크게 욕심이랄 것도 없이 살았던 것으로 보이는 그이지만, 딱 하나 '사람'에 대해서만큼은 달랐습니다. 그는 집요하리만큼 사람, 특히 '내 사람'에 대한 욕심이 대단했던 것으로 유명했습니다.

'강한 나'와 '강한 우리'

사람을 쓰는 데 있어 유방은 우리 또는 우리가 아는 다른 일반적인 리더들과 조금은 달랐습니다. 일반적으로 사람을 모으고 쓸 때 우리는 자기보다 부족하거나, 미치지 못하는 사람을 쓰려 합니다. 우수한 사람을 영입하려고 할 때 나이가 많은 이들은 자신보다 어린 사람을, 지위가 높은 사람들은 자신에 그 지위가 미치지 못하는 사람을, 능력이 출중한 사람은 자신보다 능력은 출중하지 않지만, 그래도 괜찮은 사람을 구하는 경우가 빈번합니다. 한마디로 '내게 반드시 필요한 사람'을 영입한다고 하면서 실제로는 '내가 부려먹기 쉬운 사람'을 구해다 쓰는 것이 일반적이죠. 그러나 유방은 그렇지 않았습니다.

조달과 병참의 달인으로 평생토록 유방의 곁을 지키며 전투를 치르는 중에는 군수 물자를 담당하고 한나라가 건국된 뒤에는 나라의 재정을 책임졌던 소하는 진나라의 하급관리이긴 했지만, 엄연히 정식 선발 절차에 따라 관리로 발탁이 된 인물이었습니다. 유방의 세력에 합류할 때만 하더라도 유방보다 훨씬 더 직급이 높았고 관가에서 두 사람의 명성 차이는 아예 비교할 수 있는 수준이 아니었습니다. 연배도 위였습니다. 대부분 야사이긴 하지만 유방이 사석에서 소하를 깎듯이 '형님'이라 부르고 젊은 시절의 유방에게 소하가 '이보게 유계'라며 하대하는 장면도 여러 기록에 숱하게 등장하곤 합니다. 그런데도 그는 소하를 자신의 무리로 불러들였고, 매번 중책을 맡겨 그를 중용했습니다.

전략을 수립하고 방책을 마련하여 전쟁을 치른 후 나라의 기초를 마련하고 국정을 운영하는 데 귀재였던 장량은 조상들이 수 세대에 거쳐 재상을 지낸 귀족 가문의 자제였습니다. '동네 유씨 아저씨네 셋째 아들'이 태어날 때 물려받은 유일한 지위였던 유방과는 비교 불가의 고귀한 신분이었습니다. 여러모로 부하로 부리기 껄끄러웠고 앞으로 대업을 이룬 뒤에 장량이 자신의 고귀한 신분을 앞세우며 다른 뜻을 품을 우려도 있었습니다. 그런데도 유방은 그를 참모로 두고 자신을 돕도록 했습니다.

한신 또한 마찬가지였습니다. 여러모로 한신은 수하에 두고 부리기가 만만찮은 인물이었습니다. 전투에 능하고 구상해 낸 전술은 신출귀몰했지만, 평상시의 인간 됨됨이나 다른 사람에 대한 친화력에서는 빵점에 가까운 인물이었습니다. 한 푼이라도 자신이 손해 보는 일은 절대로 하지 않으려 했고 아무리 예전부터 알고 지낸 사이라 해도 현재의 자신에게 이득이 안 되는 인연이라는 생각이 들면 칼같이 정리를 해버리는 냉혹한 성격의 소유자였습니다. 그런데도 유방은 목욕재계하고 거창한 단상까지 마련한 뒤 한신을 대장군으로 모셔왔습니다.

이들은 유방을 도와 천하를 통일하고 한나라를 건국한 것은 물론, 이후 개국공신과 제후로 큰 상을 받았고, 그 자신들 역시 한삼걸(漢三杰)로 불리며 위대한 참모, 위대한 장수, 위대한 책략가로 중국 역사에 길이 남을 수 있었습니다.

반면, 항우는 조금 달랐습니다. '항우' 하면 그가 대단한 인물이었던 것은 잘 알겠는데 소하, 장량, 한신 같은 두드러지게 특별한 부하들의 이름이 딱히 떠오르지 않습니다. 범증(范增)과 같은 유명한 책사를 한때나마 곁에 두었고, 용저(龍且), 종리매(鍾離昧) 등과 같은 인물들이 가끔 항우의 주변 인물로 입에 오르내리기는 합니다. 그러나 그 숫자가 적으며, 항우와 함께 만들어 낸 것들 또는 같이 무언가를 이룬 이야기가 빈약하고, 그 이야기의 결말 역시 대부분 비극인 것이 공통된 특징입니다.

항우가 유방보다 보유한 것 자체는 훨씬 많았던 것은 틀림이 없습니다. 영웅적인 면모 역시 훨씬 강했죠. 하지만 항우의 그런 강점이 유방의 강점에 비해 최후의 승자가 될 만큼 월등했는지 생각해 보면 쉽게 '그렇다'라고 말하기는 조금 어려울 것 같습니다. 게다가 성공적인 리더가 되기 위해서는 필수적으로 자신의 약점 또는 단점을 보완해 줄 용감하고 실력 있는 팔로워가 필요한데 항우에게서는 그런 사람을 발견할 수 없습니다. 그나마 숙부인 항량과 책사인 범증이 그런 역할을 종종 했지만 항량은 일찌감치 목숨을 잃었고 범증과의 관계 역시 원만하지 못했습니다.

그 점에서 유방은 달랐습니다. 유방의 탁월한 점이 바로 여기에 있었습니다. 항우가 스스로 그리고 홀로 강해지려 노력할 때 유방은 자신보다 강한 사람들을 끌어모아 더 '강한 우리'로 만들어 내는 일에 골몰했습니다. 그렇게 불러 모은 사람들이 소하, 장량, 한신이었습니다. 심지어 자신의 주위에 있는 평범한 인물들을 지원하고 강하게 성장시켜서 더 '강한 우리'를 만들어 나갔습니다. 잔칫집을 돌아다니며 나팔을 불어 흥을 돋우어 주고 푼돈을 받아먹고 살던 악사 주발에게 공을 세울 기회를 주고 자신감을 불어넣어 당대 유명한 장수이자 능수능란한 정치가로 길러냈습니다. 읍내 장터에서 개고기를 팔던 개장수 번쾌에게는 무예를 연마토록 하고 병력을 아낌없이 붙여 줘서 한나라 최고의 무공실력을 갖춘 맹장으로 거듭나도록 했습니다. 심지어 평생을 변변한 직업이라고는 가져본 적 없어 무능력자 취급을 받던 노관조차도 끊임없이 관심을 쏟고 지원을 아끼지 않아서 번듯한 제후로 길러낼 정도였습니다.

항우와 유방의 운명은 '강한 나'가 될 것인지 '강한 우리'가 될 것인지에 대한 생각의 차이, '강한 우리'가 되는 데 필요한 사람들을 찾고, 불러모으고, 길러내는 것에 관한 관심의 정도 차이에서 갈렸다고 할 수 있겠습니다. 그때나 지금이나 사람보다 더 귀한 것은 없고, 사람보다 더 강한 것도 없으며, 사람만큼 어려운 것도 없는 것 같습니다.

'믿는다'는 말보다 더 힘센 말은 없다

(전략) 한신이 거절하며 말했다.

"제가 항우를 섬길 때는 벼슬이 낭중(郎中)에 지나지 않았고 지위도 창병에 불과했으며, 무슨 말을 해도 들어주지 않고 계책도 받아들여 주지 않았기에, 그런 연유로 초나라를 배반하고 한나라로 갔습니다. 유방은 저에게 상장군(上將軍)의 지위를 주었고, 수만의 군사를 주었으며 자신의 옷을 벗어 나에게 입혀주고, 자신의 밥을 물려 저에게 먹였으며, 어떤 말이나 계책도 모두 듣고 받아주었으므로 제가 여기까지 이를 수 있었던 것입니다. 대저 남이 깊이 나를 믿고 가까이하는데 배반하는 것은 상서롭지 못한 것이니, 비록 죽을지라도 마음을 바꿀 수 없습니다." (후략) (前略 韓信謝曰 "臣事項王, 官不過郎中, 位不過執戟, 言不聽, 畫不用, 故倍楚而歸漢. 漢王授我上將軍印, 予我數萬眾, 解衣衣我, 推食食我, 言聽計用, 故吾得以至於此. 夫人深親信我,

我倍之不祥, 雖死不易."(後略).

《사기열전》 권92, 〈회음후열전〉, 열일곱 번째 절

유독 인기 없는 역사책 한 권

중국은 넓은 땅에서 오랜 기간 수많은 왕조가 부흥했다 쇠망하기를 거듭해 온 터라 그 역사가 길고 복잡한 것으로 유명합니다. 출처를 알 수 없는 이상한 이야기를 그럴듯하게 엮어 출간된 공상과학 무협 소설 같은 책이 역사책으로 둔갑하기도 하고, 같은 시기를 두고도 완전히 다른 방향과 내용으로 기술한 책들이 여러 권 존재하기도 합니다. 통상적으로 중국에서는 한나라 사마천이 지은 《사기》를 시작으로 청나라 건륭제(乾隆帝)의 지시에 의해 편찬된 《명사(明史)》까지, 역대 왕조에서 공인한 24권의 역사서를 '이십사사(二十四史)'라고 하여 그들만을 정사(正史)로 인정해 주고 있습니다.

'이십사사' 중 가장 유명하고, 중국인들이 사랑하는 역사서는 당연히 《사기》이고 그 뒤를 잇는 것이 진수(陳壽)가 지은 정사 《삼국지》와 중국 역사상 최고의 산문가로 꼽히는 구양수(歐陽脩)가 지은 《신당서(新唐書)》, 《신오대사(新伍代史)》 등입니다. 반면, 사람들이 별로 관심을 두지 않거나 심지어 애써 무시하고 관심을 주지 않으려 하는 '이십사사'도 있는데 가장 대표적인 책이 《송사(宋史)》입니다.

《송사》는 서기 960년 후주의 장수였던 조광윤이 자신의 왕이었던 공제로부터 왕위를 물려받아 나라를 세운 뒤 1127년까지 167년간 존속했던 북송의 역사와 이후 수도였던 개봉(开封)을 금나라에 내어 준 뒤 남쪽으로 쫓겨가 하남성(河南省) 상구(商丘) 지역을 도읍으로 삼고 1279년까지 152년간 왕위를 이어갔던 남송의 역사에 관해 기술한 역사서입니다. 송나라는 북송과 남송의 역사를 더 해 모두 320년간 지속하며 정치, 경제, 사회, 문화적으로 찬란한 꽃을 피웠던 왕조입니다. 정치적인 성과로는 오랜 기간 군벌과 호족들이 지배하던 관료사회에 과거제를 통해 실력을 평가받은 신진 사대부 출신의 전문 관료들을 대거 영입함으로써 진정한 법치, 체계적인 국가 운영이 자리 잡은 것입니다. 경제적 성과로는 우리가 학창시절 세계사 시간에 귀에 딱지가 앉도록 들었던 '왕안석(王安石)의 신법(新法)'이 발효되어 중국 역사상 거의 최초로 계획경제를 도입했습니다. '세계 최초의 지폐'로 인정받고 있는 교자(交子)가 발행된 것도 송나라 인종이 재위하던 무렵이었습니다.

사회 문화적으로는 더더욱 융성했습니다. 우리에게 익숙한 성리학의 학문적 기틀도 이 무렵 완성되었고, 수많은 문필가와 화가 등이 활약하며 숱한 동양 고전이 집필되고 현재까지 이어지는 서예와 동양화 필법의 기틀이 마련되었던 것 역시 송나라 시대였습니다. 그런데도 이 책이 유독 중국인들에게 사랑받지 못하는 이유에 대해서는 여러 가지 추측이 있는데, 우선 송나라의 역사 자체가 현대 중국인들에게 별 매력이 없어서라는 이유입니다.

앞서 말씀드렸던 것처럼 송나라는 다방면에 걸쳐 많은 발자취를 남겼지만 다른 시기의 왕조와 뚜렷하게 차별화된 매력 포인트가 비교적 적은 나라였습니다. 중국 최초의 통일왕조였던 진나라나, 지금까지도 중국인들이 자신들의 본류 시조로 여기는 한나라와 같은 강력한 역사적 위치로 자리매김하지도 못했고, 당나라처럼 전 세계적으로 뻗어 나가며 화려한 이미지를 구축하지도 못했습니다. 중국인들이 만고의 충신이자 명장으로 꼽는다는 악비(岳飛)와 최고의 시인 중 한 사람으로 여기는 소식(蘇軾) 등을 배출하기는 했지만, 아방궁과 병마용을 꾸려 놓고 영원불사를 꿈꾼 시황제, 평생을 물고 물리는 숙적으로 살며 천하를 두고 다퉜던 항우와 유방 그리고, 고대 전쟁 역사상 가장 빼어난 전략 전술이 등장했던 시기에 활약했던 제갈량과 사마의, 관우, 장비 등의 동생들과 천하를 도모했던 유비, 사악한 이미지지만 어찌 되었든 최후의 승자 자리에 올라선 조조, 형과 아우를 죽이고 왕위를 차지한 뒤 정관지치(貞觀之治)로 일컬어지는 빼어난 치세를 베풀어 당나라를 당대 세계 최강국으로 이끌었던 당태종 이세민, 천애고아 탁발승의 신분으로 명나라를 개국해 천자의 자리에 올라선 주원장 등 극적인 인물들로 들끓었던 다른 왕조에 비해 왠지 조금은 평이했던 시기였던 것이 사실입니다.

반면, 숱한 외세의 침략으로 중국 대륙의 주인으로서의 체면을 단단히 구긴 나라였습니다. 북방 이민족의 침략에 시달리다 못해 도성을 버리고 남쪽으로 도망쳐서 왕조를 다시 겨우 이어 나간 나라였으며, 그마저도 얼마 안 가 몽골족에게 패망하여 명나라가 개국할 때까지 수백 년간 중원 땅의 주인을 한족이 아닌 이민족에게 내줘 버렸던, 한족으로서는 '못난 나라'이기도 합니다. 사정이 이렇다 보니 중국 역사에 등장했던 수많은 나라 중에서도 송나라는 유독 인기가 없는 편입니다. 그런데《송사》가 '이십사사' 중 주목을 받지 못하는 것은 단순히 송나라의 낮은 인기 때문만은 아닙니다.《송사》를 지은이가 원나라 사람이었던 토크토아테무르였기 때문입니다. 탈탈(脫脫)이라고도 불렸던 그는 단순히 작가가 아니었습니다. 유력가문의 후손으로 원나라의 승상 자리에 올라 한족을 지배하고 나라의 기틀을 잡았던 원나라의 핵심적인 인물이었습니다. 가뜩이나 변방의 야만 민족이라 여겼던 몽골족에게 망해서 중원을 빼앗긴 것도 열불이 날 일인데, 그중 주동자 격인 인물에 의해 쓰인 '패전국의 역사'이니《송사》에 대해 중국인들이 갖는 미묘한 감정과 의도적인 외면이 조금은 이해가 되기도 합니다.

'워, 리우지'가 '시앙신니'

중국인에게는 오랜 시간 외면을 받아온 책이었음에도 《송사》가 유독 우리나라에서는 인용문의 출처 등으로 친숙한 것은 오로지 한 문장, 아니 그 문장을 자신의 인재 선발 및 육성의 철학으로 삼았던 한 인물 때문이었습니다. 그 인물은 바로 삼성그룹의 창업주 호암(湖巖) 이병철 회장이었습니다. 그는 기회가 있을 때마다 여러 차례 《송사》의 문장을 사용하여 자신의 인재 철학을 밝혔습니다. 그중 가장 대표적인 문장이 바로, '의인불용 용인불의(疑人不用 用人不疑)'입니다. '의심 가는 사람은 쓰지 말되, 한번 쓰기로 한 사람이면 의심하지 말라'는 뜻의 이 문장을 호암 회장이 즐겨 사용하면서 《송사》까지 덩달아 우리나라 사람들의 입에 오르내리게 된 것이었습니다. 실제로 호암은 살아생전 사람에게 쉽게 정을 주지 않고, 함부로 자리를 내주지 않되 한번 믿고 같이 일한 사람은 웬만큼 큰 실수를 하더라도 내치지 않고 다시 만회할 기회를 준 것으로 유명했습니다. 1980년대 초반 가전 시장의 폭발적인 성장과 반도체 시장의 초기 개발 국면에서 다른 전자업체와 인재영입 전쟁이 벌어졌을 때, 호암은 의견이 안 맞아 다투고 삼성을 떠났거나 심지어 자신의 믿음을 배신하고 더 나은 처우를 택해 경쟁사로 옮겨갔던 사람들까지 기꺼이 받아들였습니다. 그렇게 되돌아온 사람들은 나중에 아들 이건희 회장이 경영하던 시기에 삼성을 지금과 같은 글로벌 기업의 반열에 올려놓는 데 혁혁한 공을 세우게 됩니다.

'의인불용 용인불의' 문장을 호암 못지않게 실제 행동으로 옮기며 활용했던 이는 유방입니다. 현대에 와서 유방을 다룬 수많은 영화와 드라마에는 공통으로 가장 많이 사용되는 대사가 있습니다. 그것은 바로, "믿는다!"입니다. 오죽이나 자주 나오면 중국어를 모르는 사람들도 유방을 주인공으로 다룬 영화나 드라마 몇 번만 보면 두 가지 단어는 반복해서 듣다 보니 저절로 따라 할 수 있을 정도입니다. 하나는 유방이 자기 생각을 말할 때 매번 쓰는 말, "나, 유계는…"이라는 뜻의 '워, 리우지…(我, 劉季…)'이고 다른 하나가 '믿는다'라는 뜻의 '시앙신니(相信你)'라고 합니다.

수많은 역사 기록이나 각종 창작물에 묘사된 모습이 다른 경쟁자들에 비해 허술하고 때로는 다소 엉뚱한 면들이 주목받아 자칫 선입관을 가질 수도 있지만, 사람을 불러모으고 적재적소에 배치하여 활용하면서 유방은 주도면밀하다 못해 누구보다도 조심성이 많았던 인물입니다. 함부로 사람을 들이지 않았고 자리를 내어줄 때는 몇 번이나 살피고 따졌습니다. 그 역시 한번 사람을 믿고 쓰기로 했으면 그를 믿고 전권을 내어주는 데 거침이 없었습니다. 긴 세월 치열한 전투를 치렀고, 오랫동안 거대한 대륙을 다스리다 보니 숱한 이들로부터 배신당했고 때로는 조직의 기강을 바로 세우기 위해 신상필벌을 엄정하게 해야 할 때도 있었습니다. 그러나 그 외의 경우에는, 아니 심지어 배신을 당하거나 사람을 내쳐야 하는 상황이 발생한 그 순간마저도 자기 사람에 대한 그의 믿음은 흔들림이 없었습니다.

믿음을 주기까지는 여러 번 살피고 수차례 고민을 하지만 한번 믿기로 했으면 웬만한 사소한 실수에는 흔들리지 않고, 뿌린 믿음을 거둬들이지 않으며 '워, 리우지'가 '시앙신니'하는 말에 수많은 영웅호걸, 탁월한 인재, 평범하지만 다수의 대중이 항우가 아닌 유방의 품안으로 몰려들었습니다.

도장 모서리가 다 닳은 이유

그 대표적인 사례가 유방이 희대의 명장 한신을 영입하게 된 일입니다.

원래 한신은 항우의 숙부 항량이 이끄는 부대 소속이었습니다. 말이 소속이지 별다른 직책이나 계급도 없이 그저 칼 한 자루 옆에 차고 군량이나 좀 얻어먹으면서 같이 어울려 다니는 정도였던 듯합니다. 항량이 전투에서 지고 목숨을 잃게 되자 한신은 이번에는 항우의 부대로 옮겨와 다시 어울려 다녔습니다. 이때는 운 좋게 낭중(郎中)이라는 직위를 얻게 되었으나 그 대우는 변변치 않았고 그에 대해 주목하는 사람들도 없었습니다. 그런데도 한신은 자신이 몸담은 초나라 군대와 그를 이끄는 지도자 항우에 대해 애정과 관심이 있었습니다. 기회가 될 때마다 초나라 군대의 체계 개편과 전술 변화 필요성에 대해 끊임없이 건의했습니다. 하지만 누구도 그의 말에 귀 기울여 주는 사람은 없었습니다.

그런 대접에 실망했던 한신은 초나라를 떠나 유방이 다스리는 한나라 군대에 합류하게 되는데, 이후로는 다들 여러 역사 기록과 소설, 드라마, 무협지에서 익히 보셨다시피 거의 '천하무적 먼치킨'급 활약을 선보이며 한나라군을 이끌고 엄청난 무공을 세우게 됩니다. 그러다 보니 상대해야 하는 초나라 군대에 그는 눈엣가시와 같은 존재였습니다. 초나라 장수 중에서 항우 다음가는 무공을 자랑하던 용저가 유수에서의 전투에서 한신의 계략에 휘말려 참패를 하며 목숨을 잃게 되자 초나라 진영 내에서는 '쳐부술 수 없다면 하루라도 빨리 회유해서 우리 편으로 만들어야 한다'라는 여론이 들끓었습니다. 항우는 말솜씨가 좋기로 유명했던 무섭(武涉)이라는 신하를 보내 한신을 회유토록 했습니다. 무섭은 평상시 야심만만했던 한신의 속내를 꿰뚫어 보고 넌지시 그에게 유방을 배신하고 스스로 왕이 되라고 권했습니다. 이후 괴철(蒯徹)이라는 모사가에 의해 수십 번 언급되는 '천하삼분지계(天下三分之計)'의 첫 등장이었습니다.

"장군께서는 원래 우리 초나라 항우 장군과 먼저 인연이 있지 않으셨습니까?"

"지금 유방이 장군을 가만히 두는 이유는 초나라 세력이 두렵기 때문이요. 초나라가 망하고 나면 다음은 장군을 없애려 할 것입니다."

"차라리 장군께서 나라를 세우시고 우리 초나라와 연합하여 천하를 셋으로 나누어 다스리면 좋지 않겠습니까?"

그 말에 한신은 한마디로 거절을 하며 답했습니다.

본인이 항우의 수하에 있을 때 어떠한 제안을 해도 들어주려 하지 않았고 계책을 내도 받아들이지 않았기에 초나라를 배반할 수밖에 없었다고 말했습니다. 반면 유방은 자신을 상장군에 임명하고 수많은 군사를 내어주었으며 심지어 자신이 입는 왕의 옷과 진상된 음식을 주었다며 감사의 마음을 덧붙였습니다. 그런데 정작 한신이 무섭의 '천하삼분지계'와 같은 솔깃한 제안을 마다하고 유방에게 변함없는 충성을 바치기로 한 이유는 그다음에 이어지는 한신의 말에서 알 수 있습니다.

"대저 남유방이 나를 깊이 믿고 가까이하는데 배반하는 것은 상서롭지 못한 것이니, 죽을 수는 있어도 마음을 바꿀 수는 없습니다."

즉, 벼슬과 병력을 주고, 호강을 시켜주며 잘 대해 주었지만, 진정 한신의 마음을 사로잡은 것은 자기 사람에 대한 유방의 깊은 믿음 덕분이었습니다. 항우는 유방과 조금 다른 모습을 보였습니다. 그 역시 수십만 대군을 통솔한 대장군이었기에 부하들의 마음을 사로잡았고 그들과 일정 수준 이상의 믿음과 지지를 주고받았지만 거기까지였습니다. 그는 믿는 척했지만, 진심으로 신뢰하지는 못했습니다. 오죽하면 항우의 용인술과 관련하여 '인완폐(印刓敝)'라는 문구가 전해질 정도입니다. 인완폐는 '도장(印)의 모서리가 닳아서(刓) 희미해지다(敝)'는 뜻으로 항우가 부하들의 전공을 평가하여 토지와 병력을 나눠줄 때 그를 증명하는 도장을 만들어 놓고도 주머니 속에 넣고 손으로 하도 만지작거려서 대상자에게 주기도 전에 모서리가 다 닳아버린 일에서 유래한 문구입니다. 이처럼 부하에 대해 신뢰하지 못하고 사소한 것도 믿고 맡기지 못하는 모습에서 다시 한번 유방과 항우의 격차는 크게 벌어지고 말았습니다.

따르고 싶은 리더 vs 따르게 만드는 리더

> 항우가 마침내 서쪽으로 진군하여 함양땅에 이르러 진나라의 궁실을 도륙하니 가는 곳마다 파괴되지 않은 곳이 없었다. 진나라 백성들은 크게 실망했으나 두려워서 복종하지 않을 수 없었다(項羽遂西, 屠燒咸陽秦宮室, 所過無不殘破. 秦人大失望, 然恐, 不敢不服耳).
>
> 《사기본기》 권8, 〈고조본기〉, 스물네 번째 절

탁월하지 않아도 따르고 싶었던 리더

많은 사람이 항우와 유방을 연구하면 할수록 머릿속이 복잡해지는 것을 느끼고는 합니다. '도대체 항우 같은 인재가 왜 천하를 차지하지 못했을까?'라는 질문과 '같은 시기를 살았던 유방은 어떻게 항우를 물리치고 천하를 차지하게 되었을까?'라는 질문이 한꺼번에 몰려들어서죠. 항우는 질래야 질 수 없는 싸움에서 졌고, 유방은 이길래야 이기기 어려운 싸움에서 이겼습니다. 항우는 수십번을 크게 이기고도 불과 몇몇 싸움에서 지거나 끝맺음을 제대로 하지 못한 것이 빌미가 되어 목숨까지 잃게 되었습니다. 유방은 거의 모든 싸움에 지거나 단 몇 차례 이긴 싸움마저도 변변치 않은 작은 승리를 거뒀지만, 결과적으로는 천하를 손에 쥘 수 있었습니다. 연구하면 할수록 도대체 두 사람 사이의 결정적인 승패가 어디에서 갈렸는지 알아내느라 골머리를 앓게 되곤 합니다.

수천 년간 중국을 비롯한 다양한 나라의 학자들이 두 사람과 그들을 둘러싼 역사적 사실에 관해 연구하며 수많은 승패의 이유를 끌어냈습니다. 그중 몇몇 이유는 많은 사람의 호응을 불러일으키며 이제는 어느 정도 정설로 인정받고 있기도 합니다. '탁월한 인재의 발굴과 등용', '인재가 마음껏 자신의 역량을 발휘할 수 있도록 만들어 준 열린 사고', '적절한 권모술수와 융통성 있는 사고' 등이 바로 그것입니다. 이것들을 종합해 보면 한 문장으로 정리할 수도 있을 것 같습니다. 한마디로 항우는 '따르게 만드는 것을 탁월하게 잘한 리더'였던 반면에 유방은 변변하게 탁월한 부분은 없지만 '따르고 싶었던 리더'라고 표현할 수 있을 것 같습니다.

두 사람의 차이를 가장 극명하게 보여주는 두 사람이 있습니다.

주창(周昌)과 주가(周苛)라는 인물입니다. 이름의 앞글자에서 유추할 수 있듯이 두 사람은 사촌 형제지간입니다. 주창과 주가는 이웃에 살며 유방이 사수정 정장으로 재임하던 시기에 사수군에 입대하여 말단 병졸로 생활하면서 처음으로 유방과 인연을 맺게 되었습니다. 유방이 거병하여 승승장구할 때나 패전과 배신 등으로 큰 곤경을 겪을 때도 늘 곁을 지키며 꾸준히 공을 세운 덕분에 두 사람은 제법 높은 지위까지 오르게 되었습니다. 특히 사촌 형 주가는 어사대부(御史大夫)를 맡아 유방을 보좌해 정사를 살피게 되었습니다.

기원전 204년 유방이 항우와의 전투에서 패하자 성을 버리고 퇴각하게 되었고, 주가는 퇴각로 확보와 성의 함락 이후 항우군과의 협상을 위해 성에 남게 되었습니다. 평상시부터 주가의 기개와 출중함을 익히 알고 있었던 항우는 직접 주가를 불러 그에게 벼슬을 내리고 자신을 도우라 했습니다. 주가는 '그럴 수 없는 이유'를 항우에게 소상히 말했습니다. 주가의 말에 담긴 내용은 날카로웠습니다.

"왕항우께서는 빨리 한왕 유방에게 항복하시는 게 좋을 것입니다. 그렇지 않으면 곧 한왕에게 사로잡히게 될 것입니다."

다른 역사서에 등장하는 황제나 영웅호걸들의 모습을 보면 '껄껄' 웃으며 그 기개를 높이 사 크게 문제 삼지 않던지 오히려 반드시 자신의 사람으로 만들어 버립니다. 항우는 그러지 못했습니다.

주가의 말에 엄청나게 분노하며 그를 뜨거운 솥에 던져서 죽여 버렸습니다.

주가가 죽자 그 자리에는 주가의 사촌동생이었던 주창이 앉게 되었습니다. 그 사이 유방은 항우를 물리치고 천하의 패권을 차지하게 되었습니다. 주창은 사촌형인 주가 못지않게 할 말은 해야 하는 성격이었습니다. 어느 날 주창이 보고할 사항이 있어서 유방, 즉 한고조가 머무르는 곳으로 입궁을 했는데, 한고조가 몸가짐을 흐트러뜨린 채 있는 것을 보게 되었습니다. 보고를 할 만한 상황이 아니라 판단한 주창이 못마땅한 표정으로 물러나자 한고조가 급히 따라와서는 주창을 밀어 넘어뜨리고 그의 몸 위에 올라타 물었습니다.

"나는 어떤 황제인가?"

존엄한 존재여야 하는 황제로서는 지극히 경망스러운 행동이었지요. 그 물음에 주창은 망설임 없이 이렇게 답했습니다.

"폐하는 걸주(桀紂)와 같은 폭군일 뿐입니다."

걸왕(桀王)은 하나라의 마지막 군주로 중국 4대 요녀로 꼽히는 말희(末喜)를 왕비로 들이고 '긴 밤을 즐기는 궁궐'이라는 뜻의 장야궁(長夜宮)을 지어 놓고 그곳에서 나오지 않은 채 밤낮으로 유흥을 즐겼다고 합니다. 주왕(紂王)은 상나라의 마지막 군주로 역시 중국 4대 요녀로 꼽힌 달기(妲己)의 환심을 사기 위해 술로 연못을 만들고 고기를 나무에 매달아 숲을 이루게 한 뒤 벌거벗은 남녀를

뛰놀게 했다는 이른바 주지육림(酒池肉林) 고사의 주인공인 폭군이었습니다. 아무리 공신이라고 하지만 그러한 두 폭군에 빗대어 비난했으니 당시 분위기에서 목숨을 부지하기란 쉽지 않았을 것입니다. 그러나 한고조의 반응은 예상과 달랐습니다. 한바탕 호탕하게 웃더니 그대로 그를 보내줬습니다.

저는 주씨 사촌 형제를 대하는 항우와 한고조 유방의 이 모습 또한 두 사람의 승패가 결정된 원인을 극명하게 잘 보여주는 사례라고 생각합니다.

전력질주하여 약을 사러 간 사장의 사연

저는 30대 때 처음으로 '사장'이라는 자리에 오르게 되었습니다. 지금이야 스타트업을 중심으로 청년 사장, 대학생 창업 등이 대유행인지라 30대는 물론이거니와 20대 사장도 어렵지 않게 만나 볼 수 있지만 제가 사장이 되었을 때만 하더라도 지금과는 사정이 달랐습니다. 기업 오너의 자제가 아니라면 20대에 학교와 군대를 마치고 회사에 입사하면 사원, 주임, 대리, 과장, 차장, 부장을 거쳐 상무이사, 전무이사, 부사장을 거친 후 환갑 나이쯤은 되어야 비로소 사장 자리에 앉을 수 있었습니다.

어린 나이에 영업 직군에 뛰어들어 남다른 실적을 올려 영업이

사가 된 뒤 직원들의 영업활동을 독려하고 조직을 안정적으로 운영하던 제 모습을 유심히 지켜보던 오너 회장님께서 규모는 작지만 어엿한 별도 법인이었던 계열사의 대표이사에 불과 31세였던 저를 파격적으로 임명하신 것이었습니다.

사장은 되었지만, 앞이 막막했습니다. 함께 일하는 일반 사원들은 제 연배였고, 가장 빈번하게 제게 보고하고 제 지시에 따라야 하며 함께 회의해야 할 이들은 저보다 적게는 서너 살에서 많게는 스무 살 가까운 연상이었습니다. 결국 제가 해야 할 일은 그들의 마음을 사는 것이었습니다. 하루에 많아야 4시간, 평균적으로는 3시간 이상 눈을 붙여 본 적이 없습니다. 직원 한 사람 한 사람의 얼굴과 이름을 외우고 가정환경과 출신학교, 잘하는 일과 좋아하는 일들을 통째로 암기했습니다.

저는 검정고시 출신입니다. 어릴 때 집이 워낙 가난해서 빨리 돈을 벌기 위해 공장을 전전했던지라 초등학교 졸업 이후 제대로 된 학교로 진학할 수 없었습니다. 대신 조선소에서 용접 일을 하면서 주경야독으로 검정고시를 치러 상급학교 진학을 위한 자격을 갖춰 나갔습니다. 더 많은 돈을 벌기 위해 일과 중 작업은 물론이거니와 철야 작업과 주말에 이뤄지는 특근까지 도맡아 했기에 검정고시 대비 공부를 할 수 있는 시간은 극히 부족했습니다. 족집게 학원 같은 곳은 언감생심 발도 들여놓을 수 없었습니다. 별수 없이 짧은 시간 내에 학습해야 할 내용을 통째로 외워버리는 방법밖에 없었습니다. 마치 교재의 해당 페이지를 사진 찍듯이 그림으로 외워버리는 것이었습니다. 이때 역시 마찬가지로 직원들의 인사기록부를 그대로 복사하거나 사진을 찍듯이 페이지 채로 외워버렸습니다. 임원, 부서장들뿐만이 아니라 가장 말단 직원, 잠시 대체 근무를 하기 위해 온 파견업체로 직원들까지, 모든 직원의 이름과 맡은 업무, 주요 특이사항과 챙겨줘야 할 것들을 모조리 다 암기했습니다.

직원들과의 사이에 간극을 줄이고자 해야 하는 일은 그것뿐만이 아니었습니다. 현재 직원들이 하는 일을 살피고 그들이 어려워하는 부분이 무엇인지 찾아내느라 쉴 틈 없었습니다. 그러기 위해서는 함께 하는 시간이 필요했고, 편하게 같이 할 수 있는 것들이 필요했습니다. 자연스럽게 술자리, 식사 자리가 늘어났는데, 때로는 점심이나 저녁 한 끼에 상대를 바꿔가며 두세 차례 식사해야 하는 때도 있었습니다. 그래도 깨작깨작 젓가락 놀음을 한 적이 단 한 번도 없었습니다. 몇 번을 먹더라도 늘 처음 먹는 끼니인 것처럼 맛있게 그릇을 비웠습니다. 오죽하면 화장실에서 속을 비워내고 다음 식사 자리로 이동한 때도 있었습니다. 술자리는 말할 것도 없었습니다. 다행히 체질상 술을 못 마시지는 않았기에 직원들이 붙잡으면 새벽 두세 시까지 몇 차에 걸쳐 자리를 옮겨가며 술을 함께 마시고 이야기를 들어줬습니다. 그런 자리에서 직원들이 솔직하게, 때로는 아프게 직언해 준 이야기들이 나

중에 회사 경영에 엄청난 자양분이 되었고, 직원들의 이야기를 경청하는 제 모습이 그들에게 좋은 인상을 남겼습니다.

한번은 회식하고 있는데 한 직원이 먹는 것이 영 시원찮았습니다. "왜 제대로 먹지 않는가?"라고 물어도 대답을 분명하게 하지 않고 눈치를 보며 허공에 젓가락만 왔다 갔다 하는 것이었습니다. 슬쩍 눈치를 보니 몸이 영 좋지 않아 회식에 참석하기 힘든 상태였지만 모처럼 사장이 식사를 같이하자고 한 자리라 빠지기는 싫어서 억지로 참석한 듯했습니다. 그러지 말고 얼른 집에 가라고 하면 난감해할 듯하고 그렇다고 아픈 사람을 식사 자리에 앉혀 놓기도 그랬습니다. 갑자기 무슨 생각이 들었는지 저는 좌중에 양해를 구하고 식당 밖으로 뛰쳐나가 인근 대학병원으로 전력 질주를 했습니다. 늦은 시간이라 마땅히 약을 구할 수 있는 곳이 없었는데 그때 생각난 것이 24시간 연중무휴로 운영되는 대학병원 응급실이었기 때문이었습니다. 의료 체계상 환자가 아닌 '환자가 일하는 회사 사장'이 달려왔다고 해서 약을 내어줄 리 만무합니다만, 그래도 사장의 절실한 마음이 하늘에 닿았는지 우여곡절 끝에 아픈 직원에게 가져다줄 약을 구할 수 있었습니다.

따르게 하는 리더가 될 것인가? 따르고 싶은 리더가 될 것인가?

리더라고 하면 일반인은 범접할 수 없는 대단한 능력을 발휘해 사람들이 믿고 따르며, 그를 조금은 어렵게 여겨 우리와는 다른 인간으로 숭상하거나 때로는 두려워하여 경외해야 한다고 생각합니다. 틀린 이야기는 아닙니다. 리더라면 무언가 다른 면모를 보여서 사람들이 '따르고 싶은' 명분을 제공해 줘야 하기 때문입니다. 그런데 착각하지 말아야 할 것이 있습니다. 리더는 '따르고 싶은' 사람이어야 하지 '따르게 하는' 사람이어서는 안 됩니다.

항우는 전형적인 '따르게 만드는 사람'이었습니다. 그는 가는 곳마다 자신의 남다른 괴력을 선보이고 세력을 과시하여 사람들을 겁에 질리게 했습니다. 대표적인 사례가 은통(殷通)을 죽이고 본격적으로 진나라에 대한 반역의 길로 접어들 무렵의 일입니다. 회계 태수였던 은통은 진나라의 관료였지만 충성심이라고는 눈곱만치도 없고 사리사욕으로 가득 찬 음흉한 인물이었습니다. 그는 항우의 숙부이자 후원자였던 항량을 불러들여 자신의 장수가 되어 함께 모반을 꾀하자고 꼬드겼습니다. 항량은 역으로 항우를 시켜 은통의 목을 치고 관아를 점거한 뒤 스스로 회계 군수가 되었습니다. 그러나 회계에 있는 병사들만으로는 진나라에 맞설 수 없었습니다. 훨씬 더 많은 병사가 필요했던 항량과 항우는 인근 마을에 소문을 내 초나라를 다시 세울 의병을 모집하기 시작했습니다. '진나라를 멸하고 초나라를 다시 세운다'라는 대의에 의병들이 제법 모여들었지만, 그들은 아직 항량과 항우의 지도력에 의심을 품고 있었습니다. 특히 앞으로 자신들을 이끌고 전장을 누벼야 할 항우의 실력이 어느 정도인지 믿지 못하는 눈치였습니다.

항우는 의병 무리를 이끌고 우왕의 묘가 있던 산속 제단으로 갔습니다. 그곳에는 1,000명의 병사가 먹을 만한 양의 밥을 한 번에 지을 수 있다고 알려진 큰 가마솥이 하나 있었습니다. 언제 누가 만들었는지, 무게가 얼마나 되는지 전혀 알 수 없는 솥이었습니다. 혹자는 우왕이 하늘의 명을 받아 직접 주조했다고 했고, 다른 이는 그 솥의 무게가 현재의 도량형으로 하면 수 톤이 넘는다고 했습니다. 솥이 얼마나 크고 무거운지 홍수가 났을 때는 제방의 터진 구멍을 막는 용도로도 쓰였다고 하는 이도 있었습니다. 어찌 됐든 여러 사람이 달려들어도 움직이지 않을 정도로 육중한 솥이었습니다.

그러나 항우는 그 가마솥을 넘어뜨렸다가 다시 일으키고, 또다시 넘어뜨렸다가 다시 일으키기를 세 번 거듭하더니 번쩍 들어 올려 우왕의 묘 주변을 성큼성큼 걷다가 원래의 자리에 던지듯 갖다 놓았습니다. 그를 본 의병들은 환호를 질렀고, 그 소문이 인근으로 퍼져 나가면서 항량과 항우의 밑에서 진나라를 무너뜨리고 초나라를 다시 세우려는 이들이 물밀듯 몰려들었습니다.

여기까지만 들으면 그저 그런 천하장사의 힘자랑 이야기로 들립니다. 그러나 항우는 여기에서 멈추지 않았습니다. 그는 매번 사람들을 만날 때마다 자신을 과신하고 힘으로 위압하며 권력으로 굴복시키려 했습니다. 상대를 겁에 질려 굽히게 했고, 공포심에 젖어 싫은 내색조차 하지 못하고 묵묵히 따를 수밖에 없도록 했습니다. 그게 지나쳐 나중에는 자신의 심기를 거스르는 이들을 벌하기 위해 또는 다른 지역의 제후들에게 겁을 주기 위해, 투항한 포로들이나 전투 능력이 없는 무고한 양민들을 학살하는 만행을 저지르기도 했습니다.

유방은 항우와 달랐습니다. 항우만한 괴력도 없었고, 평생을 살면서 막판에 한나라를 건국하고 항우의 초나라와 천하를 두고 쟁패할 때 몇 년을 제외하면 권력을 가져본 적도 없었습니다. 제법 세력이 있다가도 항우 등에게 패하여 수십 명 수준으로 병력이 쪼그라들어 버리기 일쑤였습니다. 지역에 거점을 두고 멀쩡하게 있다가도 같은 편에게 배신을 당하고 쫓겨나 타지를 떠도는 신세가 되어 버린 경우도 비일비재했습니다. 그러나 분명한 것은 유방은 항우와 달리 '따르고 싶었던 리더'였다는 점입니다. 그가 잘나갈 때나 그렇지 않을 때도 그의 곁에는 늘 그와 생사고락을 같이했던 '아우'들이 있었고, 그에게 아무런 조건 없이 은혜를 베풀고 도움을 주려는 이들이 줄을 섰습니다. 개중에는 그가 잘나갈 때, 나중에 한자리라도 바라고 하는 이들도 있었지만, 그가 연전연패를 거듭해서 한없이 쪼그라들어 버렸을 때도 그를 도울 수 있기를 간절히 바라는 이들이 있었습니다.

'따르게 하는 리더'가 될 것인가? '따르고 싶은 리더'가 될 것인가? 한 사람은 '따르게 하는 리더'가 되었고, 다른 한 사람은 '따르고 싶은 리더'가 되었습니다. 그리고 그 차이에서 두 사람의 운명을 가르는 많은 것이 판가름 났습니다.

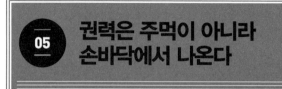

권력은 주먹이 아니라
손바닥에서 나온다

마침 패공이 침상에 걸터앉아 두 여인에게 발을 씻기도록 하고 있었다. 역이기는 절을 하지 않고 대신 허리만 가볍게 굽혀 인사하며 말했다. "족하[5]께서 극악무도한 진나라를 반드시 토벌하고자 하신다면 침상에 걸터앉은 채로 덕이 있는 사람을 만나서는 안 됩니다." 그 말에 패공은 서둘러 자리에서 일어나 옷깃을 여미며 사과한 뒤 역이기를 상석으로 안내했다(沛公方踞床, 使兩女子洗足. 酈生不拜, 長揖, 日 "足下必欲誅無道秦, 不宜踞見長者." 於是沛公起, 攝衣謝之, 延上坐).

《사기본기》 권8, 〈고조본기〉, 열아홉 번째 절

---

5. 춘추전국시대 때 급이 높지 않은 제후를 부르는 호칭.

사람을 제대로 알아보고, 제대로 일을 시켜라

아직 시황제가 진나라로 중원을 통일시키기 전, 중국은 7개 제후국이 저마다 천하의 왕도가 자신에게 있음을 주장하며 전국을 할거하고 있었습니다. 이른바 '전국칠웅(戰國七雄)'의 시기였습니다. 당시 전국칠웅 중 하나였던 위(魏)나라는 원래 주나라의 옛 제후국이었던 진(晉)나라 영토의 일부였다가 떨어져 나와 세워진 나라였습니다. 지금의 산시성(山西省) 윈청시(运城市) 일대였던 안읍(安邑)을 도읍으로 했는데, 산시성은 지금도 그렇지만 과거부터 땅이 기름지고 물맛이 좋은 곳으로 유명했습니다. 평야에서는 곡식이 풍족하게 자라났고 마을이 번창했으며 거주하는 인구 역시 많았습니다.

우리에게는 전장에서 부상당한 말단 병사의 덧난 상처에 가득한 고름을 입으로 빨아서 제거해 준 일화로 유명한 오기(吳起) 장군이 한때 이 위나라의 최고 사령관이었던 적이 있습니다. 《손자병법》에 버금가는 병법서인 《오자병법(吳子兵法)》을 쓴 군사 전략의 대가로도 명성이 높았던 오기 장군은 인구가 많은 위나라의 특성에 알맞은 중무장 보병인 무졸(武卒)을 대거 양성했습니다. 개인 호신 무기인 칼과 방패, 집단 전술용 무기인 창, 공성전 또는 원거리 전투용 활과 화살 50여 개, 사흘 이상 별도의 보급을 받지 않고도 식사를 해결할 수 있는 식량을 짊어지고 뛰는 듯한 속도로 100

리를 연속으로 행군할 수 있도록 양성된 보병들은 이웃나라들에 가히 공포 그 자체였습니다. 그 이전 수천 년간 그리고 이후 현재에 이르기까지도 그토록 강력한 보병 부대는 전성기의 로마군 말고는 비교할 대상이 없는 수준이었습니다.

위나라는 비옥한 농토와 무즐을 기반으로 한 강성한 군사력을 바탕으로 천하 대권에 가장 근접했던 나라였습니다. 그러나 그것도 한때였습니다. 위나라는 좋게 말하면 칠웅의 가장 중심부에 있는 제후국이었고, 현실을 이야기하자면 위로는 조(趙)나라, 밑으로는 한(韓)나라, 우측으로는 제(齊)나라 그리고 좌측으로는 칠웅 중에서도 가장 강성했던 진(秦)나라에 둘러싸여 있어서 날이면 날마다 다른 나라 간의 전쟁터가 되었습니다. 게다가 영토의 대부분이 평야 지대다 보니 농사를 짓기에는 좋았지만, 외적이 침입하면 삽시간에 수도 안읍까지 함락되기 일쑤였습니다.

혜왕(惠王)은 즉위한 지 7년 만인 기원전 361년에 수도를 안읍에서 대량(大梁)으로 옮겼습니다. 그러나 이후로도 위나라는 이웃나라의 침략을 끊임없이 받았고, 그로 인해 쇠락하기 시작한 국력은 단 한 번도 예전의 수준에 미치지 못하고 쪼그라들고 말았습니다. 혜왕은 그런 국면을 타개하기 위해 당대 유명한 학자, 정치인, 모사 들을 불러모았는데, 자신의 몸을 낮추고(卑禮) 모시는 이들에게 사례를 충분하게 하면서(厚弊) 극진히 모셨습니다. 그 모습을 일컬어 '비례후폐(卑禮厚弊)'라는 고사성어가 만들어질 정도였습니다. 그때 모신 인물 중 대표적인 사람이 맹자이며 두 사람이 만나서 나눈 대화는 그대로 사서삼경 중 하나인《맹자》의 첫 부분이 됩니다.

그런데 혜왕뿐만이 아니라 중국 역사를 통틀어 보아도 인재영입에 관해 관심이 없었던 군주가 거의 없었고, 현대에 와서도 우수한 인재를 영입하기 위한 활동은 단순히 '인재채용'이 아닌 '인재전쟁'이라 불릴 정도로 치열하게 전개되고 있습니다. 원하는 인재를 모셔오기 위해 회장님이 이용하는 자가용 제트기를 급파했다거나, 사장보다 더 월급을 많이 받는 연구원이 등장한다는 이야기는 놀라운 일이 아닐 정도로 기업들은 인재 모셔오기에 혈안이 되어 있습니다. 심지어 원하는 사람을 채용하기 위해 그 사람이 근무하고 있거나 창업해서 경영하고 있는 회사를 통째로 사들이는 일까지 벌어지고 있습니다. 구글은 2014년에 인지신경과학, 인공지능학습의 세계적인 권위자 세 명을 영입하기 위해 그들이 창업한 딥마인드(DEEPMIND)를 무려 4억 달러에 인수해 버렸습니다. 페이스북 역시 2009년 브렛 테일러라는 천재 개발자를 영입하기 위해 그가 만든 회사 프렌드피드(friendfeed)를 4,700만 달러에 사들였는데, 프렌드피드가 보유했던 '좋아요' 기능은 페이스북을 대표하는 주요 기능이 되었습니다.

인재가 기업을 선택하는 시대에 기업마다 전담 부서를 두고 우수 인재를 채용하고 유지하기 위해 경쟁력 있는 대우와 부상, 자율적인 기업문화 등 모든 조건에서 우위를 점하고자 큰 노력을 기울이고 있습니다.

그런데 어렵게 영입한 인재를 제대로 활용하는 조직은 의외로 매우 드문 편입니다. 앞서 예를 든 구글과 페이스북은 성공 사례에 속하지만, 공을 들여 영입한 인재를 제대로 일을 시키지 못하고, 성장과 발전의 기회도 제공하지 못한 채 그대로 도태시켜 버리는 경우가 의외로 많습니다. 왜 그럴까요? 그 이면을 살펴보면 상당수의 경우가 '제대로 일을 시키지 못하거나', '일을 시켜 놓고도 권한을 제대로 주지 않아서'입니다.

인재라면 장량처럼

세상에는 여러 부류의 인재들이 있습니다. 그중 아주 드물게 타고날 때부터 뛰어난 역량과 리더의 자질을 타고난 인물들이 있습니다. 유방의 측근 중에는 장량이나 한신 같은 이들이 대표적입니다. 이들은 '방해만 하지 않으면' 알아서 자신의 재능을 꽃피우고 제 역할을 해내며 무럭무럭 성장합니다. 물론 유방 같은 인물을 만나 중용되면 그 속도가 더 빨라지기는 하지만 그렇지 않아도 이들이 도태되는 법은 없습니다. 왜냐하면 이 정도 되는 인물들은 자신이 속한 조직이나 그 조직의 리더가 자신의 발전에 방해가 된다고 생각하면 과감하게 조직이나 리더와 관계를 끊기 때문입니다. 그들을 '자기중심적'이고 '오만하다'라고 생각할 수 있습니다.

이들과는 조금 다른 부류로 능력을 타고나지 못하거나 앞서 예로 든 인물보다는 조금 부족한 능력을 보유했지만 스스로 부단한 노력으로, 타고난 이들 못지않은 인재로 성장한 인물들도 있습니다. 유방의 측근에서 찾아보자면 소하나 조참(曹參) 같은 인물들입니다. 이들은 어린 시절부터 관아에서 하급관리로 근무하며 행정 능력을 길렀고, 이후 전쟁터로 나아가서는 부단한 노력 끝에 병참과 보급의 책임자와 부대 지휘관으로 성장하여 유방이 항우를 이기고 한나라를 건국하는 데 크게 일조를 했습니다. 이들의 천재성은 조금 부족할 수 있지만 그를 보완하고도 남을 노력과 성실성이 있기에 조금 더딜 수 있지만 늘 성장하는 모습을 보여줍니다.

이런 두 부류의 사람들은 나머지 부류에 비해 그렇게 많은 편은 아닙니다. 대부분 유방의 아우들이었던 노관, 주발, 번쾌 등과 같은 유형입니다. 자기가 관심 있거나 좋아하는 분야에서 일정 수준 이상의 장점이나 특기가 있지만 그게 다른 모든 것을 압도할 만큼 딱히 두드러지지는 않습니다. 발전하고 성장할 수도 있지만 때로는 도태되기도 하고 자신이 잘하는 분야가 무엇인지, 그걸 어떻게 하면 더 잘할 수 있는지에 대해서 자신도 잘 모를 수 있습니다. 그런데 이들이야말로 리더를 잘 만나야 합니다. 어떠한 리더를 만나느냐에 따라 가장 크게 영향을 받기 때문에 그렇습니다.

장량이나 한신처럼 본인 스스로 반짝반짝 빛나서 타고난 천재성을 바탕으로 하나를 가르쳐 주면 둘을 깨우치고 둘을 알려주면 열을 해내는 인재, 굳이 육성시키고 지원하지 않아도 필요한 것들을 직접 찾아서 스스로 성장하는 인재만 곁에 두고 조직을 운영하면 얼마나 좋겠습니까? 그러나 말씀드렸듯이 그런 인재는 거의 드뭅니다. 그렇다면 그 정도까지는 아니지만, 소하나 조참처럼 스스로 학습하고 노력해서 날마다 조금씩이라도 성장해 나가는 인재라도 풍부하게 있으면 얼마나 좋겠습니까? 그런 인재 역시 거의 만나기 어렵습니다. 장량, 한신, 소하, 조참 등과 같은 인재를 발견하고, 그들이 찾아오기만을 기다려서는 아무것도 할 수 없습니다. 대부분 노관이나 주발, 번쾌와 같은 평범한 이들입니다. 그런 이들에게 제대로 임무를 주고, 성장을 지원해서 패현 시절의 백수 노관, 나팔수 주발, 개장수 번쾌가 아니라 한나라 개국에 보이지 않는 기여를 많이 해 연왕(燕王)이 된 노관, 숱한 반란을 평정하고 정치력을 발휘해 한나라의 안정에 이바지해 강후(絳侯)로 봉해진 주발, 두려움을 모르는 용장이 돼 수많은 전공을 세워 무양후(舞陽侯)로 봉해진 번쾌로 만들어 내는 것이 우리가 선택할 수 있는, 그리고 선택해야 할 답안지일 것입니다.

그를 위한 가장 효율적인 방법은 일을 통한 육성, 그리고 책임에 따른 적절한 권한을 부여하여 자신의 업무에서 전문가가 되고 조직 내에서 단계별로 성장할 수 있도록 하는 것입니다. 일을 통한 육성까지는 어느 정도 잘 이뤄지는 것 같은데 책임에 따른 적절한 권한 부여를 뜻하는 '임파워먼트'는 많이 부족한 듯합니다. 많은 조직에서 대다수 리더가 자신이 해야 할 일, 자기가 책임져야 할 일을 '훈련'이라는 명목으로 부하직원이나 후배들에게 많이 시키지만 정작 그에 따른 적절한 권한은 나눠주지 않으려는 경향이 있습니다.

권력은 리더의 주먹에 있는 것이 아니다

처음부터 '임파워먼트 하지 않겠다'라고 마음먹고 사람과 조직을 다스리는 리더는 단 한 사람도 없을 것입니다. 많은 리더가 입버릇처럼 하는 말이 "나는 권력에 대한 욕심이 없다", "모든 것을 다 아랫사람에게 나눠주었다"입니다. 그러나 정작 그들은 무언가를 시도해 볼 수 있는 권력과 권한을 나눠준 것이 아니라, 어떠한 일이나 사람을 관리해야 하는 책임을 나눠준 것이 대부분입니다. 명확하게 해야 할 일을 시키고 책임져야 할 부분을 말해 주되, 그 일을 하는 데 필요한 권한까지 나눠주는 제대로 된 임파워먼트를 해줘야 인재가 성장할 수 있습니다. 그리고 지속해서 성장해야 조직에 계속 남아 있고 싶다는 생각이 드는 것입니다.

유방은 어땠을까요? 한신은 탁월했던 그 능력만큼이나 야심도 컸던 사람이었습니다. 5개국을 평정한 뒤에는 가장 강성한 나라 중의 하나였던 패전국 제나라의 민심을 조기에 안정시켜야 한다는 이유를 들며 자신을 제나라의 임시 왕(假王)으로 봉해줄 것을 유방에게 노골적으로 요구하기도 했습니다. 그런데 유방은 오히려 이렇게 답했습니다.

"이보게 대장부가 말이지, 제후국을 평정했으면 진짜 왕이 되어야지 임시 왕이 웬 말인가?"

장량을 통해 왕으로 봉하는 징표와 도장 등을 전달하고 제나라의 왕으로 임명했습니다. 앞서 이야기했던 '인완폐', 즉 공을 세운 부하들에게 다스릴 땅과 부릴 군사를 주는 징표인 도장을 차마 내주지 못하고 만지작거리다 도장의 모서리가 닳아버리게 만든 항우와는 여러모로 대비되는 모습입니다.

제나라의 왕이 된 한신은 또 한 번 성장했습니다. 해하(垓下) 지역에 집결한 초나라 군대를 맞아 나날이 지휘 통솔 능력이 향상된 그는 무려 30여만 명의 병력을 지휘하여 전투를 이끌었고 대부대의 선봉에 서서 놀라운 작전 수행능력을 발휘해 결국 해하전투(垓下之戰)를 승리로 이끌었습니다. 이 전투의 승리는 유방의 한나라가 초나라를 이기고 천하를 차지하는 데 결정적인 기여를 했습니다.

소하 같은 인재에 대해서도 마찬가지입니다. 품성이 겸손하고 담백했던 그는 자신의 노력으로 끊임없이 성장할 수 있는 사람이었지만, 유방은 적극적인 임파워먼트를 통해 그가 더 빨리, 더 큰 인재로 성장할 수 있도록 도왔습니다. 소하는 유방의 군대에서 병참과 보급을 담당하고 있었습니다. 유방은 그 분야에 대해서만큼은 소하에게 모든 것을 일임해 그가 책임지고 자신의 역량을 펼치도록 했습니다. 소하는 유방의 믿음에 부응하여 진나라 관료 시절 습득한 철저한 보급 관리에 더욱 유연하고 융통성 있는 자신만의 전략을 접목해 백성들의 원성을 사거나 반발을 일으키지 않으면서도 안정적인 보급이 현장에서 이뤄질 수 있는 체계를 마련하였습니다. 번번이 싸움에 패한 유방이 모든 것을 잃고 망연자실하고 있을 때 소하는 어디선가 병력과 보급물자를 끌고 나타나 부대를 재편하고 무장을 다시 갖춰주는 해결사 임무를 수행해 주었습니다. 그에 대해 유방은 더욱더 큰 권한과 책임을 부여하는 임파워먼트로 보답했는데, 그가 받은 식읍 7,000호는 공신들에 대한 식읍 하사 규모 중에서도 압도적으로 큰 최대치였습니다. 이후 그의 벼슬은 '신하가 오를 수 있는 최고의 직위', '황제 빼고는, 아니 황제마저도 함부로 대할 수 없는 전설의 직위'라고 여겨지던 상국(相國)에까지 이르렀습니다. 거기에 더해 신발을 신고 황제의 집무 공간에 들어올 수 있고, 칼을 찬 상태로 황제를 만날 수 있으며, 황제를 찾아뵐 때도 작은 걸음이 아니라 큰 걸음으로 걸을 수 있게 하는 등 최고의 대우를 해주었습니다. 유방의 이 같은 파격적인 대우에 소하 역시 이후로도 오랫동안 유방과 한나라 황실을 보필해 여러 가지 공을 세웠습니다.

노관, 주발, 번쾌를 포함해 지극히 평범한 인재들에게도 유방의 임파워먼트는 빛을 발했습니다. 역사서나 야사를 보면 유방이 사람들을 회유할 때 공통으로 쓰는 말이 있습니다.

"자네는 언제까지 지금 하는 일만 하고 있을 건가?"

말단 병사를 만났을 때나, 장터에서 놀고먹는 시정잡배를 만났을 때나, 적장에서 충성을 다하며 자신에게 맞서고 있는 장수를 만났을 때나, 지극히 평범한 청년들을 만났을 때나 그는 한결같이 "현재의 일에 만족하는지가?"를 묻고 "더 큰 역할을 해볼 생각이 없는가?"라고 물어 그들을 자극합니다. 변화와 개선의 의지가 있다고 답하는 사람에게는 새로운 역할, 더 큰 권한 등을 부여하여 성장할 수 있도록 도운 것입니다. 그를 통해 숱한 인재가 양성되었고, 그 소식을 전해 들은 천하의 인재들이 유방의 밑으로 몰려들었습니다. 천하가 모두 인재를 원했고, 쓸만한 인재가 없다고 아우성을 치던 시대에 왜 유방의 밑에만 수많은 인재가 몰려들었는지 그 이유를 알 수 있습니다.

권력은 주먹에 있다고 생각합니다. 주먹을 꽉 쥘수록, 주먹에 힘이 많이 들어갈수록 그 주먹이 위협적이라고 생각합니다. 그것은 어린아이들의 권력 놀음 때 이야기입니다. 진짜 권력은 살며시 주먹을 펴고 난 손바닥, 바로 그 손바닥 위에 있습니다. 누구라도 내게 다가와 맞잡을 수 있도록 쫙 편 손바닥, 아무나 올라와 한바탕 뛰어놀 수 있도록 아무런 사심 없이 내어준 손바닥, 어떠한 위협도 오기도 느껴지지 않고 그저 모든 것을 다 내어주겠다는 의지가 담긴 손바닥, 리더의 그 비어 있는 손바닥에 진짜 권력이 있음을 유방의 모습을 통해 다시 한번 깨닫게 됩니다.

3 세상을 얻고 싶다면, 적의 마음까지 얻어라

"무릇 우리가 이곳에 온 건 어르신들을 위해, 해악을 제거하려고 온 것이지 괴롭히려 온 것이 아니니 두려워하지 마십시오! 또한 제가 패상으로 돌아가 진을 치고 있는 것은 제후가 도착하기를 기다려 약조를 하려 함입니다."

위와 같은 이야기를 사람들, 진나라 관리들과 함께 마을에 알렸더니 진나라 사람들은 크게 기뻐하여, 앞다퉈서 소와 양을 잡고 술을 내어 그 사절들을 접대하였다. 패공은 그것조차도 사양하며 말하기를 "먹을 것이 충분하고 굶지 않으니 신세지지 않겠습니다." 사람들은 그 말에 더욱 감동하여, 오히려 패공이 진나라의 왕이 안 되면 어떻게 할까를 염려하더라(凡吾所以來, 爲父老除害, 非有所侵暴, 無恐! 且吾所以還軍霸上, 待諸侯至而定約束耳. 乃使人與秦吏行縣鄕邑, 告論之. 秦人大喜, 爭持牛羊酒食獻饗軍士. 沛公又讓不受, 曰 : 倉粟多, 非乏, 不欲費人. 人又益喜, 唯恐沛公不爲秦王).

《자치통감》 권9, 〈한기 고제〉

01 비굴함도 유용한 무기가 된다

> (전략) 패공이 물었다. "그대와 항백 중 누가 더 연장자요?" 장량이
> 답했다. "항백이 저보다 나이가 많습니다." 그러자 패공이 다시 말
> 했다. "그렇다면 그대가 나를 위해 항백을 좀 불러다 주시오. 내가
> 그를 형님으로 모시겠소." (후략) (前略 沛公曰, "孰與君少長?" 良曰, "長
> 於臣" 沛公曰 "君爲我呼入, 吾得兄事之." 後略).
>
> 《사기본기》권7, 〈항우본기〉, 열일곱 번째 절

유방에게 찾아온 절호의 기회

《사기》를 포함한 수많은 역사서와 이후 유방을 다룬 숱한 책에서는
그에 대해 '하늘로부터 복을 받은' 행운아처럼 묘사하지만, 자세히

들여다보면 그처럼 운이 없었던 인물도 드물다는 생각이 듭니다. 뭔가 좀 해보려고 하면 주변 상황이 도와주지를 않고, 그것을 극복하고 다른 무언가를 또 해보려고 하면 믿었던 이들이 배신하고, 다시 절치부심하여 다른 도전을 해보려고 하면 이번에는 운이 더 좋은 인물이 나타나 판을 뒤엎어 버리기 일쑤였습니다.

그런 그였지만, 그래도 몇 번은 절묘한 행운이 찾아오기도 했습니다. 그중에서도 기원전 207년 무렵의 상황이 가장 대표적입니다. 당시는 진나라의 국운이 쇠하여 전국 각지에서 반란이 들끓고 과거 진나라에 멸망했던 세력들이 다시 나라를 세우겠다며 복권(復權) 운동을 펼치던 시기였습니다. 초나라 출신이었던 항우와 그의 숙부 항량 역시 마찬가지였습니다. 그들은 양치기로 숨어 살고 있던 옛 초나라 왕족 웅심을 찾아내 그를 설득하여 초회왕으로 옹립한 뒤 그를 중심으로 초나라의 재건국을 천명했습니다. 옛 초나라 땅이었던 패현 풍읍 출신이었던 유방 역시 자연스럽게 초회왕의 휘하로 들어오게 됩니다.

그때 초회왕은 얼핏 들으면 쉽게 납득이 가지 않은 명령을 유방과 항우 두 사람에게 내리게 됩니다. 당시 왕이 왜 '그런 명령'을 내렸는지 그 이유는 아직도 불분명합니다. 회왕은 앞서 이야기했듯 초나라가 멸망한 뒤 자신이 태어난 시골 마을로 도망가서 죽은 듯이 살고 있었습니다. 시골에 틀어박혀 살던 양치기였던 왕의 어린 시절에 주목한 이들은 그가 워낙 근본이 없고 제대로 배우지도 못한 채 갑작스럽게 왕이 된 터라 주변 정세와 지형지물 등에 어두워 되는대로 명령을 내린 결과였다고 설명하고 있습니다. 반면, 양치기는 그저 진시황을 비롯한 진나라 세력들의 눈을 피하려고 이른바 위장 취업을 한 것이었고, 초회왕이 실제로는 양을 친다는 빌미로 아무런 의심도 받지 않고 진나라에 빼앗긴 초나라 땅 이곳저곳을 누비며 전술을 가다듬고 있었다고 생각해 온 이들은, 포악한 성격으로 왕 앞에서도 안하무인 격으로 행동했던 항우가 미워서 그런 명령을 내렸다고 주장하기도 했습니다. 항우를 비롯한 항씨 집안과 그 추종자의 세력이 나날이 커 나가고 있던 시기였기에 그 기세를 좀 꺾기 위해 내린 지시였다는 견해도 있습니다.

아무튼 초회왕은 항우와 유방에게 진나라의 수도인 함양을 공격하라는 명령을 내립니다. 여기까지는 별다른 것이 없습니다. 진나라를 멸망시키려면 당연히 수도를 공격해야 할 것이고 초나라 군대 중 가장 강한 것이 항우의 군대였고 그다음이 유방의 군대였습니다. 그런데 이어진 다음 명령이 참으로 희한했습니다. 계급으로도 항우가 상급자였고 병력의 규모나 전투력으로 보나 압도적인 수준이었던 항우의 부대를 주력으로 삼고 유방의 부대를 그에 편입시키든지 후속 부대로 지원하도록 하는 것이 일반적일 텐데 회왕은 그렇게 하지 않았습니다. 두 사람에게 동시에 함양을 공격하도록 지시를 내리며 "두 사람 중 먼저 함양을 정복하는 사람을 관중의 왕으로 봉할 것이요"라며 한마디 덧붙였습니다.

즉, 두 사람을 동등하게 여기고 경쟁을 시킨 것입니다. 일본땅으로 비유하자면 도쿄를 먼저 정복하는 사람에게 도쿄를 포함한 간토(關東) 지방을 다스릴 수 있는 권한을 주겠다는 이야기였습니다. 유방을 자신과 비교할 만한 상대가 아니라고 여겨왔던 항우는 격분했습니다. 반면, 유방에게는 절호의 기회가 찾아온 것이었습니다. 신이 나서 명령을 받자마자 그 길로 함양을 향해 출병했습니다. 유방은 불가피하게 전투를 치러야 할 때는 치렀지만 그와 동시에 진나라 장수들을 적절하게 구워삶아 자신의 편으로 만들었습니다. 그 덕분에 무조건 부딪히면 철저하게 박살을 내고 보는 항우보다 빨리 함양에 도착할 수 있었습니다. 즉위한 지 불과한 달하고 보름 정도 지난 터라 강력한 왕권은커녕 제대로 된 국정 파악조차 하지 못한 상태였던 진나라의 왕 자영은 유방의 군대를 보고 기가 완전히 죽어버렸습니다. 항복의 의미로 소복을 입고 백마가 끄는 흰색 마차를 탄 채 옥새를 들고 투항해 왔습니다. 여기서 유방의 참모습이 드러나게 됩니다. 그는 진나라 왕 자영에게 예를 갖춰 대하고 가족들의 안위를 지켜주겠다고 약조했습니다. 그 소문이 함양에 퍼지자 유방의 넓은 아량과 인간 됨됨이를 칭송하는 목소리가 높아갔습니다.

유방에 비해 뒤늦게 함양에 도착한 항우는 화가 나서 날뛰기 시작했습니다. 우선 초회왕이 공언한 대로 경쟁자에 비해 늦게 함양땅에 들어섰으니 함양을 포함한 관중땅의 지배권이 경쟁 상대에게 넘어가 버린 것이 참을 수 없었습니다. 더 화가 난 것은 그 경쟁 상대라는 인간이 평생토록 한 수 아래로 보고 경쟁자로 여겨본 적이 없었던 유방이라는 것이었습니다. 화가 나 날뛰는 항우를 말릴 수 있는 사람은 아무도 없었습니다. 초반에는 참모 몇몇이 그를 진정시키기 위해 나섰으나 이내 생명의 위협을 느끼고 물러난 뒤 항우는 폭주하기 시작했습니다. 진나라 왕 자영과 그의 일족들을 눈에 보이는 대로 살해해 버렸습니다. 아녀자고 어린아이이고 가릴 것이 없었습니다. 불과 며칠 만에 진나라 황실은 멸족되어 버렸고, 끝까지 진나라를 지켜온 가신들도 같은 운명을 맞이해야 했습니다. 그 소문 역시 함양에 퍼져 나갔고 그전부터 가뜩이나 좋지 않았던 항우에 대한 평판을 땅에 떨어지게 만들어 버렸습니다. 사실 항우가 필요 이상으로 길길이 날뛸 만큼 화가 난 것은 비단 유방보다 늦게 함양에 도착해서 관중 지역 땅의 지배권을 내주게 된 것 때문만은 아니었습니다. 그보다는 평생토록 그를 괴롭혔던 유방의 술수(?)가 그를 미치도록 화가 나게 만들어 버렸습니다.

'형님' 대접으로 상대의 마음을 움직이다

함양에 도착한 유방은 진나라 자영에게 항복을 받아내고 대신 목숨을 살려주겠다고 약조한 후 바로 군대를 철수시켜 함양의 동남

쪽에 있는 패상(霸上)[6]에 본진을 주둔시켰습니다. 함곡관(函谷關)의 뒤편에 틀어박힌 곳이었습니다. 함곡관은 함양에서 조금 떨어진 협곡 지역에 있는 관문이었는데 옆으로는 강을 끼고 있고 뒤편으로는 좁은 험로를 병 주둥이처럼 꽉 틀어막은 천혜의 관문 요새였습니다. 앞서 이야기한 맹상군의 '계명구도' 고사가 탄생한 곳이 이곳 함곡관이었습니다. 춘추전국시대 내내 이곳에서 여러 번 공방이 펼쳐졌지만, 아무리 많은 수의 병력으로 공세를 퍼부어도 뚫기가 거의 불가능하여 승자는 늘 이곳에 주둔해 방어하는 쪽이었습니다.

원래 유방은 함양의 궁궐을 차지하고 앉아 승자의 기쁨을 만끽하며 이후 초회왕의 재가를 얻어 그곳에서 관중 지역의 제후 노릇까지 할 작정이었습니다. 오랜 시간 전투를 경험하고 대군을 이끌며 대장군의 풍모를 갖추게 되었지만 젊은 시절의 호기로운 한량 시절 버릇을 완전히 버린 것은 아니었습니다. 화려한 궁궐과 호화로운 보물, 넘치는 산해진미와 좋은 술 그리고 중국 전역에서 불러 모은 아리따운 미녀들을 본 유방은 함양 궁궐에 그대로 눌러앉고자 했습니다. 그러나 장량과 번쾌, 역이기 등이 그를 만류하고 나섰습니다.

---

6. 현재의 산시성(陝西省) 백록원(白鹿原) 북쪽 지역의 지명으로 시안(西安)의 동쪽으로 흐르는 패수(霸水)에 기인한 지명이다. 오랜 기간 파상(灞上)으로도 불렸다.

"비록 우리가 먼저 도착하였다 하나, 아직 그들의 힘에는 당해 낼 수가 없습니다."

"우리가 궁궐의 화려한 생활에 젖어 안주하고 있다가는 항우의 군대에 전멸하고 말 것입니다."

"방어하기 수월한 곳에서 버티며 왕의 지시를 기다리면서 여론을 우리 쪽으로 돌려야 합니다."

그들의 진심 어린 조언에 유방도 마음을 바꿨습니다. 함양을 비워 두고 패상 지역으로 들어가 함곡관을 단단히 틀어막으며 농성을 벌였습니다. 유방 참모들의 예상은 딱 들어 맞았습니다. 파죽지세로 달려왔건만 꽉 닫혀버린 함곡관의 문을 보고서야 유방이 자신보다 먼저 함양을 함락시켰다는 것을 알게 된 항우는 화가 나서 펄쩍 뛰었습니다. 우여곡절 끝에 함곡관을 돌파해 함양땅에 도착한 항우와 그의 병사들은 이미 전쟁의 승패가 완벽하게 기울었음에도 닥치는 대로 진나라 왕실과 일반 백성들의 목숨을 빼앗고 재산을 약탈하며 불을 질렀습니다. 그 모습은 광기 그 자체였습니다. 늦게 도착하게 된 것만 해도 화가 나서 미칠 지경이었는데, 유방이 함곡관을 단단히 틀어막고 패상에서 본격적으로 항우의 군대에 대항해 관중땅을 지배할 준비를 하고 있다는 소식을 듣고 머리끝까지 화가나 벌인 만행이었습니다. 그런데도 항우는 분이 풀리지 않은 듯했습니다. 아니, 어쩌면 이때야 비로소 유방을 자신의 대업에 걸림돌이 될 수도 있는 경쟁자라고 처음으로 인식한 것일 수도 있습니다. 항우는 함양 인근 홍문(鴻門)이라는 곳에 진지를 구축하고 명령만 내리면 그날로 유방이 근거지로 삼은 패상으로 쳐들어갈 수 있도록 준비를 마쳤습니다. 그 소문은 유방 진영에도 금세 알려졌습니다. 패상에 주둔하는 유방의 병사는 10만 명이 조금 안 되는 규모였습니다. 그나마 함양 정복을 두고 항우의 군대와 속도전을 펼친 탓에 많이 지쳐 있었습니다. 상대방은 자그마치 항우, 거기에 40만 명이 조금 넘는 병력이었습니다. 이미 함양에서 대학살을 저지르며 흥분할 대로 흥분한 상태에 거의 완벽한 수준의 무장을 갖춘 상태였기에 이대로 맞붙게 된다면 유방의 패배는 안 봐도 뻔했습니다.

항우의 책사 범증은 "이번에야말로 유방을 제거할 수 있는 기회다. 그는 비록 허술해 보이나 인물됨이 보통이 아니다, 이번 기회를 놓치면 다시는 영영 기회가 안 올지 모른다"라면서 당장 출병하여 유방을 무찌르자고 권했습니다. 항우 역시 이참에 유방을 제거하기로 단단히 마음먹었습니다.

여기서 유방이 최후의 승자가 될 수 있었던 몇 번의 기회가 단지 우연히 주어진 몇 차례 행운의 산물이 아니라 그의 남다른 태도에서 기인한 것임을 여실히 보여주는 사건 하나가 벌어집니다.

항우가 믿고 따르던 숙부 중 한 사람이었던 항백이 장량과 오래전부터 교분이 있던 사이였던 것입니다. 두 사람은 비록 서로 따르는 주군이 다르기에 경쟁하며 다퉜어야 했지만, 사석에서는 오랜 시간 동안 흉허물을 터놓고 지내던 사이였습니다. 특히나 항백이 장량의 고고한 풍모와 신출귀몰한 지략을 남몰래 흠모해서 더욱더 각별하게 생각하는 터였습니다. 그래서였을까요? 항백은 장량에게 "항우가 당신의 주군인 유방을 해치우기 위해 단단히 벼르고 있으니 방도를 마련토록 하시오"라고 친절하게 귀띔을 해주었습니다. 그런데 여기서 절체절명의 위기에 처한 유방이 장량에게 "장량, 그대와 항백 중 누가 연장자요?"라며 엉뚱한 질문 하나를 던집니다.

심각한 상황에서 받게 된 뜻밖의 질문에 장량은 어이없어하며 항백이 몇 살 더 위일 거라고 답합니다. 그러자 그는 항백에게 연락해서 자리를 마련해 달라고 부탁합니다. 몇 시간 뒤 술상을 앞에 두고 항백을 만난 유방이 가장 처음으로 한 말이 무엇이었을까요? 그것은 바로 '형님'이었습니다. 항백은 유방 자신보다 몇 살 위인 장량보다도 몇 살 더 위라 했으니 연장자임은 분명하였습니다. 하지만 유방 자신은 제후의 반열에 올라선 지위였고 상대는 자신과 경쟁하는 적장의 신하에 불과했음에도 그는 개의치 않고 만나자마자 깍듯이 형님으로 대우했습니다. 그러면서 "항우 장군께 잘 말씀드려서 제발 노여움을 푸시도록 도와달라"며 몇 번이고 머리를 조아렸습니다. 그 모습에 항백은 기분이 좋아져 유방에게 이른 시일 안에 항우에게 찾아와 사죄하면 자신이 옆에서 도와주겠다며 방법까지 알려 주었습니다. 유방은 감사의 뜻을 표하며 자신의 자식과 항백의 자식 간에 혼사를 치르자며 이제 아예 형님이 아니라 '사돈어른'이라고 부를 정도였습니다. 늦게까지 자리가 이어졌고 항백은 흡족한 마음으로 돌아갔습니다. 다음 날 역사에 길이 남을 잔치가 벌어집니다.

유방과 장량 간 말을 맞춘 계획

잠에서 깬 유방은 정성을 다해 의복을 갖춰 입고 장량과 번쾌 등 가신 수십 명과 100명도 되지 않는 호위병만을 거느리고, 홍문에 주둔하고 있는 항우에게 용서를 구하기 위해 찾아갔습니다. 그 사이 항우를 돕는 노련한 책사 범증은 항백의 태도가 이상함을 간파하고 있었습니다. 자꾸만 항우가 유방의 상황을 이해하도록 부연 설명을 하고 그를 용서하도록 부추기는 모습에서 자칫하다가는 일을 그르치겠다는 위기의식을 느꼈습니다. 범증은 다시 한번 항우에게 "유방을 그냥 돌려보내면 절대로 안 됩니다. 이번 기회에 반드시 제거해야 하니 약속해 주십시오."라며 매달렸습니다. 항우역시 유방에 대한 분노가 컸기에 염려하지 말라고 다짐해 주었습니다.

이윽고 주둔지 내로 유방이 들어섰습니다. 팽팽한 긴장감이 조성되고 여차하면 피비린내 나는 살육이 일어날 수도 있겠다는 몇 몇 이들의 우려가 무색하게 유방은 영내로 들어서자마자 항우를 향해 납작 엎드렸습니다. 항우와 자신이 전장을 누비며 죽을 고비를 넘겼던 시절 이야기를 구슬프게 늘어놓으며 비록 간신배들의 이간질로 두 사람의 사이가 벌어지기는 했지만, 절대로 항우 장군을 배신할 생각이 없었다면서 비굴할 정도로 저자세를 취했습니다. 그 말에 항우는 껄껄 웃으며 부하들에게 연회를 준비하라고 지시했습니다. 이 연회가 바로 홍문연(鴻門宴) 또는 홍문지회(鴻門之會)라고 불리는 중국 역사상 가장 유명한 연회였습니다.

항우와 유방, 그리고 항백, 범증, 장량, 번쾌 등은 한자리에 둘러앉아 술잔을 나눴습니다. 분위기가 예상과 다르게 돌아간다고 느낀 범증은 손에 쥐고 있던 옥결(玉玦)[7]을 세 번이나 땅에 떨어뜨려 신호를 주었지만, 항우는 아랑곳하지 않았습니다. 그러자 아예 범증은 밖으로 뛰쳐나가 외부 경호를 서고 있던 항장(項莊)에게 술을 권하는 척하면서 유방을 찔러 죽이라고 지시했습니다. 항장은 항우의 친척 동생으로 호위 부대를 이끌고 있기에 연회장 내에까지 무기를 지니고 들어올 수 있는 몇 안 되는 인물이었습니다. 지시에 따라 항장은 연회장 내로 들어와 유방에게 술을 따랐습니다. 그리고 "전장이라 놀거리가 변변치 않습니다. 소신이 부족하나마 검무(劍舞)를 좀 출 줄 아니 보여드리겠습니다."라고 외친 뒤 곧바

---

7. 고관대작들이 장식용으로 허리에 차는 옥으로 만든 고리 모양의 장신구.

로 칼을 빼 들어 춤사위를 밟는 듯하며 유방에게로 달려들었습니다. 춤이라고는 하지만 칼끝은 유방의 심장을 정확히 향해 있었습니다. 그때 항백이 자리에서 벌떡 일어나 덩실덩실 같이 춤을 추기 시작했습니다. 항장의 검무에 신이 나서 함께 춤을 추는 듯했지만, 그 발놀림이 묘했습니다. 항장과 유방과의 사이를 들어갔다 나오기를 반복하며 칼을 휘두를 틈을 주지 않았습니다. 손을 휘적거리며 입으로 흥겨운 추임새를 넣는 것이 영락없이 춤추는 모습이었지만 자세히 보면 몸통으로는 유방을 가로막았고 손으로는 항장의 접근을 막고 있었습니다. 함께 춤을 추는 듯하지만, 목숨을 걸고 몸싸움을 벌이는 이 모습은 이후 여러 중국 무협 영화에서 영상 연출의 모티브로 사용됐고, 다양한 방식으로 재해석될 정도로 유명한 장면입니다.

결국 유방을 살해하려던 항장의 시도는 실패로 돌아갔고, 상황이 심상치 않음을 깨달은 번쾌가 좌중을 향해 버럭 화를 냈습니다. 이 모든 상황을 지켜보고 있던 항우는 번쾌를 나무라기는커녕 "주군을 위하는 그 패기가 가상하다"라면서 술과 고기를 더 내주었습니다. 번쾌는 분을 참지 못하고 앉은 자리에서 술동이를 번쩍 들어 그대로 원샷을 해버렸는데, 이로부터 '많은 양의 술을 사양하지도 않고 마신다'라는 뜻의 '두주불사(斗酒不辭)'라는 고사가 생겨났습니다. 아무튼 이후 몇 번이고 범증이 결단을 내리라는 신호를 보냈음에도 불구하고, 항우는 번쾌를 포함한 유방 측 사람들에게 술을 권할 뿐 더 이상의 지시는 내리지 않았습니다. 연회가 무르익었을 때 잠시 밖으로 나온 유방은 "술에 취했다"라는 핑계를 대며 그대로 도망을 쳤습니다. 유방을 대신해 장량은 미리 준비한 선물을 들고 항우 앞으로 나가 온갖 감언이설로 항우를 치켜세우고 유방은 깎아내리면서 선물을 바쳤습니다. 이 모든 것이 유방과 장량 간에 말을 맞춘 계획이었습니다.

"패공 유방이 장군 항우와 달리 술이 약해 만취해서 숙소로 돌아갔습니다. 패공은 밤낮으로 장군을 두려움과 존경심을 갖고 생각하십니다. 부디 노여움을 푸소서."

장량의 이 말에 유방은 자신과 비교조차 하기 어려운 소인배에 겁쟁이이고 유방의 부하들 역시 별 볼 일 없는 인물들이라고 생각한 항우는 그동안 쌓인 화를 풀고 유방을 용서해 주기로 했습니다.

얼마면 무릎을 꿇으시겠습니까?

여러분은 상대방이 얼마를 주면 무릎을 꿇으시겠습니까? 100만 원? 1,000만 원? 혹시… 1억? 아니면 자존심 때문에 억만금을 줘도 절대로 남 앞에 무릎 꿇는 일은 없을 거로 생각할 수도 있을 겁니다. 일전에 한 식사 자리에서 똑같은 질문을 던졌던 적이 있습니다. 대략 참석자 대부분이 "100만 원 정도 준다고 하면 무릎 한 번이야 꿇어 줄 수 있지"라고 답했습니다. 그 금액을 기준으로 마치 경매하듯 질문이 이어졌습니다. 50만 원부터 10만 원까지 금액이 내려오자 단 두 사람이 남았고 "만 원에도 무릎을 꿇을 것인가?"에 두 사람 중 한 명이 손을 들고 포기해 버렸습니다. 그런데 놀라운 것은 마지막 남은 단 한 사람의 정체였습니다. 그 사람은 그날 모임의 좌장이었고, 꽤 비싼 식사비를 책임지기로 했으며 식사에 참석한 사람 중 가장 부자였습니다. 바로 저였습니다. 과연 저는 얼마까지 금액이 내려가야 무릎 꿇는 것을 포기할까요? 정답은 10원입니다. 10원인 이유도 현재 우리나라에 유통되는 화폐의 최소 금액 단위가 10원짜리 주화라서 그렇게 말한 거지 만일 예전처럼 5원, 1원짜리 동전이 사용된다고 하면 저는 그 돈만 받아도 기꺼이 무릎을 꿇을 수 있습니다. 내 수중에 갑자기 없던 돈이 생기는데 그 돈의 많고 적음이 무슨 문제겠습니까? 돈을 버는 사업가인 저는 없던 10원을 만들어 낼 수 있다면 무릎 정도는 몇 번이고 꿇을 수 있습니다. 대신 저는 돈을 준다고 하는 상대에게 이렇게 물을 것 같습니다.

"제가 무릎을 꿇은 다음 무엇을 하면 제게 돈을 더 주시겠습니까?"

"만일 제가 무릎을 꿇고 노래를 부르면 1만 원을 더 주시겠습니까?, 무릎 꿇은 채로 춤을 추면 10만 원을 더 주시겠습니까?"라고 물을 것 같습니다.

무조건 납작 엎드린 채 살라는 얘기가 아닙니다. 자존심 따위는 개나 줘버리고 배알도 없이 지내라는 것도 아닙니다. 아무리 없이 살더라도, 아무리 어려운 상황에 부딪히더라도 한 사람의 인간으로서 지켜야 할 존엄성이 있고, 버려서는 안 되는 가치들은 있는 것입니다. 다만, 자신이 진정으로 절실히 원하는 것을 앞에 두었을 때 그를 위해 잠시 다른 가치들은 뒤로 미뤄두고 원하는 것만을 향해 질주할 수 있는 '집중과 몰입의 능력', 해내야 하는 일을 하기 위해 개인 차원의 체면과 자존심은 잠시 감춰둘 수 있는 '인내심과 참을성', 현재 처한 상황에 맞춰 자기 행동을 유연하게 선택할 수 있는 '융통성과 적응력'을 갖춰야 이 험한 세상 속에서 자신이 진짜 원하는 것들을 얻을 수가 있음을 말씀드리고 싶습니다. 유방 역시 이날 홍문에서 꿇었던 몇 번의 무릎 덕분에 이후 더 큰 꿈을 모색할 수 있었습니다.

많이 실패해야 빨리 성공한다

(전략) 원생(袁生)이 유방에게 권하여 말했다. "한나라와 초나라가 형양땅에서 대치하며 몇 년을 허비하고 있어서 한나라가 늘 곤궁했습니다. 바라옵건대 왕께서 무관땅으로 나가시면 항우가 틀림없이 군사를 이끌고 남쪽으로 갈 것이니 왕께서는 보루를 높이 쌓고 형양과 성고 일대에서 잠시 휴식을 취하도록 명하십시오. 한신 등에게는 하북의 조(趙)땅을 안정시키게 하시고, 연나라와 제나라가 연합하게 한 뒤 군왕께서 다시 형양으로 가셔도 늦지 않을 것입니다. 이렇게 하시면 초나라는 지켜야 할 곳이 많아져 병력이 분산되고 한나라는 휴식을 얻어 다시 싸우면 초나라를 틀림없이 격파할 것입니다." 한왕은 그의 계책에 따라 완현과 섭현 지역을 나와 경포와 함께 행군하며 병사들을 모았다(前略 袁生說漢王曰 "漢與楚相距滎陽數歲, 漢常困. 願君王出武關, 項羽必引兵南走, 王深壁, 令滎陽成皋間且

得休. 使韓信等輯河北趙地, 連燕齊, 君王乃復走滎陽, 未晚也. 如此, 則楚所備
者多, 力分, 漢得休, 復與之戰, 破楚必矣." 漢王從其計, 出軍宛葉間, 與黥布行
收兵).

《사기본기》 권8, 〈고조본기〉, 사십한 번째 절

승리보다 패배를 더 많이 한 사람

《사기》의 〈본기〉, 〈세가〉, 〈열전〉과 《초한지》를 수십 번 읽어 초한
쟁패, 그리고 항우와 유방의 일생에 대해서는 대한민국 내에서 그
누구보다도 훤히 꿰뚫고 있다고 자부하던 제 후배가 언젠가 몇 번
이고 고개를 갸웃거리며 들려준 이야기가 있습니다. 자기가 아무
리 봐도 왜 유방이 항우를 이기고 천하를 쟁취했는지 논리적인 계
산으로는 나오지 않는다는 것이었습니다. 싸움에 이긴 횟수로 보
면 항우가 더 많이 이긴 것 같고, 물리친 상대방 병력의 숫자 역시
비교할 수 없을 만큼 항우 쪽이 더 많음에도 불구하고 결국 최후
의 승리가 유방에게 돌아간 이유가 잘 이해되지 않는다는 얘기였
습니다.

　실제 역사에 기록된 당시 대부분의 전투에서 승자는 늘 항우였
습니다. 유방은 가뭄에 콩 나듯이, 또는 항우가 참전하지 않고 부
하 장수를 시켜 치른 소소한 전투에서 몇 차례 승리를 거두었을

뿐입니다. 그나마 유방이 항우에게 거둔 승리는 힘겹게 이긴 것처럼 보이는 반면, 항우가 유방에게 거둔 승리는 언제나 호쾌하고 압도적이었습니다. 유방이 책략을 꾸미고, 여러 제후를 꼬드겨서 대규모 군대로 밀어붙여도 항우는 그를 거침없이 물리쳤습니다. 때로는 신출귀몰할 전술을 활용해 수적 열세를 뒤집어 버리기도 했고, 선봉에 서서 압도적인 싸움 실력을 발휘했던 항우를 필두로 최정예 병사들이 똘똘 뭉쳐 일당백(一當百), 일기당천(一騎當千)의 기세로 자신들보다 몇 배 더 많은 유방의 병력을 물리치고는 했습니다. 후배가 "계산이 안 맞다"라고 한 말도 무리가 아닙니다.

그런 유방에 대한 항우와 초나라 군사의 압도적인 승리 중에서도 역사에 길이 남을 전투가 있으니 바로 '팽성대전(彭城大戰)'입니다. 팽성은 앞서 말씀드렸던 것처럼 지금의 장쑤성 쉬저우 일대로 사통팔달한 교통망과 비옥한 농토 덕분에 늘 중요시되던 지역이었고, 이 무렵 초나라의 도읍지 역할을 하고 있었습니다. 바로 이곳에서 벌어진 전투는 유방과 항우의 초한쟁패 기간뿐만이 아니라 역사를 통틀어서도 그 유래를 찾아볼 수 없을 정도로 병사의 수적 열세를 극복하고 대승을 거둔 사례로 알려졌습니다. 그 수적 차이가 무려 19배에 이르는 것으로 알려져 있습니다. 흔히 우리가 싸움 실력을 과장해서 허풍을 떨 때 "내가 17대 1로 싸워서 말이야…"라는 말을 하곤 하는데, 항우는 병사 한 명당 19대 1인 싸움을 승리로 이끈 셈입니다.

싸움의 발단은 항우에 의해 파촉 지역에 갇혀 한 발자국도 밖으로 나오지 못하는 신세가 된 유방의 분노로부터 시작되었습니다. 항우가 천하를 다 집어삼키는 것을 무기력하게 지켜보고만 있어야 할지 모른다는 위기감에 유방은 무리수를 쓰기 시작합니다. 처음에는 그다지 무리하거나 무모한 행동은 아니었습니다. 당시에는 인적이 드문 옛길로 우회하여 항우 측 군사들의 눈을 피해 파촉 지역에서 빠져나온 유방은 빠른 속도로 진격하며 관중 지방을 평정하기 시작했습니다. 항우가 무고하게 시해한 초회왕의 장례까지 성대하게 치러주며 명분까지 확보한 그는 무도하고 포악한 항우에게 반발심이 있던 유력한 제후들을 포섭해 그들의 군사적 지원까지 얻을 수 있었습니다. 그렇게 모은 숫자가 무려 56만 명이었습니다. 우리나라 군 전체 병력이 약 59만 명이고, 포항시의 인구가 50만 명이 조금 넘는다고 하니, 현재의 대한민국 국군 전체 인원보다 조금 적고 포항 시민 전체 숫자와 맞먹는 병사들을 이끌게 된 셈이었습니다. 유방은 그런 어마어마한 숫자의 대군을 이끌고 초나라 수도 팽성에 무혈 입성하였습니다.

실제로 팽성은 텅 비어 있었습니다. 이 무렵 항우는 정예 병력을 이끌고 제나라를 토벌하기 위한 원정에 나섰습니다. 제나라 왕실은 단숨에 무너뜨려 버렸으나, "무능한 제나라 왕실도 싫지만, 포악하고 잔인한 초패왕 항우도 싫다"라며 소규모로 궐기한 백성들의 유격 전술에 휘말려 고전을 면치 못하고 있었습니다. 게다가 몰락한 제나라 왕실의 방계 후손 중 일부가 패잔병 중 아직 제나라에 대한 충성심이 남아 있는 병사들을 추려 험준한 지형의 성들을 차지하고 버티기 작전에 들어감에 따라 이러지도 저러지도 못한 채 발이 묶여 버렸습니다.

그런 모든 소식을 이미 알고 있던 유방과 그의 부하들은 승리가 확정되었다고 여기며 일찍이 축배를 들었습니다. 고위급 장수들은 향후 누가 정치적 권력 또는 병권을 잡을 것인가를 두고 암투에 들어갔고, 계급과 신분이 그에 미치지 못하는 하급 장수들은 눈앞에 보이는 미녀를 탐하거나 재산을 약탈하려고 혈안이 되었습니다. 그마저도 할 수 없었던 말단 병졸들은 매일 술판을 벌였습니다. 최고 지휘관인 유방 역시 날마다 술과 미색에 빠져 살았습니다. 그러는 사이 '역사적 반전'이 그들을 향해 빠른 속도로 다가오고 있었습니다.

17대 1, 아니 19대 1의 싸움

팽성의 상황이 심상치 않음을 깨달은 항우는 제나라 왕실이 버티고 있던 성양(城陽)에 대한 공성전은 계속하도록 지시하는 한편 병사들 중 몸놀림이 날래고 가벼우면서도 독기가 있고 충성심이 강한 이들만 추려 3만여 명의 정예 부대를 편성했습니다. 그 길로 유방과 그의 병사 무려 56만 명이 진을 치고 있는 팽성으로 거의 뛰듯이 행군해 갔습니다. 기록에 따라 조금씩 달라서 정확하게 말하기는 어렵지만, 당시 이들의 행군 규모와 속도는 3만 명이 단 한 사람의 낙오도 없이 오와 열을 맞춰 300여 킬로미터를 전력 질주한 수준이었다고 합니다. 여기서부터가 유방과 그의 부대에는 비극의 전조였습니다. 팽성이 함락되었다는 소문이 나면 원정을 나가 있던 항우가 당연히 병사들을 이끌고 몰려와 반격에 나설 것으로 생각하긴 했지만, 그 속도가 이렇게 빠를 줄은 상상조차 하지 못했기 때문입니다.

유방의 무리가 예상한 것보다 훨씬 이른 시간에 팽성의 서쪽 마을에 도착한 항우의 병사들은 신호와 동시에 아직 정신 못 차리고 있던 적들을 닥치는 대로 습격했습니다. 무장과 방어 대형을 갖추기는커녕 아직 전날 마신 술이 덜 깬 유방의 병사들은 제대로 된 방어조차 하지 못한 채 속수무책으로 당할 수밖에 없었습니다. 한낮에는 팽성의 중심부까지 항우가 이끄는 병사들이 밀려들어서 이미 유방이 이끄는 병사들 중 10만 명 이상이 목숨을 잃은 상황이었습니다. 항우와 그가 이끄는 병사들은 거침없었습니다. 성양에서 출발할 때 각 군 지휘관을 통해 항우가 신신당부해 놓은 것이 있기 때문이었습니다. 그것은 바로 '속도'였습니다.

항우는 자기 병사 3만 명이 싸워야 할 적인 유방의 군사가 50만 명이 넘는다는 사실을 이미 잘 알고 있었습니다. 3만 명으로 약

56만 명을 이기기 위해서 정면 승부로는 불가능하다는 것 역시 너무나 잘 알고 있었습니다. 대신, 팽성이라는 인구밀도가 높은 좁은 지역에 50만 명 이상의 추가 인원이 더 들어와 있는 상태라면 상대도 제대로 된 방어 대형을 갖추기 힘들다는 것이 뻔했습니다. 숫자로 안 되면 믿을 것은 속도뿐이었습니다. 전투가 벌어질 것으로 예상한 날보다 훨씬 빠르게 도착해서 상대의 허를 찌른 뒤, 가장 약한 부위를 비수처럼 파고들어 상대의 중심부를 마구잡이로 미친 듯이 헤집어 정신을 못 차리게 하는 것이 최선의 전술이라고 생각했습니다. 무기를 잘 다루거나, 덩치가 크고 힘이 좋은 병사 대신에 작고 재빠르면서 몸놀림이 가벼운 이들로만 3만 명을 차출한 것이었습니다. 항우의 3만여 병사들은 19대 1의 싸움에서 마치 자신들이 '19'인 것처럼 기세 좋게 유방의 병사들을 베어 나갔습니다.

이날 무려 30만 명 이상의 병사들이 목숨을 잃었습니다. 거의 전원이 유방 쪽의 병사들이었습니다. 죽은 병사들의 시신이 얼마나 많았던지 팽성을 가로질러 이웃한 영벽(靈壁)이라는 마을의 오른편으로 흘러나가던 강물이 시신으로 물이 불어 넘치다가 이내 댐처럼 가로막혀 아예 흐르지 못하게 되었다는 이야기가 전설처럼 전해져 올 정도입니다.

전쟁은 흔히 '약자들의 피를 먹이 삼아 커나가는 괴물'이라고 합니다. 남자보다는 여자, 어른보다는 아이, 병사보다는 민간인,

장수보다는 하급 병사들의 피해와 괴로움이 더 크기 때문입니다. 실제로 제2차 세계대전 당시의 기록물들을 보면 말단 병사들은 동상으로 발이 썩고, 먹을 것이 없어 들판의 쥐를 잡아먹는 와중에 고위 장성들은 음악회를 열고 샴페인 잔을 기울이는 모습을 어렵지 않게 볼 수 있습니다.

유방과 항우가 살던 무렵도 크게 다르지 않았습니다. 게다가 유방은 그냥 고위 장수도 아닌 한 나라의 왕을 자처하는 인물이었습니다. 이날 팽성대전에서만큼은 그러한 속설이 맞아 떨어지지 않았습니다. 유방은 이날 체면과 염치, 자존심도 모두 내팽개쳐 버리고 말 그대로 '목숨을 건' 도주를 해야만 했습니다. 이중 삼중으로 둘러싼 항우 군대의 포위망을 뚫고 탈출하느라 행색이 엉망이 된 것은 물론이거니와 패현에 머무르던 아버지와 아내 그리고 자녀들까지 버려둔 채 줄행랑을 쳐야 했습니다. 유방이 처음부터 가족들을 내팽개치려던 것은 아니었습니다. 처음에는 가족들을 구하기 위해 자기 집을 찾아갔습니다. 가족들 역시 전투가 벌어지면 가장 먼저 자신들이 항우 군대의 타깃이 될 거란 것을 알고 있었고, 재빠르게 몸을 피한 뒤라 서로 길이 엇갈려 버린 것이었습니다. 상황이 얼마나 급박하고 엉망진창이었던지 가족들 역시 어린 남매를 미처 챙기지 못하고 도망쳐 버린 터였습니다. 유방은 자기 집으로 갔다가 허탕을 치고 마차를 돌려 나오는 길에 길바닥에서 가족을 잃어버리고 울고 있던 자신의 어린 아들과 딸을 발견하여 그 둘을 겨우 마차에 태울 수 있었습니다.

우여곡절 끝에 항우 군대의 추격을 피해 지금의 안후이성(安徽省) 쑤저우(宿州) 인근인 하읍(下邑)이라는 마을로 도망쳤습니다. 이곳에는 그의 손위 처남 여택(呂澤)이 수천의 군사를 거느리고 주둔하고 있었습니다. 적군의 눈을 피해 야심한 밤과 어슴푸레한 새벽 시간을 주로 이용해서 샛길로만 도망치던 유방은 저 멀리서 자신을 마중 나온 처남 여택을 보자 그만 참았던 눈물을 줄줄 흘리고 말았습니다.

항우의 실패 vs 유방의 실패

여기까지만 보면 유방은 아둔하기 짝이 없는 혼군(昏君)이고, 항우야말로 기백과 실력으로 중원을 다스릴만한 천하의 명장인 듯합니다. 유방과 항우 두 사람의 진짜 이야기, 그리고 그것을 통해 우리가 얻어야 할 교훈을 제대로 살피려면 조금 넉넉하게 시간을 두고 두 사람을 살펴보아야 할 듯합니다. 많은 사람이 유방과 항우 두 사람이 다투는 장면에만 모든 관심을 두기에 이런 참혹한 패배, 그 바로 다음 순간 벌어진 장면을 놓쳐버리기 일쑤입니다. '왜 늘 이기던 항우가 아닌 유방이 천하의 패권을 차지했는지 이해가 가지 않는다'라는 이야기가 나오는 것입니다.

3장_세상을 얻고 싶다면, 적의 마음까지 얻어라

그런데 극도로 혼란스러웠던 전쟁의 시기이니만큼 늘 패배를 달고 살았던 유방 못지않게 항우도 몇 차례 쓰디쓴 패배를 경험했지만, 패배 이후의 모습은 두 사람이 확연하게 달랐습니다.

첫째, 유방은 빠르게 패배한 현실을 인정했습니다. 팽성대전에서 역사에 길이 남을 패배를 당한 유방은 거의 사수정 정장이었다가 처음으로 거병했던 시기 수준으로 그 세력이 쪼그라들고 말았습니다. 궁궐은커녕 제대로 된 주둔지조차 마련하기 힘들어 처남이 다스리던 마을 빈터에 거처를 마련해야 할 상황이었지만 그러한 현실을 부정하지 않았습니다. 자신의 현실을 있는 그대로 인정하고 상황을 냉정하게 바라보았습니다. 성공한 이들이나 높은 지위에 올랐던 이들이 실패 축에도 못 드는 사소한 실수를 저질렀음에도 스스로 몰락해 버리는 경우가 있습니다. 여러 가지 이유가 있겠습니다만 상당수가 자신이 당한 패배 상황을 인정하지 않고 받아들이지 못해 극심한 스트레스 또는 인지부조화 상태를 겪다가 무너져 버리는 것이 가장 흔한 경우입니다. 이미 지나버린 시절의 성공에만 매달려 '왕년'과 '라떼는 말이야'만 찾다가 실제로 살아가야 할 현실에 적응하지 못하는 것입니다.

여러 사람과 인연을 맺고 살다 보니 제 주위에는 성공한 분들도 많지만 그렇지 않은 분들, 특히 본인 스스로 극단적인 선택을 한 경우도 제법 있습니다. 그중 기억나는 한 사람은 절친한 후배였는데 전직 국회의원이었습니다. 한때는 권력의 가장 핵심 측근으로 승승장구했던 그는 이후 몇 차례 선거에서 패배하기는 했지만 다른 영역에서 열심히 활동하며 성공적인 경력을 쌓고 있었습니다. 그러나 자신의 실패를 끝내 받아들이지 못하고 내적 갈등을 겪고 있었던 듯합니다. 결국 하지 말았어야 할 선택을 하고 말았습니다. 반면, 유방은 자신이 당한 '비현실적인 수준의 패배'마저도 있는 그대로 받아들였습니다.

둘째, 유방은 패배의 원인을 자신에게서 찾았습니다. 우리는 터무니없이 큰 실수를 저지르거나 실패를 맛보면 그 원인을 나 아닌 다른 사람으로부터 찾으려는 버릇이 있습니다. 사람이 모자라거나 나빠서가 아니라 실수나 실패로부터 겪게 되는 상처를 최소화하기 위해 우리 몸이 본능적으로 작동시킨 심리적 방어기제 때문입니다. 사실, 팽성대전의 패배 원인을 밖으로부터 찾고자 하면 이루 셀 수 없이 많았습니다. 일단 유방의 부대는 편성 자체가 유방의 사람 됨됨이에 매료돼 뒤늦게 합류한 여러 제후의 군사들로 이뤄진 연합군의 성격에 가까웠습니다. 단기간에 엄청난 규모의 대군을 끌어모을 수 있었지만, 그들 사이에 미묘한 언어의 차이, 혼란스러운 명령체계 등이 있었습니다. 숫자는 많았지만, 항우의 정예 병력에 비해 결코 압도적으로 강하지는 못했습니다. 게다가 그렇게 모여든 사마흔, 동예, 위표, 진여 등의 제후 또는 장수들이 팽성대전이 펼쳐진 전후 시기를 틈타 자신의 잇속과 안위를 따져 항우에게 속속 투항해 버렸습니다. 그들이 결정적인 순간에 등을 지자 유방의 군사들은 제대로 된 실력 발휘를 할 수 없었습니다. 좁디좁은 팽성땅의 지형과 질퍽질퍽한 땅도 유방의 대군에게는 절대 유리하지 않았습니다. 유방은 그런 이유 중 어느 하나도 팽성 대전의 패배 원인이라 생각하지 않았습니다. 그저 솔직 담백하게 모든 것이 자신의 불찰이고 잘못이라고 시원하게 시인했습니다. 그런 모습을 지켜본 진정한 인재들이 유방을 지키겠다며 그의 곁에 남았고, 그로부터 패배를 만회할 수 있는 실마리가 생겨났습니다.

셋째, 유방은 패배로부터 배우고자 했습니다. 자신이 패배한 원인—제대로 된 명령체계 없이 숫자만 잔뜩 부풀린 대군, 그런 대군의 숫자만 믿고 느슨해진 지휘관들의 방심, 지형지물을 제대로 활용하지 못한 군사 배치 및 전술 활용—에 대해 깊이 있게 고민하고 개선책을 마련했습니다. 정예 병력 중심으로 부대를 재편하고 믿을 수 있는 지휘관에게 전권을 발휘토록 했습니다. 진짜 실력 있는 인재와 싸울 줄 아는 장수들을 영입하는 데 힘썼습니다. 기존의 한신과 장량 같은 인물들을 더욱더 중용하고 새롭게 경포(黥布)와 같은 인재를 영입했습니다. 또한 단순히 주둔하고 있는 지역 내에서 싸움을 벌이는 것이 아니라 전투할 때는 철저하게 원하는 지형·지세를 미리 확보하여 유리한 국면에서 전투를 시작할 수 있도록 했습니다.

당시의 역사서 전체를 보면 항우는 불과 몇 번밖에 패배하지 않았습니다. 오히려 기록적인 대승을 숱하게 만들어 냈습니다. 반면, 유방은 숱한 패배를 경험했습니다. 그중 팽성대전처럼 전쟁사에 길이 남은, 역사적인 패배도 제법 겪어야 했습니다. 그런데도 항우가 아닌 유방이 결과적으로 역사의 승자가 된 것은 승리가 아닌 패배 이후의 모습에서 갈렸습니다. 항우는 불과 몇 번에 불과한 패배를 겪었지만 패배의 순간 그것을 인정하지 못하고 불같이 화를 냈으며 자신을 도와 목숨 걸고 싸웠던 부하들을 힐난하고, 불과 몇 번의 패배에 자신의 운명이 끝났다고 생각하며 모든 것을 포기하려는 모습을 보였습니다. 항우와 유방이 각각 패배했을 때의 모습이 바로 두 사람의 운명을 갈라놓은 결정적인 장면이었다고 생각합니다.

　모두가 실수할 수 있고, 실패를 경험하기도 합니다. 인간이라면 한두 번 실수나 실패하지 않고 살아갈 수 없습니다. '죽어도 실수나 실패하지 않겠다'라는 것은 우리가 선택할 수 없는 답안지입니다. 그러나 적어도 우리는 '유방과 같은 실패를 할지?' 아니면 '항우와 같은 실패를 할지?' 선택할 수 있습니다. 여러분은 어떤 실패를 하시겠습니까?

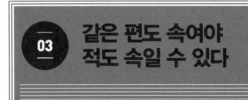

같은 편도 속여야
적도 속일 수 있다

(전략) 그해 8월 유방이 한신을 좌승상으로 삼아 위나라를 공격하도록 했다. 위왕이 포판(蒲坂)에서 군대를 강화하고 임진(臨晉)을 막았다. 한신은 군사를 늘린 것처럼 꾸미고 배를 전개하여, 임진에서 황하를 건너는 것처럼 하면서 실은 은밀히 하양(夏陽)에서 목앵부(木罌瓶)로 군대를 건너게 한 뒤 안읍(安邑)을 습격했다. 위왕이 놀라서 군사를 이끌고 한신을 맞아 싸웠지만, 한신이 마침내 왕을 사로잡고, 위를 평정하여 하동군(河東郡)으로 만들었다. (후략) (前略 其八月, 以信為左丞相, 擊魏. 魏王盛兵蒲阪, 塞臨晉, 信乃益為疑兵, 陳船欲度臨晉, 而伏兵從夏陽以木罌瓶渡軍, 襲安邑. 魏王豹驚, 引兵迎信, 信遂虜豹, 定魏為河東郡. 後略).

《사기열전》 권92, 〈회음후열전〉, 여덟 번째 절

'성동격서'의 신화

1932년 만주사변이 일본군의 거의 완승으로 끝나고 북만주 일대에 일본의 괴뢰국인 만주국이 건국되자 패잔병이었던 구(舊) 동북군 소속 군인들은 항일운동을 펼치고 있던 동북의용군으로 편입되었습니다. 여기에 중국 홍군 제32군 소속 남만유격대가 추가로 합류했고 어느새 230여 명으로 늘어난 병력은 명령체계와 장비를 재정비한 뒤 동북인민혁명군 제1군이라는 부대명으로 본격적인 항일 유격전을 펼치기 시작했습니다. 그러나 이름만 거창했지 무장 수준이나 병력의 훈련 정도는 일본군보다 터무니없이 허술했습니다. 소지한 총기의 대부분이 사냥용 엽총이거나 러시아 등에서 들여온 폐급 고물 장비들이었습니다. 중국어를 쓰는 홍군 출신이 다수였던 장교 밑에 한국어를 쓰는 조선인 사냥꾼과 만주어를 쓰는 만주인 농민들이 병사의 주를 이뤘습니다. 의사소통도 제대로 잘되지 않았을 뿐만 아니라 서로서로 인정하지 않고 끼리끼리 어울렸습니다.

그랬음에도 이들은 부대 창설 직후부터 놀라운 전공을 거두기 시작했습니다. 적은 병력으로 수십 배는 더 많은 일본군을 요리조리 공략하며 말 그대로 가지고 놀았습니다. 일본군은 당시로서는 최첨단 무기로 무장한 정예 병력이었음에도 동북인민혁명군에 속수무책으로 당하기 일쑤였습니다. 동북인민혁명군의 선봉대 역할을 했던 마적(馬賊)들 때문이었습니다. 마적은 말 그대로 '말을 타고 떼를 지어 다니며 도적질을 일삼는 무리'로 원래는 말을 타고 약탈질을 하는 도적떼를 일컫는 일반 명사였습니다. 청나라 말기에서 일제 치하 만주국으로 이어지는 시기에 만주 지방에서 가장 득세했기에, 흔히 마적이라 하면 이때 만주 일대에서 활동하던 무리만을 말하기도 합니다.

청나라 말기, 그릇된 정치로 인해 산업 기반이 거의 완벽하게 무너지면서 먹고살 길이 암담해진 유목민이나 농민, 심지어 팔기군(八旗軍)[8] 출신 병사들까지 말을 탈 수 있는 이들이라면 누구나 다 마적 떼를 기웃거렸습니다. 삽시간에 그 숫자는 수십만을 헤아릴 정도로 불어났고, 매일 말을 타며 실전에 가까운 '훈련'(이라 쓰고 '도적질'이라 읽어야 하겠지만)을 해왔던 이들이기에 그들의 전투력은 무시무시한 수준이었습니다.

동북인민혁명군이 가장 잘 쓴 전법은 이정화령(以整化零)과 이령화정(以零化整)이었습니다. 대규모의 일본군이 쳐들어오면 '삽시간에 흩어져 홀로 말을 몰고 사냥을 나온 사냥꾼인 척 인근 마을이나 숲으로 스며들었다가(이정화령)', 일본군이 물러가 개별 부대별로 진지를 구축하면 '그중 가장 취약한 부대 주위에 집결(이령화정)'

---

8. 청나라의 군사 편제로 한때 세계 최강의 군사력을 자랑했지만, 1924년 베이징 정변 이후 병사들에 대한 급여가 체납되면서 지휘 체계가 와해하기 시작했고, 1928년 무렵에 실질적으로 폐지되었다.

하여 집중포화를 퍼부어 부대를 하나씩 하나씩 궤멸시켜 나가는 전법이었습니다. 이 두 가지 전법을 능수능란하게 쓰는 동북인민혁명군에 일본군은 제대로 힘도 못 써보고 번번이 당하기만 했습니다.

그보다 더 일본군을 괴롭힌 전법이 있었습니다. 일본군의 동쪽에서 말들을 요란스럽게 몰아 방어 병력을 동쪽에 집중하도록 한 뒤 실제로는 주력 부대로 서쪽을 공격하여 전형을 와해시켜서 우왕좌왕하는 일본군들을 섬멸하는 방식이었습니다. 특히 해는 지고 달은 아직 떠오르지 않은 이른 저녁이나 별도 달도 지고 해는 아직 떠오르지 않은 새벽녘에 이뤄지는 이 같은 공격은 일본군에게 그야말로 충격과 공포를 안겨줬습니다. 그 공격이 얼마나 무서웠는지 몇 차례 당하고 난 이후로는 동북인민혁명군이 공격하는 소리가 들려오면 일본군은 동쪽으로도, 서쪽으로도 나아가지 못하고 중앙으로 몰려들어 서로 얼굴만 쳐다보며 오들오들 떨었을 정도였다고 합니다. 이후로 동북인민혁명군의 전술을 그대로 답습하고 지휘관들까지 여러 명 영입한 중화인민공화국의 군대와 북한군에 의해 이 전술은 한때 동아시아에서 맹위를 떨쳤는데 우리에게는 '성동격서(聲東擊西)'로 잘 알려진 전술입니다.

그런데 이 성동격서는 무척이나 오래전부터 중국에서 유명했던 전술이었습니다. '성동격서'라는 말 자체는 당나라 최고의 역사가 중 한 사람인 두우(杜佑)가 지은 책《통전(通典)》에 나오는 '성언 격동 기실격서(聲言擊東 其實擊西)'라는 구절에서 유래한 고사성어입니다. '동쪽을 친다고 하면서 실제로는 서쪽을 친다'라는 뜻이죠. 고사성어의 유래가 된 문장이 이 책에 등장한 것뿐이지 실제로 이 문장은 유방이 한창 항우와 전쟁을 하던 시기의 일화에서 유래하였습니다.

유방이 항우에게 대패한 팽성대전 이후 위나라 왕 위표는 한순간에 유방을 배신하고 항우의 편을 들었습니다. 편만 든 정도가 아니라 완전히 그의 심복이 되어 노골적으로 유방을 괴롭혔습니다. 유방은 책사 역이기를 보내 위표를 설득하려 했지만, 그는 콧방귀도 뀌지 않았습니다. 화가 난 유방은 한신에게 있는 병사들을 다 끌어모아 공격하도록 했지만 위표도 만만한 상대가 아니었습니다. 무엇보다 그가 자리를 잡은 지역의 지리적인 장점이 많았습니다. 위표가 이끄는 부대의 주둔지는 동쪽으로는 수양산이 펼쳐져 있고 서쪽으로는 임진(臨晉)의 수로가 휘돌아 나가는 천혜의 요새였습니다. 수양산은 산 자체가 대단히 높은 것은 아니었지만, 산세가 무척이나 깊었습니다. 우리에게는 '잘못된 임금은 섬길 수 없다'라며 산에 은거하여 지내다 굶주려 목숨을 잃은 충절의 주인공 백이(伯夷)와 숙제(叔齊)가 최후를 맞이한 곳으로 유명합니다. 그만큼 험준한 곳이었습니다.

적의 방어 태세가 만만치 않자 한신은 적은 수의 병력을 요란스럽게 꾸며 대규모 병력처럼 보이게 만들어 기존에 위표와 대치하던 수양산 기슭에 배치한 뒤 나머지 일부 부대를 그보다 북쪽으로 이동시켜 측면 공세를 취하려는 듯한 자세를 취했습니다. 그러자 위표는 대규모의 부대를 그쪽으로 보내 한판 붙을 준비를 마쳤습니다. 실제 한신의 주력 부대는 뗏목을 연결해 만든 일종의 수송선을 타고 강을 건너고 있었습니다. 말 그대로 '성동격서'가 된 셈입니다. 결국 한신은 혼비백산한 위군을 박살 내고 위표까지 포로로 사로잡을 수 있었습니다. 이로부터 '성동격서'의 신화가 시작되었습니다.

사람 사이를 갈라놓은 반간계

단순히 이러한 전법을 잘 썼다고 해서 유방을 거짓말쟁이라고 할 수는 없습니다. 게다가 이 전투의 실질적인 지휘는 한신이 했지만, 그의 인생 전반을 통틀어 보면 그는 참 위대한 영웅, 역사에 남은 위인치고는 거짓말에도 능숙했습니다. 자신이 실수로 나무를 베어 버렸음을 솔직하게 인정해서 용서받았던 조지 워싱턴 대통령의 일화나 금도끼와 은도끼의 유혹에 빠져들지 않고 정직하게 자신이 잃어버린 도끼가 낡아 빠진 쇠도끼임을 인정해서 금도끼와 은도끼도 모두 선물로 받았다는 나무꾼 이야기 등을 통해 '솔직함이 성공의 비결이다', '무엇을 하더라도 정직해야 한다'는 이야기를 진리처럼 배워온 우리로서는 참 당황스러워지는 순간입니다.

유방의 속임수가 빛을 발한 것은 앞서 한신이 위표를 크게 이기고 계속 진군하여 북쪽에 있던 조(趙)나라와 대(代)나라까지 차지했을 무렵이었습니다. 당시 유방은 형양(滎陽) 남쪽에 주둔하고 있었는데 심각한 군량 부족에 시달렸습니다. 한나라 군대는 적의 위협으로부터 식량을 무사히 유통하고자 길 양옆에 바리케이드를 설치한 특수한 형태의 군용 도로를 운영하고 있었는데, 항우와 초나라 병사들은 오히려 바리케이드를 엄폐물로 삼아 한나라의 군량미 운송 마차와 인부들을 집중하여 공략했습니다. 그러한 상태가 1년이 넘어가자 유방은 초조해지기 시작했습니다. 결국 참지 못하고 형양 서쪽 땅을 거래 조건으로 내걸고 화친을 요청했으나 항우는 들은 척도 하지 않았습니다. 사실 들은 척까지는 했는데, 그의 책사인 범증이 "유방은 보통 인물이 아닙니다. 후환이 없도록 이번 기회에는 반드시 쳐내야 합니다!"라고 강력하게 주장하는 바람에 화친은 물 건너가고 말았습니다.

범증은 항우가 가장 신뢰했던 책사이자, 주군과 책사 관계를 넘어서서 항우가 입버릇처럼 "마치 아버지와 같은 분이다"라며 '아버지에 버금가는 어른'이라는 뜻의 '아부(亞父)'라는 호칭으로 불렀을 정도로 대단한 인물이었습니다. 범증이 곁에 있는 한 유방이 항우를 속이고 뜻한 바를 펼치기는 거의 불가능해 보였습니다.

그때 유방의 앞에 등장한 것이 진평(陳平)이라는 인물이었습니다. 처음에는 위나라 왕을 따라다니다 뜻한 바가 있어 위를 버리고 항량과 항우를 쫓아 초나라의 재건국을 위해 활동했습니다. 이후 다시 초나라에 회의를 느끼고 그의 가장 강력한 경쟁 상대였던 유방이 이끄는 한나라의 신하가 되어 활약했던 노련한 정치가이기도 하지만 한편으로는 신의라고는 눈곱만치도 없는 협잡꾼이었던 사람입니다. 그를 중용한 유방은 자신의 앞에 놓인 난국을 헤쳐 나가기 위해 항우와 그의 신하 간에 불화를 일으켜 서로서로 믿지 못하고 등을 지게 만드는 일부터 시작했습니다. 유방으로부터 황금 4만 근을 하사받은 진평은 이를 초나라 진영에 나눠주며 신하들 사이에 유언비어를 퍼뜨렸습니다. 유언비어는 항우의 귀에까지 들어갔고 자신의 신하 중 누가 믿을 만한 사람이고 누가 한나라와 내통한 사람인지 파악하기 위해 항우는 한나라 진영에 사신을 보냈습니다. 이때부터 유방과 진평의 속임수 기술이 빛을 발하기 시작했습니다. 진평의 지휘 아래 한나라 궁궐에서는 사신을 접대하기 위해 '태뢰(太牢)'를 준비했습니다. 태뢰는 고대 중국의 제사 풍습에서 유래한 손님 접대상으로 보통 소나 양 한 마리를 통째로 사용하여 차린 호화로운 잔칫상이었습니다. 항우가 보낸 사신은 예상을 넘어서는 극진한 대접에 흐뭇해 하면서도 다소 영문을 모르겠다는 표정이었습니다. 그때 유방이 등장해 한바탕 연기를 펼쳤습니다.

"아니! 저 사람은 항우의 사신이 아닌가? 나는 범증의 사신인 줄 알고 태뢰를 대접하라 한 것인데…."

아직 손도 대지 않은 잔칫상을 물리도록 하고 밥과 나물 몇 가지, 그리고 맹물이 전부인 초라한 밥상을 들여오도록 했습니다. 굳이 영화[9]의 한 장면이나 개그 프로그램의 한 장면을 인용하지 않더라도 아예 안 주면 안 줬지, 줬다가 뺏는 것은 당하는 쪽에선 자존심에 깊은 상처를 입는 굴욕이었습니다. 화가 날 대로 나서 초나라로 돌아간 사신은 그간 있었던 일들을 항우에게 빠짐없이(실제로는 아마 틀림없이 몇 군데 크게 부풀려서) 보고했습니다. 예상한 대로 항우는 범증이 한나라와 어떤 비밀스러운 관계가 있는 건 아닌지, 범증이 세력을 키워 항씨 집안의 자리까지 넘보는 것은 아닌지 의심하기 시작했습니다.

결국 자신이 의심받고 있다는 사실을 알게 된 범증은 처벌이 두렵기도 했고, 억울한 의심을 받았다는 생각에 화가 나기도 해서 "자리나 권력에 그다지 욕심이 없음을 입증해 보이겠다"라며 모든 관직에서 물러난 뒤 고향으로 떠나 버렸습니다. 그러나 그 과정에서 어찌나 분하고 억울했던지 고향 땅에 도착하기도 전에 울화병으로 사망해 버리고 말았습니다. 항우 수하 중에서 가장 강할 뿐만 아니라 거의 유일무이했던 책사였던 범증이 죽자 항우의 군

---

9. 2022년 개봉한 영화 〈킹메이커〉에는 상대당 후보에게 등을 돌리게 하려고 선거 운동 기간에 와이셔츠, 고무신 등을 나눠줬다가 도로 뺏는 네거티브 선거 전략을 펼치는 모습이 나온다.

대는 과거의 모습을 삽시간에 잃어버리고 말았습니다. 이른바 '아군을 이간시키려는 적의 계략을 이용해서 역으로 적을 이간시킨다'라는 뜻의 반간계(反間計)가 빛을 발하는 순간이었습니다.

정수와 꼼수 그리고 묘수의 사이에서

물론 성공과 승리를 위하거나 맡은 일에서 성과를 내기 위해 어떠한 거짓말을 하거나 술수를 부려도 된다는 것은 아닙니다. 거짓말은 거짓말일 뿐 진실한 말이 될 수 없고, 술수 역시 술수일 뿐 정도 (正道)로 취급받을 수는 없습니다. 다양한 사람과 복잡한 세상을 살아가며 일을 함께 도모하려면 때로는 우리 편도 속일 정도로 변칙과 다양한 술수를 써야 하는 경우가 있습니다.

'꼼수'라는 말이 있습니다. 지금이야 방송에서나 팟캐스트의 제목에 사용되고 있지만 불과 얼마 전까지만 하더라도 바둑을 두는 기원(棋院)에서나 쓰던 바둑 용어였습니다. 바둑을 함께 두는 상대가 수를 잘못 읽거나 판세를 착각해 잘못 둘 것을 가정하고 두는 수를 말합니다. 정확히 반대말은 아니지만, 일반적으로 '정직한 수', '두어야 할 곳에 두는 수', '제대로 둔 수'의 의미로 사용되는 정수(正手)를 꼼수의 반대되는 뜻으로 사용합니다.

사실 바둑은 흑과 백의 돌을 쥔 두 사람이, 가로세로 열아홉 줄의 선들이 만들어 내는 361개의 교차점 위에 돌을 배치해 더 많은 집을 만들어 내는 쪽이 이기는 고도의 정신 유희이자 지적 스포츠입니다. 최소한의 돌로 사방이 막힌 집을 최대한 많이 만들어 내기 위해서는 치열한 두뇌 경쟁을 펼쳐야 합니다. 그런데 꼼수는 자신이 최선을 다하기보다는 상대가 실수할 때 기회를 잡을 수 있는, 심지어 실수를 유도하는 곳에다가 놓는 수를 말합니다. 급수가 낮을 때는 종종 상대로부터 얻어걸리는 때가 있어 승패를 가르는 절묘한 묘수가 되기도 하지만 조금만 바둑을 잘 두는 사람에게는 훤히 보이는 수라서 제 꾀에 제가 넘어가기 때문에 오히려 대패의 원인이 되기도 합니다. 꼼수라는 말은 바둑판 밖으로까지 흘러나와 '눈에 훤히 보이는 거짓말' 또는 '빤히 보이는 속임수'의 의미로 널리 쓰이게 된 것입니다.

이기기 위해 이러한 꼼수를 써야 한다는 말이 아닙니다. 다만 꼼수를 이기는 정수를 놓되 때로는 정수를 꼼수보다도 훨씬 더 꼼수처럼 보이도록 절묘하게 둘 수 있어야 한다는 것입니다. 우리는 그런 수를 일컬어 묘수(妙手)라고 부릅니다.

꼼수는 상대방이 실수나 실패를 해야 내가 성공을 하는 수입니다. 즉, 상대방이 평상시답지 않게 실수를 해야만 내 의도를 알아채지 못하고 잘못된 길로 빠져들게 됩니다. 나의 성공을 기원하기보다는 상대의 실수만을 간절히 바라야 하는 상황이 펼쳐지는 것입니다. 반면, 묘수는 상대방이 알면서도 빠져드는 수입니다. 상대방이 실수할 것을 바랄 필요 없이 내가 얼마나 다양한 수를 교묘하게 감추고 상황에 맞춰 적절하게 사용할 수 있느냐에 따라 성패가 갈립니다. 꼼수는 연습하거나 훈련을 할 수 없습니다. 물론 꼼수를 부리는 잔기술이나 방법을 조금 더 연마할 수는 있겠지만 상대방이 잘 속게 만들 수도 없고 빈번하게 실수하도록 만들 수는 없습니다. 그건 전적으로 상대의 선택이자 문제이기 때문에 그렇습니다. 이와 달리 묘수는 연습이나 훈련을 통해 더 다양하고 다채로운 수를 만들어 낼 수 있습니다.

우리 주변을 보면 지나치게 정수만을 택해 고집스럽게 정면 승부를 내세우다가 제대로 된 승부를 가리지도 못하고 초반에 고꾸라진 이들이 있습니다. 반대로 상대방의 눈을 피하고 어떻게 하면 속일 수 있을까를 찾는 데만 혈안이 돼 정작 자신의 실력을 기르거나 승부에 집중하지 못하고 낭패 당하는 이들도 있습니다.

제가 유방의 이야기를 통해 말씀드리고 싶은 것은 상대방에게 꼼수가 아니라 묘수를 부려야 한다는 것이고 꼼수가 아닌 묘수를 내기 위해 연마해야 한다는 것입니다. 평상시에는 당연히 정수로 다른 사람을 상대하되, 혹시라도 필요하다면 그때 꼼수를 부리고, 그런 후에도 필요 이상으로 지나치게 부끄러워할 필요는 없다는 얘기입니다.

잘 모르는 사람의 눈으로 보면 유방은 자주 꼼수를 부리고 그것에 대해 부끄러워할 줄 모르는 사람으로 오해할 수 있습니다. 그러나 유방 역시 대부분은 정수를 선택해 적들과 싸웠고, 간혹 묘수를 발휘해 이겼으며, 때로는 꼼수를 활용하기도 했습니다. 다만, 꼼수를 사용하는 것에 대해 지나치게 꺼리거나 부끄러워 않은 전략적 유연성이 돋보였던 인물이었습니다.

04 한 명의 배신자로 백 명의 심복을 만들다

(전략) 이에 황제는 바로 술자리를 베풀고 옹치를 십방후(什方侯)에 봉하여 급히 승상과 어사를 재촉해 논공행상을 시행하도록 했다. 신하들은 술자리가 끝나자 모두 기뻐하며 말했다. "옹치조차 후(侯)에 봉해졌으니 우리는 걱정할 것도 없다"(前略 於是上乃置酒, 封雍齒為什方侯, 而急趣丞相, 御史定功行封. 群臣罷酒, 皆喜曰 "雍齒尚為侯, 我屬無患矣").

《사기세가》 권55, 〈유후세가〉, 열아홉 번째 절

한고조의 논공행상 작업

기원전 202년 한겨울, 5년여에 걸친 항우와의 초한 쟁패도 끝이 났습니다. 천하는 바야흐로 다시 통일되었습니다. 하지만 진시황이 진나라로 통일을 시킨 것은 '최초'라는 의미 탓에 지나치게 과대 평가된 면이 있어서 그렇지, 실질적으로는 완전한 통일이라 부르기 어려운 모습이었습니다. 그가 통일을 이룬 나라의 영토 넓이는 후대의 통일 왕조에 비해서는 그저 한 개 지역의 제후에 지나지 않았습니다. 실질적으로 중국의 진정한 통일을 이룬 이는 유방, 한고조였습니다. 한고조는 실질적으로 중국을 하나의 국가체계가 지배하는 본격적인 통일국가의 모습으로 갖춰 나갔습니다.

통일 왕국을 형성한 뒤, 한고조는 제대로 된 국가의 모습을 갖추기 위해 기나긴 전쟁에서 자신의 곁을 지킨 공신들을 대상으로 업적을 평가하고 상을 내리려 했습니다. 본인 스스로가 고귀한 혈통의 후손이 아니었기에 철저하게 성과 중심으로 평가하려 했고, 전쟁에서 거둔 전공과 전과에 비례하여 객관적으로 평가하고자 했습니다. 따라서 주위 사람들은 한고조의 논공행상 작업이 별다른 어려움 없이 쉽게 마무리될 것으로 생각했습니다.

그러나 그 생각은 오산이었습니다. 한나라의 공신들은 너나 할 것 없이 자신의 공을 내세우며 다른 동료들에 비해 자신이 더 큰 상을 받고, 더 높은 직에 올라야 한다고 주장하기 시작했습니다. 한 명이 자신의 공을 들먹이면 그것을 듣고 있던 다른 공신이 자신이 세운 더 큰 공을 나열했고, 또 다른 공신이 다른 공적을 들이밀면 "네가 더 잘 났니, 내가 더 죽을 고비를 많이 넘겼니"를 따지며 말다툼을 벌이기 일쑤였습니다. 그나마 그러한 논쟁이 무기 소지가 금지된 궁궐 안에서 벌어지면 다행이었지만, 궁궐 밖 누군가의 집에서 벌어지기라도 하면 어느새 칼부림 직전까지의 험악한 분위기가 만들어졌습니다. 몇 번이고 칼을 빼 들고 당장이라도 서로 죽일 듯한 모습이 연출되었죠. 결국 천하를 통일한 지 1년이 지나도록 한고조의 논공행상은 마무리가 되지 못했습니다. 그러다 보니 분위기가 엉뚱하게 흘러가기 시작했습니다.

"이봐, 초나라를 쳐부순 지 벌써 1년이 다 돼 가는데 아직도 논공 작업이 지지부진한 걸 보면 황제께 뭔가 다른 생각이 있으신 게 아닐까?"

"글쎄… 공을 세운 장군들만 해도 수백이요, 그 밑에 장수들은 수천이니, 공을 평가하고 상을 준비하려면 시간이 걸리는 것도 당연한 일이 아니겠나."

"그게 아니지. 상이야 전공을 따져서 율령에 따라 식읍과 작위를 내리면 그만 아니겠나. 내 생각에는…"

"자네 생각에는?"

"아무래도 황제는 논공행상과 더불어 자신에게 적극적으로 복종하지 않았거나, 한때나마 배신했던 자들을 이번 기회에 제거하려는 것 같아. 그러다 보니 이것저것 따질 것이 많아진 것이고, 그로 인해 공훈을 평가하는 작업이 늦어지고 있는 거지."

"그런가…?"

자타공인 공을 많이 세운 이들은 그들 나름대로 다투기 바빴지만, 적국으로부터 투항하여 전쟁의 중간쯤부터 합류한 이들이나, 초기부터 전쟁에 나서기는 했지만, 그 공이 보잘것없던 이들, 전쟁의 중간에 피치 못할 사정으로 한고조의 명령을 거역했거나 잠시나마 배신했던 이들은 그들 나름대로 삼삼오오 모여 상황이 어떻게 돌아가는지 정보를 공유하고 향후 정세가 어떻게 흘러갈지 파악하느라 정신이 없었습니다. 점차 그들은 한고조가 그 공이 적거나, 자신의 명을 거역하거나 잠시라도 배신했던 이들을 색출해서 벌하는 작업을 준비 중이라는 것을 정설로 받아들이고 있었습니다. "황제에게 찾아가 변명이라도 해보자"라는 이들이 등장했고, 극히 일부지만, "앉아서 당하느니 차라리 반역을 일으키는 것이 낫겠다"라며 구체적인 행동을 준비하는 이들도 생겨날 정도였습니다.

　　그런 세간의 분위기를 가장 정확하게 잘 알고 있었던 사람은 한고조 자신이었습니다. 그는 그 누구도 예상하지 못했던 방법으로 그와 같은 분위기를 일거에 완벽히 바꿔 버렸습니다.

하수의 인사와 고수의 인사

사업을 하다 보면 참 여러 사람을 만나게 됩니다. 여러 개의 기업을 운영하다 보면 적게는 수십 명, 많게는 수백수천 명의 사람을 리더로 세웠다가 물러나게 해야 하고, 하루에도 몇 번씩 사람을 평가해서 중책을 맡기거나 반대로 불이익을 주어야 할 때가 있습니다.

그럴 때 보통 택하는 방법이 '잘한 사람에게 상을 주거나', '못한 사람에게 벌을 주는' 방법입니다. 당연한 얘기죠. 그러나 그 정도 사람 관리로는 천하를 얻거나 세상을 바꿔 놓을 수 없습니다. 그보다 조금 더 고차원적이거나 좀 더 훌륭한 리더들만이 가능한 방법이 있습니다. 무언가를 잘하긴 했지만 내가 싫어하던 사람이거나, 나와 잠재적인 경쟁자가 될 수 있는 사람임에도 상을 주고 진심으로 축하해 주는 것, 또는 나와 굉장히 친하거나 심지어 내 수족 같은 인물, 친인척임에도 불구하고 잘못에 대해 벌을 주는 것입니다. 자신의 수하에게 잘못된 전투의 책임을 물어 눈물을 흘리며 참하는 벌을 내렸던 제갈량 같은 인물이 대표적입니다.

심지어 잘못한 사람에게 벌 아닌 상을 내려 탁월한 인재를 붙잡아 두고 조직에 자신이 원하는 신호를 보내는 일도 있습니다. 1979년, 아직 기흥이 삼성전자의 반도체 중심지가 되기 이전 '삼성전자 수원공장'으로 불리던 시절에 화재 사고가 일어났습니다. 반도체 사업에 진출하기 위해 공장 한쪽에 반도체 생산설비를 짓고 있었는데, 모두 처음 지어보는 반도체 공장을 최대한 공사 기간을 단축해서 급하게 진행하려다가 발생했던 사고였습니다. 다행히 화재는 크지 않았고 사고 수습도 신속하게 마무리되었지만, 공장 관계자들은 당연히 회사가 책임을 물어 자신들을 좌천시키리라 생각했습니다. 당시 삼성을 이끌고 있던 삼성그룹 창업주 이병철 회장의 판단은 달랐습니다. 자신의 지시에 따라 최초의 시도를 어렵사리 진행해 온 인재들을 잃고 싶지 않았습니다. 또한 그들이 그간 쌓아 온 기술 역시 필요했으며 사고 수습에 있어 그들이 보여준 책임감과 실력 역시 탐났습니다. 책임을 물어 처벌하는 대신 그들에게 반도체 생산 및 사업 관련 중책을 맡겨 오히려 직책을 올려주며 두둑한 격려금까지 지급했습니다.

당시 삼성이 반도체 사업을 시작한다고 하자 조직 내외부가 시끄러웠습니다. 외부에서는 삼성이 과연 반도체 사업을 제대로 할 의지가 있는 건지, 있다면 제대로 해낼 실력은 있는 건지 의심의 눈초리로 바라보고 있었습니다. 내부 역시 마찬가지였습니다. 회장의 지시니 일단 하는 흉내는 내고 있었지만, 과연 삼성이 반도체 회사로 성장할 수 있을지 의구심들을 갖고 있었습니다. 심지어 휴게실이나 흡연실 등에 삼삼오오 모인 직원들 사이로 "반도체라는 밑 빠진 독에 언제까지 물을 부을 생각인지…" "이러다 삼성 전체가 망하는 거 아닌지…" 하는 소리가 흘러나올 정도였습니다.

그러나 이 인사로 그런 잡음들은 쑥 들어가 버렸습니다. 조직 구성원들은 '삼성이 반도체를 제대로 한번 해보려는구나', '삼성은 실수하더라도 제대로 하면, 또는 의미 있는 시도를 하는 과정에서 발생한 실수라면 벌하지 않는구나'라는 생각들을 하게 되었습니다. 이제까지 반도체라는 새로운 영역에 발을 들였다가 제대로 성과를 내지 못하면 인정도 못 받고 커리어가 완전히 망가져 버릴지도 모른다는 생각에 소극적이었던 임직원들이 너나 할 것 없이 반도체 사업에 적극적으로 도전하기 시작했습니다. 정신교육 수백 번을 해도 전달하기 어려운 경영철학이 인사 한 번으로 완벽하게 전달된 셈이었습니다.

이와 같은 인사가 바로 가장 고차원적인, 진정한 실력자들이 할 수 있는 인사입니다.

배신한 사람에게 떡 하나 더 주는 전략

그런 고차원적인 인사를 가장 잘한 인물 역시 한고조였습니다.

한고조는 옹치를 불렀습니다. 옹치는 한고조와 동향 사람으로 초한 쟁패기에 어느 정도 공을 세우기는 했지만, 한때는 한고조가 맡겨 놓은 풍읍을 위나라 왕에게 바쳐버리고 그의 밑으로 들어가는 희대의 배신을 하며 한고조와 등을 졌던 인물입니다. 그 뒤 은근슬쩍 항복하고 다시 한고조의 휘하에 들어오기는 했지만, 그때 배신당한 충격이 어찌나 컸던지 야사를 보면 '옹치가 배신했다'라는 전갈을 받은 유방이 화병이 나서 며칠을 앓아누웠다는 기록이 있을 정도입니다.

　그런 옹치를 궁으로 부른 한고조는 그를 십방후(汁方侯)에 봉하고 봉읍(封邑)을 무려 2,500호나 내려줬습니다. "황제가 옹치를 불러 제후로 임명하고, 대대손손 물려주며 세금을 거둘 수 있고 병력으로 활용도 가능한 마을 가구들을 수천 호나 하사했다"라는 소문이 퍼지기 시작하자 논공행상에 불만이 있던 장수들 사이에서 이전과 전혀 다른 분위기들이 감지되기 시작했습니다.

　공로가 큼에도 불구하고 봉작을 받지 못해서 불만이 많았던 공신들은 "중간에 말을 갈아타 쌓은 공이 크지 않은 옹치에게 저 정도 봉작을 내린 걸 보면, 나도 기대해 볼 만하네"라는 말을 서로 주고받았습니다. 불만이 기대감으로 바뀌는 순간이었습니다. 그보다 더 큰 영향을 받은 이들도 있었습니다. 공신 중에는 전쟁이 끝났으니 이제 용도 폐기된 자신들을 한고조가 홀대하거나 심지어 제거할 거라 생각하는 이들이 많았습니다. 당시는 불과 수십 년 사이에 진시황에 의해 천하가 통일되었다가 다시 갈라져서 피가 터지게 싸우다가 다시 또 천하가 통일된 격동의 시기였습니다. 어제는 말단 병졸이었던 자가 오늘은 대장군이 되고, 어제는 변방의 제후였던 이가 오늘은 천하 제패를 꿈꾸는 왕이 된다고 하더라도 전혀 이상하지 않은 시절이었습니다. 웬만한 지위에 오른 장수들이라면 '나라고 왜 왕이 되지 말라는 법이 있어?'라는 생각들을 안 가진 이들이 없었습니다. 항우가 살아있고, 한나라가 통일을 이루기 전까지는 함께 싸우는 전우였지만 이제부터는 권력을 두고 경쟁하는 사이일 수도 있었습니다. 따라서 논공행상이 늦어지자 그런 장수 중 상당수가 내심 반란을 모색하고 있었습니다. 그런 이들에게 옹치를 제후에 봉하고 봉읍을 내린 한고조의 결정은 엄청나게 큰 의미로 다가왔습니다. 젊은 시절부터 대놓고 무시하고, 부하가 되어서도 크게 배신했던 인물에게 상을 내리고 중용을 하기로 한, 한고조의 결정에 여차하면 반란을 생각했던 이들의 마음이 풀어졌습니다. 지금의 자리에서 배신하거나 반란을 일으키지만 않는다면 황제가 먼저 내치거나 헤치지는 않을 거라는 믿음에 들썩거리던 장수들, 공신들 사이의 여론은 잠잠해졌습니다.

이 같은 인사가 바로 고수들의 인사입니다.

(전략) 황상이 무사를 시켜 한신을 결박하게 하고 뒤 수레에 실었다. 한신이 말했다. "과연 사람들이 말하기를 '교활한 토끼가 죽고 나면 훌륭한 사냥개가 삶아지고, 높이 나는 새가 모두 없어지면 좋은 활도 치워버리며, 적국을 깨뜨리면 지모가 있는 신하가 없어진다'라고 하더니, 천하가 이미 평정되었으니 내가 삶아지는 것은 당연하다!"(후략) (前略 上令武士縛信, 載後車. 信曰 "果若人言, '狡兔死 良狗亨, 高鳥盡 良弓藏, 敵國破 謀臣亡'天下已定, 我固當亨!"後略).

《사기열전》 권92, 〈회음후열전〉, 스물세 번째 절

인간이라면 빠져드는 함정

제 지인이 경영하는 회사에 한 직원이 있었습니다. 제가 직접적으로 아는 사람은 아니지만, 그에 관한 얘기를 자주 들어서 마치 오랫동안 알고 지낸 이처럼 생각될 정도였습니다. 그와 함께 일하는 거의 모든 직원이 그를 문제라고 생각했습니다. 어린 나이였음에도 지나치게 강한 권력으로 무리가 될만한 일을 저지르는 데 조금의 머뭇거림도 없었습니다. 선배들에 대해서는 안하무인 격으로 대들었고, 후배들에 대해서는 거의 갑질 수준의 횡포를 저질렀습니다. 오죽하면 그 회사와 아무런 상관없는 제 귀에까지 그런 이야기들이 수시로 들려왔겠습니까? 그러나 제 지인인 사장은 "사내가 저 정도 근성은 있어야 믿고 사업을 맡기지!"라며 그에 대한 신뢰를 조금도 거두지 않았습니다.

제 버릇 남 못 준다고 그의 악행은 잦아들 기미가 보이지 않았고 여러 가지 문제가 수시로 터졌습니다. 그런데도 그는 자기가 맡은 일은 곧잘 해냈습니다. 그의 업무 성과는 항상 상위권을 유지했고 그가 맡은 조직은 외적으로만 보기엔 멀쩡했습니다. 사장이 그에게 중책까지 맡기자 다른 곳에서 일이 터지기 시작했습니다.

다른 직원들이 성과를 내지 못하기 시작한 것입니다. 평상시 멀쩡하게 일 잘하던 이들이 하루아침에 형편없는 실적을 내거나 하지 않아도 될 실수를 남발하기도 했습니다. 가장 심각한 문제는 하루가 멀다고 자기들끼리 치고받고 싸운 것입니다. 편을 갈라서 패거리를 짓기 시작했고 일을 가려가며 하다 보니 시너지 효과는 커녕 불협화음만 커졌습니다. 결국 구매부서와 재경부서 간의 다툼으로 원자재가 제때 수급되지 못하여 고객사로부터 불만이 제기되었고, 가장 큰 거래처 하나를 잃게 되고 말았습니다. 문제의 심각성을 뒤늦게 깨달은 지인이 HR 전문 컨설팅 기업에 의뢰해 회사 내부를 정밀 진단하게 되었고, 예상했듯 잘못된 인사를 통해 조직 내부에 지속해서 그릇된 신호를 보낸 것이 가장 큰 문제였다는 진단을 수용하게 되었습니다.

조직 운영의 핵심은 인사(人事)입니다. 필요한 사람을 뽑아서 적재적소에 배치한 뒤 그에게 목표를 할당하여 성과를 내도록 하고, 평가를 통해 승진과 진급을 시키거나 조직에서 나가도록 하는 등, 인사는 말 그대로 '인간(人)과 관계된 모든 일(事)'을 말합니다. 흔히 조직에서는 필요한 역량을 보유한 인재를 채용하고, 그런 사람에게 일을 시키고 일의 성과에 따라 금전적 이익을 주거나 더 높은 직책을 부여하는 등의 보상에 대해서는 많은 신경을 쓰는 반면, 객관적으로 평가하여 잘못한 것에 대해 명확한 피드백을 주고, 조직에 맞지 않는 사람이라고 판단되면 내보내는 일은 등한시하고 있습니다. 아니 서로 불쾌해질 수 있으니 당장 눈앞에 큰 문제가 보이지 않으면 '좋은 게 좋은 거다'라는 식으로 대충 덮고 넘어가는 경우가 많습니다.

그러나 앞서 이야기했듯이 인사 행위는 고도의 시그널입니다. 좋은 사람을 채용하고, 성과를 내도록 지원하며 성과에 따라 파격적인 보상을 제공하는 행위도 시그널이지만, 적합하지 않은 사람을 뽑거나, 그릇된 행동으로 조직에 악영향을 끼치는 사람을 그대로 방치하거나 심지어 중용하는 것도 시그널입니다. 아니 이 경우의 시그널이 통상 조직에는 더 파급효과가 크고 그 파장이 오래가는 시그널인 경우가 많습니다.

제 지인의 회사 역시 마찬가지였습니다. 강한 권력욕으로 선배를 무시하거나 후배에게 함부로 대하고 모든 성과를 자신이 독점하면서 다른 구성원과는 팀워크를 이루지 못하는 직원임에도 불구하고 단기적인 성과가 좋고 사장에게 바른 태도를 보인다고 해서 문제를 지적하지 않고 오히려 중요한 자리에 임용하면서 다른 구성원들에게 부적절한 시그널을 계속 준 것입니다. 결국 조직은 망가졌고 그 후유증은 그 이후로도 꽤 오랫동안 간 것으로 기억합니다.

그렇다면 제 지인이었던, 해당 기업체의 사장은 왜 그런 선택을 한 것일까요? 맨손으로 창업해서 연 매출 300억 원 이상을 기록하는 탄탄한 중견기업으로 회사를 성장시킨 실력 있는 경영자가 인사에 대해서 이런 정도도 몰라서 그런 실수를 범한 것일까요? 그렇지는 않을 겁니다. 이 모든 것이 다 우리가 인간이기 때문에 빠져들 수밖에 없는 함정입니다.

리더라면 반드시 골라야 할 선택지

최고 경영자 과정에서 만났던 H대 박 모 교수님의 이야기가 기억이 납니다. 박 교수님은 '기업에서의 핵심 인재 관리'에 대한 강의를 하는 도중에 강의실을 가득 메운 학생들에게 물었습니다. '학생들'이라고는 하지만 과정이 과정인지라 대부분 기업체 임원, 기관 고위 공무원 그리고 저 같은 기업체 오너들이 대부분이었습니다.

"여러분들이 재벌 회장이라면 '능력 좋은 사람'이랑 '나한테 충성하는 사람' 중 어떤 사람을 더 중용할 것 같습니까?"

교수님의 물음에 50여 명의 수강생이 반으로 나뉘어서 한참 동안 갑론을박했던 기억이 납니다. 한동안의 치열한 난상토론 끝에 교수님께서는 "이 물음에 정답은 없고, 그저 여러분들이 인재에 대해 어떤 생각을 하고 있는지 들어보고 싶었다"라고 말씀하셨습니다. 자신의 '개인적 경험'에 의거한 '주관적인 견해'라고 몇 차례나 강조하신 뒤, 자기가 아는 재벌 회장들은 하나같이 '나한테 충성하는 놈'을 택했다고 말했습니다. 재벌 회장쯤 되면 주위에 능력 있는 인재들은 수두룩하게 모여 있고 심지어 이 이야기를 하는 순간에도 '같이 일하게 해달라'며 몰려드는 우수한 인재들은 넘쳐나지만 정작 제대로 믿고 쓸 사람은 많지 않습니다. 이는 단순히 실력으로만 판단할 수 없는 문제이기 때문입니다. 대신 '믿고 쓸 수 있는 사람', '나에게 충성하는 사람', '나와 오랫동안 알고 지낸 사람'이 간절해지게 됩니다. 그렇기 때문에 내 주위에서 오랫동안 같이 일하며 서로의 집에 숟가락이 몇 개인지도 훤한 가신(家臣), 다른 이들에게는 모질게 대하는 게 눈에 빤히 보이지만 '나한테는 충성을 다하는' 충신(忠臣)을 중용하고, 그 사람의 치명적인 단점이나 문제를 일으키는 것이 훤히 보이는데도 불구하고 쉽게 내치지를 못하는 것입니다.

우리는 역사를 통해 이렇게 측근을 기용한 인사가 불러온 재앙을 살펴볼 수 있습니다. 가까이는 제3공화국의 몰락과 박정희 대통령 본인의 목숨을 잃게 된 사건의 주요 원인 중 하나였던 차지철 경호실장의 중용, 회장이 갑작스럽게 사망한 뒤 창업 시기부터 함께했던 공신들의 전횡을 막지 못해 대한민국 1위 전선회사였다가 삽시간에 몰락한 D전선의 사례부터, 멀리는 왕의 측근 노릇을 하며 부소(扶蘇) 왕자를 포함해 몽염(蒙恬), 몽의(蒙毅) 장군을 포함한 수많은 인재의 목숨을 빼앗고 정사를 어지럽혀 결국 진나라의 몰락을 앞당겼던 간신 조고(趙高)가 대표적인 사례입니다. 리더들이 차지철, 창업 공신, 조고 등과 같은 사람의 그릇된 모습을 알지 못했거나 다른 이유로 방관하면서 조직에 이상한 시그널을 줬습니다. 따라서 정작 능력 있고, 조직에 많은 기여를 하며, 향후 조직의 앞날을 책임질 인재들이 오히려 상처를 입거나 조직으로부터 이탈하고, 심지어 목숨을 잃고 만 것이었습니다.

이러한 모든 것이 우리가 '정(情)'과 '인연(因緣)'으로 살아가는 인간이기 때문에 발생하는 문제입니다. 나를 믿어주고 또는 내가 믿도록 행동하고, 나와 많은 시간을 함께하며 어려움을 함께 겪고, 인연을 쌓아 온 사람을 내치는 것은 우리 인간의 본성에 어긋나는 행동이기에 아무리 탁월한 지도자도 섣불리 택하기 어렵습니다. 그러나 다른 사람은 몰라도 리더라면 그 어려운 선택을 해야할 때가 있습니다. 조직 전체의 생존을 위해, 더 많은 인재를 붙잡아두고 그런 인재들이 제 역량을 발휘하고 마음껏 성장할 수 있게하려면, 때로는 인간적인 감정과 인연의 끈을 과감하게 끊어야 할때가 있습니다. 역사적으로 볼 때 그것을 가장 유효적절하게 잘했던 인물 중 한 사람이 바로 한고조, 유방이었습니다.

교활한 토끼를 잡고 나서 해야 하는 것들

앞서 여러 차례 등장했던 한신은 가히 '전쟁의 신', '전술의 달인' 이라 칭송받을 정도로 신출귀몰한 전략을 구사하던 명장이었습니다. 아시다시피 중국인들은 역사상 유명했던 사람이나 뛰어났던 영웅들을 신격화해 그를 기리는 사당을 만들고, 때가 되면 그곳에 가서 자신도 그 능력을 물려받기를 기원하는 것이 보편화되어 있습니다. 제갈량이나 관우 등을 기리는 사당이 가장 대표적이지요. 한신 또한 마찬가지입니다. 굳이 그가 태어나거나 사망한 장소 외에도 그와 조금이라도 연관이 있는 곳, 예를 들어 빨래터 아낙에게 찬밥을 얻어먹던 곳으로 추정되는 곳에는 여지없이 그를 기리는 사당이 들어서 있습니다. 그리고 승진 심사, 굵직한 입찰, 중요한 시합 등을 앞둔 이들은 향과 재물을 들고 이 사당에 와서 한신의 지혜와 무공, 용맹함과 승리의 기운 등을 물려받아 자신들도 승리의 나팔을 불 수 있게 되기를 간절히 기원하고는 합니다. 그 정도로 한신은 중국인들에게 뛰어난 인물로 각인되어 있습니다.

실제로도 그랬습니다. 항우와 비교하며 이길 때보다 패할 때가 많았고, 이겨도 뭔가 삐걱대고 질 때는 다시는 회복 불가능해 보일 정도로 처절하게 망가졌던 유방의 군대에서 그나마 제대로 된 전술을 펼치고 다른 장수와 비교 불가한 탁월한 전과를 거둔 것은 거의 한신이 유일했습니다. 제대로 훈련받은 병사는 불과 수백여 명에 불과했고 나머지는 죄다 농부, 백수, 도적 출신들이었던 3만 명의 오합지졸을 이끌고 전투에 나서 조나라를 물리치고 제나라와 연나라 등을 무릎 꿇게 했던 정형전투(井陘之戰), 성동격서 전술을 활용하여 위나라를 물리친 안읍전투, 초나라와 제나라의 연합군을 몰살시키며 초한 전쟁의 주도권을 완벽하게 한나라 쪽으로 가져오게 만든 유수전투 등 한신이 거둔 군사적 업적은 이루 말할수 없이 많고 또 그 승리의 내용이 알차기로 유명했습니다.

반면, 한신의 인간 됨됨이나 대인관계는 그렇지 못한 듯합니다. 그는 자신의 감정을 잘 절제하지 못했고, 눈앞의 이익에 따라 섭게 흔들렸습니다. 대의를 쫓고 유방에게 충성하긴 했지만, 장량이나 소하 등과는 달랐습니다. 충성하고 따르는 듯하면서도 꼭 무언가 자신에게 이득이 되는 쪽으로 매사를 처리하려 했습니다. 무언가를 이루고는 꼭 뭔가 대가를 원했고, 그 대가가 다른 이들과 비슷한 수준이면 노골적으로 불만을 드러냈습니다. 자신은 적어도 다른 장수들이나 공신들과는 차원이 다른 대우를 받아야 한다는 뜻이었지요. 한신 정도의 업적이면 그렇게 생각해도 무리는 아니었습니다. 실제도 다른 이들과 달리 파격적인 대우를 받았습니다. 그런 생각을 자기 입으로 말하거나 겉으로 티를 내서는 안 될 터였지만 한신은 그를 숨기지를 못했습니다. 전공을 쌓고 직책이 높아질수록 번번이 한고조 앞에서 얼굴을 붉히고 동료들을 무시하거나 비난하는 일이 잦아졌습니다.

결국 한고조는 한신이라는 인재 하나를 통해 한나라라는 조직 전체를 살리는 길을 택했습니다. 한신의 무공과 전투 능력을 능가할 만한 이가 한나라 내에는 없었기에 섣불리 잡아들이지 않고 한신을 포함한 제후들 모두에게 야유회를 가자는 연락을 돌렸습니다. 갑작스러운 야유회 제안이었기에 다들 의아해하기는 했지만, 왕년에 놀고먹는 거로 한가락 했던 황제의 명령이었기에 그러려니 했습니다. 야유회이니만큼 제후들은 최소한의 병력과 가벼운 수준의 무장만을 갖춘 채 야유회 장소인 운몽택(雲夢澤)으로 속속 집결했습니다. 그 제후들 무리 중에 한신 역시 있었습니다.

다들 모이자 한고조의 표정은 돌변하여 한신을 포박하도록 했고, 뜻밖에도 한신은 이런 일이 일어나리라는 것을 미리 예감하고 있었다는 듯이 순순히 명령에 따르며 그 유명한 말 한마디를 내뱉었습니다.

"옛사람 말에 '교활한 토끼가 죽으면, 훌륭한 사냥개가 삶겨진다(狡兔死 走狗烹)'하더니 내가 딱 그 신세로구나!"

이로부터 '토사구팽(兎死狗烹)'이라는 고사성어가 만들어지게 되었습니다. 이때 한신을 옥에 가두거나 목숨을 빼앗지는 않았고 옛 초나라 땅 대부분을 다스리던 '초왕'의 지위에서 회음땅만을 다스리는 '회음후'의 지위로 강등시켰을 따름입니다. 그랬음에도 한고조가 한신을 토사구팽 시킨 사건의 여파는 컸습니다. 말 그대로 수많은 공신, 장수들에게 강력한 시그널을 주는 인사였습니다. 제아무리 쌓은 공이 크고 오래전부터 황제와 인연을 맺어온 사람이라 하더라도 나라의 기강을 어지럽히고 동료와의 팀워크에 문제를 일으킨다면 중용하지 않겠다는, 아니 더 나아가 이미 준 것도 모두 뺏을 수 있다는 것을 리더가 솔선수범하여 생생하게 보여주자 한나라는 한신이 맹활약했던 이전 시기보다 오히려 더 탄탄해지고 강력해졌습니다.

리더가 인사를 통해 어떠한 시그널을 조직에 주느냐에 따라 조직이 얼마나 달라지는지 보여주는 사례라고 할 수 있습니다. 특히 수많은 선거 후 각 요직에서 근무할 인재를 천거할 때 들려오는 불협화음, 기업들의 인사 시즌이면 터져 나오는 각종 잡음을 들으며 다시 한번 한고조 유방의 남다른 사람과 조직 관리에 감탄하고는 합니다.

나를 믿어주고 또는 내가 믿도록 행동하고, 나와 많은 시간을 함께하며 어려움을 함께 겪고, 인연을 쌓아 온 사람을 내치는 것은 우리 인간의 본성에 어긋나는 행동이기에 아무리 탁월한 지도자도 섣불리 택하기 어렵습니다. 그러나 다른 사람은 몰라도 리더라면 그 어려운 선택을 해야 할 때가 있습니다. 조직 전체의 생존을 위해, 더 많은 인재를 붙잡아두고 그런 인재들이 제 역량을 발휘하고 마음껏 성장할 수 있게 하려면, 때로는 인간적인 감정과 인연의 끈을 과감하게 끊어야 할 때가 있습니다.

4 일보다 사람을 보는 게 먼저다

공들은 하나만 알고 둘은 모른다. 군막 안에서 계책을 짜서 천 리 밖의 승부를 결정짓는 것이라면 나는 장량만 못하다. 국가를 안정시키며 백성을 다독거리고, 먹을 것을 공급하되 식량 운송로가 끊기지 않게 하는 것은 내가 소하만 못하다. 백만 대군을 몰아 싸웠다 하면 승리하고 공격하면 반드시 취하는 것이라면 내가 한신만 못하다. 이 세 사람은 모두 인걸들이다. 내가 이들을 기용할 수 있었고, 이것이 내가 천하를 얻은 까닭이다. 항우에게는 범증 한 사람뿐이었는데 그마저 기용하지 못했다. 이것이 그가 내게 붙잡힌 까닭이다(公知其一, 未知其二. 夫運籌策帷帳之中, 決勝於千里之外, 吾不如子房. 鎮國家, 撫百姓, 給饋饟, 不絶糧道, 吾不如蕭何. 連百萬之軍, 戰必勝, 攻必取, 吾不如韓信. 此三者, 皆人傑也, 吾能用之, 此吾所以取天下也. 項羽有一范增而不能用, 此其所以爲我擒也).

《사기》 권8, 〈고조본기〉

작은 사람은 일을 먼저 보고, 큰 사람은 사람을 먼저 본다

(전략) 회군 후 여러 현의 원로와 호걸들을 불러 말했다. "원로들께서 진나라의 가혹한 법에 시달린 지 오래되었으며 비방하는 자들은 멸족됐고, 모여 불평하는 자들은 저잣거리에서 처형당했소. (중략) 세 가지 법 조항만 지켜 주십사 부탁드리오. 사람을 죽인 자는 사형에 처하고, 사람을 다치게 한 자와 도둑질을 한 자는 그에 상응하는 처벌을 할 것이다. 나머지 진나라 법은 모두 없애겠소. 관리와 백성들은 전처럼 편안하게 지내면 되오. 요컨대 내가 온 것은 여러분들을 위해 해로움을 없애기 위해서이지 포악한 짓을 하려는 것이 아니니 조금도 두려워하지 마시오! 또 내가 패상으로 군사를 돌리는 것은 제후들이 오기를 기다렸다가 규약을 제정하려는 것일 뿐이오." 이어 사람을 시켜 진나라의 관리와 함께 마을을 순시하며 그 내용을 널리 알리게 했다. 진나라의 백성들은 크게 기뻐하며 앞

을 다투어 소와 양, 술과 먹을 것을 가지고 와서 군사들에게 대접하려 했다. (후략) (前略 召諸縣父老豪桀曰 "父老苦秦苛法久矣, 誹謗者族, 偶語者棄市. 中略 與父老約, 法三章耳 '殺人者死, 傷人及盜抵罪. 餘悉除去秦法. 諸吏人皆案堵如故. 凡吳所以來, 為父老除害, 非有所侵暴, 無恐! 且吳所以還軍霸上, 待諸侯至而定約束耳." 乃使人與秦吏行縣鄉邑, 告諭之. 秦人大喜, 爭持牛羊酒食獻饗軍士. 後略).

《사기》 권8, 〈고조본기〉, 스물두 번째 절

사람이 먼저인가? 돈이 먼저인가?

'사람 나고 돈 났지, 돈 나고 사람 났나'라는 말이 있습니다. 유래를 알 수 없을 정도로 오래전부터 쓰여온 속담과도 같은 말이지만, 이 문구가 요즘과 같이 흔하게 쓰이게 된 것은 1960년대 무렵부터입니다. 오랜 식민 지배에서 겨우 해방되자마자 바로 맞게 된 3년간의 전쟁으로 국토는 초토화되었고, 산업 기반은 처절하게 무너져 버렸습니다. 이제 겨우 개화하여 산업화의 길로 나서려던 한반도는 다시금 하늘을 원망하고 땅에 소원을 비는 농경사회로 퇴보할 갈림길에 설 수밖에 없었습니다.

다행히 현명하고 성실한 근성을 갖고 있었던 우리 국민은 다시금 일어났습니다. '나는 굶더라도 자식은 가르치겠다'라는 부모님들 덕분에 후진국 가운데 가장 높은 상급학교 진학률과 가장 낮은 문맹률을 기록했고 이는 곧 우수한 노동 인력의 활발한 유입으로 이어졌습니다. 냉전이 급격하게 심화하던 당시의 동북아 정세도 우리에게 유리하게 작용했습니다. 농업사회에서 산업사회로 급속한 이행이 진행되었고, 눈부신 발전을 이룰 수 있었습니다. 저와 제 가족 역시 이 무렵 지방에서 서울로 올라와 '나도 성공하고 싶다', '나도 부자가 되고 싶다'는 꿈을 꾸기 시작했습니다.

그러나 마냥 긍정적인 면만 있었던 것은 아닙니다. 다른 나라들은 수백 년, 심지어 수천 년간 천천히 이뤄온 산업사회로의 이행을 단 십수 년 만에 빠르게 이룬 만큼 그에 따른 병폐와 후유증 역시 몇 배나 더 심각했습니다. '물질 중시', '황금만능주의'로 대표되는 비인간적, 물질 중심주의적 사고와 행동은 사회적으로 큰 문제로 대두되었습니다. 타인에 대한 몰염치와 비양심적인 행동이 속출했고, 이전 농경 중심 사회였더라면 생각지도 못할 반인륜적인 범죄 행위가 하루가 멀다고 신문 지면을 장식했습니다. 그런 풍토는 당시 사람들의 정신상태와 문화를 그대로 투영하는 대중문화에 그대로 그 흔적을 남겼습니다. 1969년 이성재 선생 작사, 백영호 선생이 작곡해 가수 남진이 부른 〈사람 나고 돈 났지〉라는 노래 가사 속에서는 '사람 나고 돈 났지 돈 나고 사람이 났다드냐?'라고 묻고 있지만, 이는 곧 당시의 우리가 얼마나 '사람보다 돈을 중시했는지' 잘 말해 주고 있습니다. 이보다 더 노골적인 가

사로 세태를 풍자한 노래도 있었습니다. 〈사람 나고 돈 났지〉보다 몇 해 전에 발표된 신봉승 작사, 하기송 작곡, 가수 김용만이부른 〈회전의자〉라는 곡에는 그 유명한 '아- 억울하면 출세하라출세를 하라'는 가사가 등장하기도 합니다. 이 외에도 〈월급 올려주세요〉, 〈쥐구멍에도 볕들 날 있다〉 등 사람보다 물질을 앞세운세태를 풍자한 노래들이 많습니다. 하지만 이때만 힘들었을까요?불행하게도 그렇지 않습니다.

'사람'에 대한 애정과 '인명'에 대한 책임감

예전이나 지금이나 천하 대업을 노리고 군사를 일으킨 이들이나당시의 정부에 대해 반란을 일으킨 이들이 하나같이 목청 높여 부르짖은 것은 '사람답게 사는 것' 또는 '사람 대접받는 세상을 만드는 것'이었습니다. 그러나 안타깝게도 천하를 손에 넣고, 정부를전복시켜 권력을 잡았던 그들 중 진정 '사람을 모든 일의 중심'으로 두고, '사람답게 사는 세상', '사람이 대접받는 세상'을 만들어낸 이들은 거의 없었습니다. 초기에는 잠시 '사람'을 모든 것의 앞에 두고 유행가 가사처럼 '사람 나고 돈 났지 돈 나고 사람 났냐'를 부르짖었지만, 이내 '목표', '과업', '경쟁', '승부'를 앞세우고 사람은 뒷전으로 몰아내기 일쑤였습니다.

4장_ 일보다 사람을 보는 게 먼저다

항우 역시 마찬가지였습니다. 항우는 처음부터 '사람'은 안중에도 없었습니다. 그의 머릿속에는 자신의 조국을 몰락시킨 진나라와 진시황에 대한 복수, 초나라의 부활 그리고 자신의 항씨 가문의 부흥, 이 세 가지만이 가득했습니다. 나라의 근본은 국민, 곧 그 나라에 사는 백성들이요, 전쟁의 승패 역시 사람이 좌우하는 것이었지만 항우에게 사람은 늘 뒷순위였습니다. 때로는 그 모습이 웅대한 꿈을 품은 영웅호걸, 사사로운 인간적 감정에 휘둘리지 않는 성인군자처럼 비치기도 했지만 잠시뿐이었습니다. 그는 언제든 자신이 목표로 하는 바, 원하는 바, 뜻하는 바를 우선했습니다. 그런 그의 본성은 전쟁을 치르는 동안 몇 번이고 등장하는 끔찍한 학살과 참극으로 드러났고, 이는 뛰어난 능력과 몇 차례의 큰 행운이 있었음에도 항우가 천하를 손에 넣지 못하고 비극적인 최후를 맞게 되는 이유가 되었습니다.

가장 대표적인 장면이 이른바 '신안의 갱(新安之坑)'이라고 전해지는 대규모 학살이었습니다. 진나라 함양에 먼저 도착하는 이에게 관중 지역을 다스릴 권한을 주겠다는 왕명에 따라 시작된 유방과의 경쟁에서 항우는 초반에는 승승장구하며 연전연승을 거듭했습니다. 전투에서 이기면 이길수록 잡아들인 포로의 숫자가 걷잡을 수 없이 불어났고 지금의 허난성 뤄양시 부근인 신안 일대에 도착했을 무렵에는 그 숫자가 20만 명을 넘어섰습니다. 포로들을 모두 데리고 가다가는 유방과의 속도 경쟁에서 뒤처지겠다는 생각을 한 항우는 해서는 안 되는 생각을 해버렸습니다. 그것은 결국 실행으로 이어졌습니다. 초나라 군대는 야심한 밤에 진나라 포로들을 습격하여 죽이거나 산 채로 땅에 파묻어 버리고 말았습니다. 역사에 기록된 '20만 명'이라는 숫자에 압도되어 오히려 그 참혹함이 소설에서나 볼 수 있는 비현실적인 일처럼 느껴지기도 하지만 그들은 '사람'이었습니다. 무려 20만 명이 넘는 누군가의 아버지, 형제, 아들들이 죽거나 산 채로 생매장되어 버리고 만 것입니다. 게다가 그들 대부분은 쇠붙이 하나 몸에 걸치지 않은 완전한 비무장 상태였다고 합니다. 이날의 일을 역사는 '신안의 갱' 또는 '신안 대학살'로 기록하고 있으며, 역사학자들은 항우가 유방과의 경쟁에서 승리의 여신이 들고 있던 천칭이 유방 쪽으로 급격하게 기울어지게 된 결정적인 사건이라고 평가하고 있습니다.

한 가지 재미있는 것은 실제로 대학살이 일어났던 무렵 항우가 유방보다 뒤처져서 함양으로 가고 있었지만, 패배자였던 것은 아니었습니다. 병력의 숫자도 훨씬 많았고 진나라를 반대하여 연합한 나라들 사이에서의 명성과 지위를 비교하자면 유방은 항우의 발끝에도 비할 바가 못 되었기 때문입니다. 심지어 유방보다 함양에 늦게 도착한 항우는 이후 몇 차례 전투에서 유방을 박살내어 초나라를 우뚝 세우고 천하를 쟁취하겠다는 계획에 거의 도달해 있었습니다. 그런데도 역사학자들은 대부분 이때의 '신안 대학살'을 항우가 몰락하게 된 가장 중요한 장면으로 꼽고는 합니다.

만일 유방이었다면 어땠을까요? 한 가지 사례와만 비교해 보면 됩니다. 사수정 정장이었던 시절, 여산으로 죄수를 끌고 가다 중도에 도망친 인원이 발생하고 대열을 정비하느라 명령받은 일정에 맞추기도 힘들어지자 유방이 내린 결정은 "살 사람은 살아야 하니, 알아서들 도망치시오"라며 모두 풀어준 것이었습니다. 한량의 대책 없는 인생 포기 장면처럼 보이지만 그 근저에 깔린 것은 유방의 '사람'에 대한 깊은 애정과 '인명'에 대한 무거운 책임감입니다. 모든 일의 기준이자 중심에 사람을 두었기에 유방의 주위에는 사람들이 끊이지 않았고 결국에는 '힘으로는 산을 뽑아낼 듯하고, 기세로는 세상을 덮을 만하다'라던 위대한 영웅 항우를 물리치고 황제의 자리에 오를 수 있었던 것입니다.

사람부터 먼저 본다

항우보다 앞서 함양을 함락시킨 뒤 패상에 진지를 구축하고 항우의 공격에 대비하던 절체절명의 시기에 유방은 전혀 다른 모습을 보여줬습니다. 진지를 세우고 방어전략을 세우느라 눈코 뜰 새 없이 바쁜 가운데에서도 유방은 함양땅에 거주하는 부로(父老)들을 패상으로 불러 모았습니다. 요즘 표현으로 마을 원로 또는 어르신을 뜻하는 부로는 그저 동네의 나이 많은 어른도 있었지만, 옛날에는 마을의 대소사를 결정하고 잘잘못을 가려주는 등 관료의 역할을 일부 대신하던 준공무원에 가까웠습니다. 부름을 받은 부로들은 "저들이 우리를 진나라의 관리로 여겨 죽이려고 불러모으는구나!"라며 목숨 부지를 거의 포기하고 유방의 주둔지에 하나둘 들어섰습니다. 그러나 체념한 그들 눈앞에 펼쳐진 것은 전쟁터에서 보기 힘든 요리와 진나라 왕궁에서 가져온 좋은 술들이었습니다. 말 그대로 잔치였습니다.

부로들에게 일일이 술을 따라주고 안주를 권한 유방은 아직도 두려움과 의심의 눈초리를 거둬들이지 못하고 있는 부로들에게 "다른 것은 필요 없습니다. 여러분과 약속하겠으니, 세 가지 법만 지켜 주시면 됩니다."라고 말하고는 진짜로 딱 세 가지 법 조항만 남겨놓고 진나라 시절의 그 수많은 법 조항을 다 없애버렸습니다. '사람을 죽인 자는 사형에 처하고, 상해를 입힌 자와 재물을 훔친 자 역시 그에 상응하는 처벌을 행한다(殺人者死 傷人及盜抵罪)'가 그가 함양땅에 선포한 지켜야 할 법의 전부였습니다. 이후 수많은 위정자가 국가를 다스리고 법률을 정비하는 데 있어 기본이 되고 중요한 교훈을 제공한, 그 이름도 유명한 '약법삼장(約法三章)' 이야기가 탄생하는 순간이었습니다.

권력자, 지배자, 경영자들은 새로운 조직, 지역, 사업 등을 손에 넣으면 그것을 완벽하게 장악하기 위해 거창한 경영철학이나 운영방침을 선포하고, 까다로운 규정들을 만들어 주민이나 구성원들에게 어기면 무거운 책임을 묻겠다며 엄포를 놓는 것이 일반적입니다. 그러나 유방은 그리하지 않았습니다. 진나라의 지나치게 복잡하고 많은 법률과 법을 어긴 이들에 대한 가혹한 처벌의 병폐를 익히 알고 있었던 유방은 무엇이 중요하고 무엇으로 다스려야 하는지 꿰뚫고 있었습니다. 그것은 사람이었습니다. 그는 정교하게 설계된 대단한 법 조항이나 많은 수의 병력을 과시해서 힘으로 사람들을 다스리는 것의 한계와 문제점을 잘 알고 있었습니다. 기존의 법령 대부분을 과감하게 폐지하고 포로로 잡힌 진나라 백성들을 극진히 대접한 것이었습니다.

이때뿐만이 아니었습니다. 《사기》에서 유방을 다룬 〈고조본기〉에는 길지 않은 본문 가운데 수시로 같은 또는 유사한 문구가 등장하는데, 그것은 바로 '마을의 부로들을 불러모아 대접하고 안심시켰다'입니다. 유방은 천하를 두고 항우와 목숨을 건 전투를 벌이는 가운데에서도 자신에게 함락된 마을에 진입하면 가장 먼저 한 일이 부로들을 불러모아 소박한 연회를 베풀어 주고 안심을 시키는 것이었습니다. 또한 자신과 아무리 치열하게 다퉜다 하더라도 패배한 후 복종을 약속하거나 그 능력이 탐이 나는 인물들은 곁에 두고 중용했는데, 기존 측근들과 차별을 두지 않았습니다. 철저하게 능력 위주로 중용하고 평가하며 파격적인 보상을 제공했습니다. 대표적인 사례로 유방과 함께한 인물 중 그 공로와 영향력이 세 손가락 안에 드는 한신만 하더라도 항우의 밑에서 벼슬을 지낸 인물이었습니다.

그런 유방의 행동은 사람들이 저 사람만큼은 '사람 나고 돈 났지'라고 생각하는 사람일 것이라는 믿음을 심어 주었습니다. 유방의 군사가 마을 주변으로 진군하면 '적어도 저 사람은 우리를 헤치지 않고 소중하게 대해 줄 거야'라는 믿음으로 항복하고 투항하기 바빴습니다. 유방은 싸우지 않고, 싸울 때보다 훨씬 더 빠르게 영토를 정복해 나갔습니다. 싸움을 한번 하고 나면 전투 손실로 병사가 줄어들기는커녕 새롭게 합류한 병사들로 인해 몇 곱절 더 큰 규모의 병력을 거느리게 되었습니다.

반면, '돈 나고 사람 났지'라고 생각했던 항우는 '신안 대학살' 만큼은 아니더라도 이후에도 정복지 내에서 크고 작은 학살을 자행했고, 자기 일에 방해가 되는 사람이라 생각하면 가차 없이 처단했습니다. 자신의 주변에서 헌신적으로 돕는 사람이라 해도 늘 의심하고 공에 대해 제대로 평가하고 치하해 주는 것을 꺼렸습니다. 항우에게는 항복해도 어차피 목숨을 부지하기 어렵다는 소문이 사실화되면서 '어차피 죽을 거 한번 제대로나 붙어보고 죽자'라는 것에 대해 공감대가 형성되었습니다. 항우가 진군하는 마을의 사람들은 죽을 각오를 하고 맹렬하게 덤벼들어서 항우는 유방이 아닌 이름도 알려지지 않은 시골 동네의 청년들에게 몇 번이나 위기를 겪어야만 했습니다.

우리가 소인배라 부르는 이들은 아무리 지위가 높고 가진 것이 많아도 어떠한 일을 할 때 일부터 봅니다. 그러나 우리가 보통 성인군자라 부르는 이들이나, 일을 잘하는 인재라고 부르는 이들은 어떠한 일을 할 때 사람부터 봅니다. 단순해 보이지만 그 차이에서 위대한 성공과 처절한 실패라는 커다란 격차가 생겨난 것입니다.

02 현실에 발을 디디고 실제에 손을 댄다

(전략) 기병이 말했다. "유방은 유생(儒生)을 좋아하지 않아서 손님이라 해도 유생들이 쓰는 모자를 쓰고 찾아오는 사람이 있으면 언제나 그 모자를 빼앗아 그 안에 오줌을 누어 버립니다. 또 사람과 이야기할 때 늘 큰소리로 유생들을 욕하곤 하니, 유생으로서 유세하는 것은 좋지 않을 듯합니다." 역생이 말했다. "단지 말만 좀 전해주시게." 기사는 역생이 부탁한 말을 유방에게 차분히 고하였다 (前略 騎士曰 "沛公不好儒, 諸客冠儒冠來者, 沛公輒解其冠, 溲溺其中. 與人言, 常大罵. 未可以儒生說也." 酈生曰 "弟言之." 騎士從容言如酈生所誡者).

《사기열전》 권97, 〈역생육가열전〉, 두 번째 절

역사상 최악의 지성에 대한 테러

'먹물'이라는 말이 있습니다. 흔히 다른 사람들보다 공부를 많이 한 사람들을 비하해서 일컫는 멸칭(蔑稱)입니다. 우리나라야 대대로 학문을 숭상하는 분위기라 이런 멸칭은 건달무리들이나 배운 이들을 싫어하는 일부 사람들 사이에서 간헐적으로 사용되어 왔지만, 전 세계적으로 보면 '학식이 풍부한 이들'을 배척하거나 비웃고 심지어 혐오하는 행위는 의외로 그 뿌리가 깊고 넓었던 것을 발견할 수 있습니다.

가깝게는 1970년대 중반 폴 포트(Pol Pot)가 이끄는 크메르 루주(Khmers Rouges)에 의해 자행된 캄보디아의 대학살, 일명 '킬링 필드(Killing Fields)'가 있습니다. 마오쩌둥(毛澤東)이 제창한 마오이즘(Maoism)을 신봉했던 그들은 비슷한 시기 중국 본토에서 벌어진 '문화대혁명'을 본떠 지식인들에 대한 무차별적인 구금과 폭행을 일삼았고, 심지어 목숨까지 빼앗았습니다. 이들의 행위가 얼마나 대책 없고 무차별적이었는가 하면, 당시 목숨을 잃은 이들 중 상당수가 체포되거나 처형되었던 건 안경을 썼기 때문이었다고 합니다. 일반 농민들과 비교하면 책을 많이 읽는 이들의 시력이 떨어질 확률이 더 높아질 테니 일단 안경 쓴 이들부터 잡아들이자는 것이 크메르 루주 지휘관들의 생각이었습니다. 정권이 바뀐 뒤 학살 행위에 대한 정밀 조사에 들어가자 목숨을 잃은 이들 대부분

학교라고는 문턱에도 가본 적이 없는 이들이었고, 단지 눈이 나빠서 또는 무게를 잡기 위해서 안경을 쓴 이들이었다는 웃지 못할 뒷이야기가 남아 있습니다.

시간을 조금 더 거슬러 올라가면 중세 시대 만연했던 '마법사 처형'이나 '마녀사냥'을 예로 들 수 있습니다. 실제로 사이비 종교를 믿거나 괴이한 주술 행위를 남발해 마법사나 마녀로 오해받을 만한 짓을 한 이들도 있었지만, 기록을 보면 당시 사회 전반을 장악했던 가톨릭교회의 교리에 맞서 과학적이고 실증적인 연구를 했다거나, 현실적인 주장을 하는 등 이른바 '아는 척'했던 이들이 당시 사람들의 주된 타깃이었습니다. 특히 남자보다도 여자들의 아는 척에 대해 그들은 훨씬 더 가혹하게 대했습니다.

그런 면에 있어서 역사상 최강자는 바로 중국, 최초로 천하를 통일했던 진시황이었습니다. 기원전 213년 진시황은 수도인 함양 인근에 거주하는 박사 70여 명을 불러 잔치를 베풀었습니다. 그 자리에서 주청신(周青臣)이라는 사람이 진시황의 공덕을 칭송하며 아첨하자, 평상시 진시황의 폭정에 불만이 많았던 제나라 출신의 유학자 순우월(淳于越)은 "옛것을 버리고 새로운 것만 찾는 것은 옳지 않다"라며 당시의 그릇된 정치 풍조를 조목조목 반박하기 시작했습니다. 그 말에 진시황의 안색이 달라지자, 그의 심기를 살피던 심복 이사(李斯)가 발 빠르게 생활에 필요한 기술 서적을 제외한 제자백가의 사상서와 역사서 등을 불태울 것을 지시하였습니다.

1년 뒤, 이번에는 노생(盧生)과 후생(候生)으로 불리던 박사 두 명이 진시황을 대놓고 비방하는 일이 벌어졌습니다. 그들은 시황제가 불로장생을 위한 전설 속의 명약을 구하기 위해 국력을 낭비하고 있으며, 정신 상태가 문제 있다는 식의 적나라한 비판을 늘어놓은 뒤 도망쳐 버렸습니다. 그 소문을 듣고 머리끝까지 화가 난 진시황은 유생들을 대상으로 '황제를 비방하는 자', '진나라에 불평불만이 있는 자', '쓸데없는 이야기로 대중을 현혹시키는 자'들을 잡아들이도록 하였습니다. 이에 유생들은 '이때다 싶어' 사이가 안 좋던 이들끼리 서로 질시하여 무고하다 보니 어처구니없게도 고발된 이들의 숫자가 무려 460여 명에 달했습니다. 이는 당시 진나라 내에서 꽤 책을 읽고 글을 쓴다고 꼽히던 이들 대부분이었습니다. 진시황은 커다란 구덩이를 파도록 하고 사람을 산 채로 파묻어 버렸습니다. 많은 이들이 이때를 기점으로 진나라의 국력이 다시는 회복하지 못할 쇠락기에 접어들었고, 중국의 철학과 역사학의 수준 자체가 수백 년 이상 퇴보했다고 합니다. '책을 불태우고(焚書)', '구덩이에 유생들을 파묻어 버린(坑儒)' 이 일을 가리켜 '분서갱유'라 하는데, 역사상 최악의 지성에 대한 테러로 평가받고 있습니다. 그러나 중국 역사를 살펴보면 진시황 못지않게 지성, 특히 유학자에 대해 반감이 있었던 권력자가 있었으니, 한고조 유방이 바로 그 주인공입니다.

실용적이고 이타적인 지식인을 중용한 한고조

수많은 역사서나 고사에는 한고조가 지식인, 특히 유학자를 싫어했다고 나옵니다. 《사기》의 〈역생육가열전〉 구절을 보면 한고조가 어찌나 유학자를 싫어했는지 대화하던 상대방이 자신이 유학자라는 것을 밝히기만 하면 역정을 내거나 비아냥대다가 심지어 일부러 시비를 붙기 위해 모자를 빼앗아 거기에 소변을 보곤 했다는 이야기가 나옵니다. 이는 단순히 사마천이 황제 한고조의 서민적, 실용적 풍모를 부각하기 위해 지어낸 이야기는 아닌 듯합니다. 《사기》 외에도 여러 문헌 기록과 각종 창작물 속에 비치는 젊은 시절의 유방이나 황제가 되고 난 이후 한고조로서의 모습 역시 〈역생육가열전〉의 모습과 크게 다르지 않습니다. 그는 유학자라 하면 상종하지 않으려 했고, 설사 입바른 소리를 하는 이가 있으면 들어는 주되 거슬리면 바로 면박을 주고 욕설을 퍼부었습니다.

그런 모습들만으로 한고조가 지식인들, 특히 유학자들에게 반감이 있었고 그들을 핍박하거나 홀대했다고 단정지을 수는 없을 것 같습니다. 《사기》의 본기나 수많은 열전을 뒤져보면 한고조가 학자들과 논쟁을 벌이거나 그들에게 면박을 주고 못살게 구는 장면들이 나옵니다.

심지어 본인의 입으로 "나는 말 위에서 천하를 얻었다. 《시경(詩

經)》과 《서경(書經)》 따위를 어디에 쓰겠는가?"라고 비아냥댈 정도
였습니다.

그러나 이런 단편적인 언행만을 보고 그가 지식인, 특히 유학자
를 싫어했다고 단정하는 것은 우리가 한고조의 삶에서 가져올 수
있는 매우 중요한 교훈 하나를 놓치는 우를 범할 수 있습니다. 한
창 혈기 왕성했던 젊은 시절에 한고조가 학자, 특히 인(仁)과 예(義)
를 중시하는 유학자들을 경시하고 심지어 지독하게 싫어했던 것
은 사실입니다. 그러나 그는 일상생활에 털끝만큼도 도움되지 못
하면서 탁상공론만 늘어놓는 그릇된 풍조에 사로잡힌 당시 유학
자들의 행태에 대해 보인 반응이지 지성인 자체에 대해 반감이 있
는 것은 아니었습니다.

오히려 자신에게 제대로 된 조언을 하거나, 사리를 분별하여 정
확한 지적을 하는 이들은 가까이 두고 오래도록 중용하거나 존중
하여 우대하였습니다. 앞서 한고조가 "말 위에서 천하를 얻었는데
유학의 《시경》이나 《서경》 같은 책을 어디에 쓰겠는가(馬上得天下,
安事詩書)"라고 말할 때의 모습만 보아도 그렇습니다. 대화의 상대
였던 유학자 육가가 "말 위에서 천하를 얻을 수는 있지만, 어찌 그
위에서 천하를 다스릴 수 있겠습니까(居馬上得之 寧可以馬上治之)"라
고 되받아쳤습니다. 심지어 "진시황 역시 말 위에서 전국을 통일
했지만 삼대도 가지 않아 10여 년 만에 망해 버렸습니다"라며 듣
기에 따라서는 무척 기분이 나쁠 수도 있는 사례를 들어 한고조의

말에 반대하고 나섰습니다. 그러나 한고조는 육가를 벌하거나 멀리하지 않고 오히려 그에게 진나라를 포함한 과거 국가들의 흥망성쇠에 대한 글을 지어서 보여 달라며 한 수 배움을 청할 정도였습니다.

한고조의 진지한 청을 받아들여 육가는 그날부터 과거 국가들이 융성하거나 패망했던 사례, 그들이 망할 수밖에 없었던 이유를 엮어 《신어(新語)》라는 책을 펼쳐 냈습니다. 책은 총 12편으로 이뤄져 있었는데, 그 내용에 조금씩 빠져든 한고조는 나중에는 육가가 새로운 책을 써낼 때마다 그 내용에 대해 극찬하고 진심으로 기뻐하며 숙소로 가져가 탐독했다고 합니다. 이후로도 한고조는 육가를 곁에 두고 자주 그의 견해를 물었는데, 그때마다 육가는 뼈아픈 충언과 핵심을 찌른 제안을 아끼지 않았습니다. 덕분에 건국 초기 정치 체계도 엉망이었고 국가 운영 철학 역시 부재했던 한나라가 이후 진나라에 버금가는 탄탄한 국가 체계를 갖춰 나갈 수 있었습니다.

이처럼 한고조는 유학자를 포함한 지식인을 싫어했다기보다는 실용적이지 않은 현학적인 지식인, 현실에 발을 딛지 않고 자신만의 허황한 세계에 붕 떠 있는 책임감 없는 지식인, 주변에 도움을 주지 못하고 혼자서만 지적 쾌락을 즐기는 이기적인 지식인을 싫어했던 것입니다. 그리고 역으로 현학적이지 않은 실용적인 지식인, 허황하지 않고 현실에 군건히 뿌리를 둔 책임감 있는 지식인,

학습의 산물을 혼자만이 아니라 주위와 기꺼이 나누는 이타적인 지식인을 아끼고 중용했기에 큰 꿈을 이룰 수 있었던 것입니다.

문제의 본질과 거리가 먼 허황한 논의

1986년 이즈(伊豆)반도의 동쪽 해상에 떠 있는 오오시마(大島)라는 섬에 있는 미하라(三原) 화산이 폭발했던 적이 있습니다. 해발 758 미터 정도의 크지 않은 산이었지만 꽤 오랫동안 휴화산 상태로 응축해 왔던 에너지가 용암으로 분출되자 섬 전역은 말 그대로 폭격을 당한 것처럼 삽시간에 아수라장이 되었습니다. 하지만 지진과 화산 폭발이 드물지 않게 발생하는 일본에서 살아온 오오시마섬의 주민들은 크게 동요하지 않고 차분하게 집 또는 안전한 마을회관 등에 피해 있으며 관련 기관의 지시를 기다리고 있었습니다.

그런데 비상대책기구를 구성한 일본 국토성 공무원들과 이즈반도가 속한 시즈오카현(靜岡縣)의 현청 관료들은 주민들의 예상과는 전혀 다른 일을 하고 있었습니다. 그들은 회의실 문을 걸어 잠그고 수 시간째 격론을 주고받고 있었습니다. 한시가 매우 급한 순간에 그들은 '비상대책본부' 명칭을 어떻게 정할 것인가에 대해 열띤 토론을 펼치고 있었습니다. 그들은 사고의 직접적인 원인인 '미하라'산의 이름을 따서 〈미하라 사태 비상대책본부〉로 할 것인지, 또는 사태가 발생한 지역인 '이즈'반도 또는 '오오시마'섬의 이름을 따서 〈이즈 또는 오오시마 사태 비상대책본부〉로 할 것인지가 토론의 주제였습니다. 각종 서류의 제목이나 현판 이름으로 어떤 것을 사용할지 두고 그들은 한 치의 양보 없는 팽팽한 힘겨루기를 했습니다. 현장 공무원들과 관료들의 생각은 명칭에 따라 향후 피해 복구를 논의할 때 예산의 배분이나 복구의 책임 소재 공방에 있어 차이가 있을 거라 생각했고, 그 유불리를 따져보니 절대로 이름을 양보하면 안 되겠다고 생각하게 된 것입니다. 그렇게 몇 시간이 흘러갔습니다. 그 사이에도 용암은 흘러나와 도로를 뒤덮었고 화산재와 유독가스는 하늘을 뒤덮었습니다.

그러나 그들이 논쟁할 거리는 아직도 많이 남아 있었습니다. 대책본부 참가자들은 이번에는 관련 일지와 후속 조치 계획 등에 사용할 연도 표기를 어떻게 할 것인지를 두고 또다시 논쟁을 벌였습니다. 한쪽은 해외 원조, 위성 중계 등을 고려하면 국제적으로 통용되는 서기 기준 연도 표기와 24시간으로 표시되는 시간 표기를 사용해야 한다고 주장했습니다. 다른 쪽에서는 화산 폭발이 일어난 오오시마섬은 거의 모든 주민이 고령의 일본인이므로 그들에게 익숙한 일본식 연호와 오전 오후로 나뉘는 시간표기를 사용해야 한다고 주장했습니다.

연도와 시간 표기와 관련된 의사결정이 채 이뤄지기도 전에 이번에는 대책 회의의 절차와 방식에 대한 설전이 벌어졌습니다. 한쪽에서는 긴급상황이니만큼 현장 책임자들이 의사결정을 하면 그 내용을 내각 참사관이 보고서로 만들어 각 각료의 서명을 받는 것으로 회의를 대신하는 '약식 각료회의'를 제안했습니다. 다른 한쪽에서는 사태에 대한 대처부터 후속 복구작업까지 책임 있는 진행을 위해서는 각료들을 실제로 소집하여 '임시 내각회의'로 운영해야 한다고 주장했습니다. 이 역시 서로 조금의 굽힘도 없었습니다.

그 시각에도 화산재와 화산가스가 8킬로미터 상공까지 솟구쳐 올랐고, 용암이 물처럼 흘러내려 대피객들이 모여 있는 모토마치(元町) 항구로 향하고 있었습니다. 뜨거울 대로 뜨거운 용암이 대량으로 차가운 바다로 흘러들면 마치 튀김 기름에 물을 부었을 때와 같은 대규모 수증기 폭발이 일어날 수도 있는 상황이었습니다. 그런데도 국토성 관료들과 현청 공무원들은 화산 폭발로 촉발된 사태에 대한 파악, 그리고 그런 사태 속에서 일본 국민의 생명과 재산을 어떻게 지킬 것인가와는 아무런 상관도 없는 세 가지 안건을 두고 팽팽하게 맞서 모인지 세 시간이 넘도록 결론을 내지 못하고 있었습니다.

이 소식은 내각관방 장관이자 칼 같은 성격으로 '면도날'이라는 별명으로 불리던 고토다 마사하루(後藤田正晴) 국무대신의 귀에 들어갔습니다. 그는 격노하여, "화산이 터지고 도민의 생명이 위험한데 그 일을 오른손으로 하건 왼손으로 하건 무슨 상관이야!"라고 외친 뒤, 국토성과 시즈오카현 관료들을 회의실에 가둬 놓은 채 관방, 운수, 총리 직할 부서의 핵심 인력들만 불러모아 섬 주민 1,800명 및 인근 피해 예상 지역 주민 1만여 명에 대한 대대적인 이주 계획을 수립하였습니다. 회의체 이름, 연도 표기 기준, 회의 진행방식도 정해지지 않은 채였지만 모든 계획 수립과 실제 대책 활동은 매우 신속하고 실질적으로 진행되었습니다. 사태의 본질을 꿰뚫어 본 고토다 마사하루의 올바르고 단호한 판단과 강력한 실행력 덕분에 큰 참사를 막을 수 있었지만 지금까지도 '관료주의의 폐해', '문제의 본질에 접근하지 못한 허황한 논의의 문제'에 대해 이야기할 때면 자주 거론되는 사건입니다.

한고조는 고토다 마사하루 같은 사람이었습니다. 아니, 고토다 마사하루는 한고조 같은 사람이었습니다. 그들은 허례허식을 싫어하고, 문제의 본질을 외면한 피상적인 접근을 혐오했으며, 일상의 삶에 전혀 도움이 되지 못하는 현학적인 이론을 증오했습니다. 그리고 그런 그들이 현실 속에서 우리 인간에게 도움이 되는 업적들을 만들어 냈습니다.

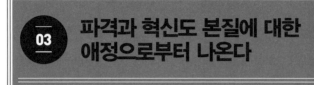

파격과 혁신도 본질에 대한 애정으로부터 나온다

(전략) 밤이 되자 한나라 군대가 사방에서 모두 초나라의 노래를 불렀다. 항우가 매우 놀라서 말했다. "한나라 군사가 이미 초나라를 모두 차지하였는가? 어찌하여 초나라 사람들이 이토록 많단 말인가!" 항우는 밤중에 일어나 군막에서 술을 마셨다. (후략) (前略 夜聞漢軍四面皆楚歌, 項王乃大驚曰 "漢皆已得楚乎? 是何楚人之多也!" 項王則夜起, 飲帳中. 後略).

《사기본기》 권7, 〈항우본기〉, 마흔 번째 절

문제의 본질을 건드리면 답이 보인다

중국의 병법서 《삼십육계(三十六計)》의 열아홉 번째 계는 '혼전계(混

戰計)'라는 원래의 이름 대신 첫 번째 문구인 '부저추신(釜底抽薪)'으로 더 널리 알려져 있습니다. 북제(北齊) 때 사람인 위수(魏收)가 지은 〈양조문(梁朝文)〉에서 유래한 것으로 글에는, '추신지비 전초제근(抽薪止沸, 剪草除根)'이라고 적혀 있습니다. 해석해 보면 '타는 장작을 빼서(抽薪) 물이 끓는 것을 막고(止沸) 풀잡초를 제거하기 위해(剪草) 뿌리를 제거한다(除根)'는 뜻입니다. 6세기 무렵 유명한 역사서인 〈위서(魏書)〉를 저술하며 온자승(溫子昇), 형소(刑部)와 함께 북조삼재자(北朝三才子)로 불렸던 위수는 뛰어난 역사가이자 탁월한 문장가였으며 실제로는 사안의 핵심을 꿰뚫어 보는 위대한 철학가 중 한 사람이었습니다. 그는 어떠한 일을 해결하기 위해서는 눈에 빤히 보이는 겉으로 드러난 문제만을 건드릴 것이 아니라 그 일의 근원 또는 본질적인 원인이 되는 것을 살펴 그를 해결해야 한다는 뜻으로 이처럼 말한 것이었습니다.

이후 그 문장이 여러 사람에게 알려지게 되었고, 특히 전장을 누비던 장수들의 입에서 입으로 전해졌습니다. 긴 문구는 '부저추신'이라는 간결한 사자성어로 축약되어 명성을 크게 얻게 되었고, 《삼십육계》의 내용으로 다음과 같이 삽입되었습니다.

기본 또는 근원이 되는 것을 손대어 문제의 본질을 해결한다.

이 문장을 반박하거나 부정하는 사람은 없을 것입니다. 어떠한 문제를 해결하거나 그를 통해 진정한 실력을 기르기 위해서는 가장 기본 또는 근본이 되는 것부터 면밀하게 살피고 챙겨야 한다는 것 역시 아니라고 할 사람은 없을 것입니다.

'부저추신'하여 문제의 근원을 해결한 대표적인 것으로 미국 제퍼슨 기념관의 사례가 있습니다. 미국의 제3대 대통령인 토머스 제퍼슨(Thomas Jefferson)을 기리기 위해 수도 워싱턴 포토맥 강변에 세워진 제퍼슨 기념관은 마치 로마의 판테온(Pantheon)과 흡사한 외양을 가진 건물로 외벽 전체를 흰 대리석으로 장식하고 군데군데 빛나는 금빛 장식물을 배치한 이름다운 건축물이었습니다. 그런데 어느 때부터인가 대리석으로 감싼 벽면 여기저기에 얼룩이 지기 시작했고, 금빛 장식물은 광채를 잃어버리더니 곳곳에서 부식된 부분이 발견되었습니다. 잔뜩 기대하고 찾아온 관광객들이 그 모습을 발견하고 기념관 측에 항의하기 시작하자 기념관장과 직원들은 문제를 해결하기 위해 나섰습니다. 대리석 벽체와 금빛 장식물의 표면이 훼손된 원인은 어렵지 않게 찾아낼 수 있었습니다. 벽체와 장식물 곳곳에 떨어진 비둘기 똥을 제거하기 위해 사용한 세제 성분이 문제였습니다. 그렇다고 비둘기 똥을 닦지 않고 그대로 둘 수 없으니 기념관 측에서는 날아드는 비둘기의 숫자를 줄이기 위해 곳곳에 '비둘기에게 먹이를 주지 마시오' 입간판을 붙이고 관리인을 배치해 단속하도록 했습니다.

그런데 문제는 전혀 해결되지 않았습니다. 먹이를 주는 관광객의 숫자는 급격히 줄어들었으나 찾아오는 비둘기의 숫자는 전혀 변동이 없었습니다. 그러다 보니 관리인들은 예전과 마찬가지로 세제를 사용해 벽면과 장식물 등을 닦아야 했습니다. 기념관 경영진은 전문가에게 의뢰해 진상조사에 다시 착수했습니다. 그들이 찾아낸 원인은 거미였습니다. 알고 보니 예전부터 비둘기들은 관광객이 던져준 먹이가 아니라 기념관에 서식하는 거미들을 먹이로 삼고 있었습니다. 서둘러 환경미화원들을 고용해 기념관 구석구석의 거미줄들을 철거하는 작업을 진행했습니다. 그러나 며칠 못 가 기념관 곳곳에 거미들이 출몰했고, 그들을 잡아먹기 위해 몰려든 비둘기들이 싼 분뇨도 그대로였습니다. 또다시 대대적인 진상조사 작업이 진행됐습니다. 결국 찾아낸 문제의 본질적인 원인은 따로 있었습니다. 그것은 놀랍게도 제퍼슨 기념관의 명물과도 같았던 조명탑이었습니다.

제퍼슨 기념관은 건물 전체가 백설처럼 하얀 대리석으로 뒤덮여 있습니다. 그 아름다움을 극대화하기 위해 날이 어두워지기 시작하면 기념관 측은 대낮처럼 밝은 조명을 대리석 벽면을 향해 비췄습니다. 그러면 기념관은 그 자체가 보석처럼 반짝반짝 빛이 났습니다. 그 빛에 인근에 있던 온갖 종류의 나방들이 기념관으로 몰려들었고, 그런 나방을 잡아먹기 위해 거미들이 건물 곳곳에 진을 쳤으며, 거미들은 기념관과 그 주변 공원에 서식하는 비둘기들의 일용할 식량이 되어 주었습니다. 즉, 기념관 건물과 장식물을 훼손하는 주범은 엉뚱하게도 바로 그 기념관을 더 아름답게 보여 주기 위해 인간이 설치한 조명이었던 것입니다. 기념관 측은 건물을 비추는 조명을 기존보다 두 시간가량 늦게 켜는 것만으로 간단하게 문제를 해결했습니다.

이처럼 문제의 본질을 제대로 꿰뚫어 보는 일은 매우 중요합니다. 그 일을 얼마나 잘하느냐에 따라 복잡하게 얽힌 듯한 문제도 간단하게 해결할 수 있을지, 쉽게 풀릴 듯한 문제도 어렵게 풀어 내거나 심지어 아예 손도 대지 못하고 엉망으로 꼬일지가 정해지기 때문입니다.

하지만 말이 쉽지 이를 제대로 실천하는 이는 극히 드문 듯합니다. 이 말과 반대의 의미를 지닌 '언 발에 오줌 누기' 또는 '동족방뇨(凍足放尿)'와 같은 말이 훨씬 더 빈번하게 언급되고는 하니 말입니다. 그러나 그렇지 않은 이도 있습니다. 그들은 문제의 근원에 집중하고 그를 해결해 내서 자신이 원하고자 한 것들을 이뤄냈습니다.

상대가 스스로 무너지게 만드는 길을 찾다

어떠한 일을 하건, 어떠한 사람을 만나건 그 본질적인 부분, 근원적인 분야에 대해 천착하여 모든 것을 꿰뚫어 보고, 그를 기반으로 다양한 전략과 전술을 구사했던 리더가 바로 유방이었습니다. 우리에게는 '사면초가(四面楚歌)'라는 사자성어로 유명한 해하전투에서 유방이 보여준 모습이 대표적입니다.

기원전 202년 겨울, 해하 지역에서 항우의 초나라 군대를 포위한 유방은 자신의 병사들 중 초나라 노래를 부를 줄 아는 이들 수백 명을 뽑았습니다. 그들을 초나라 진영의 사방에 십수 명씩 배치한 뒤 일정한 신호에 따라 노래를 부르도록 했습니다. 당연히 초나라 노래였습니다. 불화살이 오가고 전투를 독려하는 고함으로 가득 차야 하는 전쟁터에 갑자기 적막이 찾아오는 듯하더니 이내 구슬프게 처량한 초나라 노랫소리가 곳곳에서 들리기 시작했습니다. 그 노랫소리를 들은 초나라 병사들은 고향 생각에 멍하니 먼 하늘만 바라보거나, 속절없이 따라부르거나, 하염없이 눈물을 흘릴 따름이었습니다.

개중 몇몇은 "한나라군 화살을 맞아 죽는 한이 있더라도 고향 땅으로 가다가 죽겠다"라며 무기를 버리고 탈영하여 초나라 방향으로 정처 없이 달려가는 병사들도 있었습니다. 제대로 겨누기만 하면 백발백중 맞출 수 있을 만큼 가까운 거리에 한나라 병사들이 지키고 있었지만, 그들은 이미 유방의 명에 따라 도망가는 초나라 탈영병들을 헤치지 않고 무사히 지나가도록 지켜보고만 있었습니다. 초나라 탈영병들이 한나라 진영을 무사히 통과해서 도망쳤다는 소식이 전해지자 초나라 진영은 급격히 요동치기 시작했습니다. 일반 병사들은 물론이거니와 종리말, 계포 등과 같은 고위급 장수들과 심지어 항우의 숙부였던 항백까지 탈영병 대열에 함께 했을 정도였습니다.

그 모습을 망연자실하게 지켜보던 항우는 "한나라가 이미 초나라를 점령했다는 말인가…"라고 탄식하며 모든 것을 포기하고 스스로 무너져 버리고 말았습니다.

현실이 꼭 그런 것만은 아니었습니다. 사실 유방이 '사면초가' 전법을 사용하기 직전까지만 하더라도 전황이 초나라에 절대적으로 불리한 것만은 아니었습니다. 잇단 패배로 인해 초나라 군대의 규모는 예전과 비교할 수 없을 정도로 줄어든 상태였습니다. 해하의 지형적 특성을 활용하여 유방의 군대가 항우의 군대를 거의 완전하게 포위한 것도 사실이었습니다. 그러나 초나라에 남은 병력은 산전수전 다 겪은 최정예 부대였고, 이미 더는 물러날 곳도 없어서 죽기 살기로 덤벼드는 통에 유방과 그의 장수들은 골머리를 썩이고 있었습니다. 해하의 독특한 지형은 다수의 병력으로 포위하기 쉬웠지만 같은 이유로 대규모 병력을 투입해서 완전하게 진압 소탕하기가 무척이나 힘들었습니다. '툭하면 유방이 그랬듯이' 일단 있는 병력으로 현상 유지하고 버티면서 다른 방도로 살 궁리를 한 뒤, 잠시의 굴욕은 참아내고 후사를 도모하면 될 일이었습니다. 역사에 만일이란 없다지만, 유방이 무작정 힘으로 밀어붙였다면, 반대로 항우가 끝끝내 버티며 후사를 도모했더라면, 이후의 일들이 어떻게 될지 알 수 없을 것 같습니다.

유방은 확실히 범상치 않은 인물이었습니다. 모두가, 심지어 적인 초나라 장수들과 항우조차 곧 힘으로 밀어붙일 거라 예상했던 순간, 다른 해결책을 떠올렸습니다. 극한의 상황에 부딪힌 적을 자극해 그들이 죽기 살기로 나서도록 하지 않고 상대가 스스로 허물어지도록 하는 길을 찾아낸 것입니다. 그것은 바로 '인간 본질의 심연'을 건드리는 것이었습니다. 오랜 시간 타국에 와서 전투를 치러야 했던 병사들의 심리, 고향으로 돌아가 가족들의 따뜻한 품안에서 살고 싶은 심리를 '고향 초나라의 노래'라는 도구로 깊이 자극하는 방법을 택했고, 그것은 유효했습니다.

그가 이런 절묘한 방법을 택할 수 있었던 데에는 두 가지 특별한 이유가 있었기 때문입니다.

그것은 바로 타인의 감정을 외면하지 않고 자신의 감정처럼 깊이 이해하려는 측은지심(惻隱之心)과 어떠한 문제가 생기면 겉으로 드러난 부분에 얽매이지 않고 그 내면에 담긴 본질적인 부분을 찾아내 그를 해결하고자 한 의지였습니다. 그가 '사면초가'의 전술을 생각해 낼 수 있었던 것은 역설적으로 그가 항우 같은 이들보다도 훨씬 더 초나라 병사들을 이해하고 인간적으로 아꼈기 때문입니다. 동네 건달패거리에서 시작해 말단 정장 신분을 거쳐 몇 안 되는 도망자 무리의 우두머리였다가 어쩌다 보니 왕의 자리에까지 올라섰던 유방은 전쟁터에 끌려온 병졸들의 심정과 아픔을 이해했습니다. 해하 전투의 승패를 좌우할 핵심 열쇠는 그 병졸들의 사기와 직결된 심리 싸움이라는 것도 간파했습니다. 그랬기에 그런 절묘한 해법을 찾아낼 수 있었습니다.

문제의 근원에 집중하는 힘

저도 인생을 살면서 여러 번 그런 경험을 했습니다. 어렸을 때는 컴퓨터는커녕 전자계산기조차 무척이나 귀한 물건이었습니다. 일반 사람들은 웬만한 계산은 암산으로 해냈고 장사를 하는 집에서는 주판을 사용해 주고받아야 할 돈을 셈하고는 했습니다. 요즘은 '정보고등학교', '디지털산업고등학교' 등의 이름으로 불리는 상업고등학교 진학을 위해서는 주산과 부기를 반드시 습득해야 했고, 꼭 상업고등학교 진학을 하지 않더라도 두뇌를 계발하고 수리 능력을 향상하기 위해 어렸을 때부터 주산학원에 다니는 경우도 빈번했습니다.

그러다 80년대 들어서 조금씩 컴퓨터라는 신문물이 등장했다는 소식이 들리더니 90년대에는 전화 모뎀을 활용한 PC통신이 유행하기 시작했고, 2000년대부터는 인터넷이 세상을 완벽하게 바꿔가기 시작했습니다. 사람들은 너 나 할 것 없이 PC를 배웠고 학원마다 PC 언어와 활용 기술을 배우려는 사람들로 인산인해를 이

뤘습니다. 반면 전자계산기도 아닌 주판과 암산 세대였던 제 또래
는 그런 흐름으로부터 완벽하게 소외되었습니다. '컴퓨터'에 '문
맹'이라는 단어를 합쳐 만든 '컴맹'이라는 모욕적인 이름으로 불
리면서도 "할 수 없지. 젊은 애들을 우리가 따라갈 수가 있나?"라
며 체념하는 동기들이 대부분이었습니다.

　저 역시 그런 컴맹 중 한 부류였음에도 불구하고 어쩌다 보니
인터넷 사업에도 진출하게 되었습니다. 물론 제 주위 사람들은 그
런 저에게 "아무런 걱정할 것 없습니다. 어차피 회장님은 경영 전
문가이지 않습니까? 인터넷에 대해서는 전문가에게 맡기고 조직
과 사업만 챙기시면 됩니다."라고 안심시켰습니다.

　사실 아주 많이 틀린 말은 아닙니다. 아마존의 제프 베이조스가
인터넷 상거래 시스템의 최고 전문가라는 얘기는 못 들어봤고, 현
대 고(故) 정주영 회장이 건축 설계의 전문 기술을 보유했다는 말
도 못 들어봤습니다. 사업의 판을 꾸리고 그에 적합한 사람을 모
아서 조직을 만드는 데는 자신이 있었기에 사람들의 말처럼 전문
가들을 영입하여 일을 만들어 가면 될 일이었습니다. 그러나 제
생각은 달랐습니다. 어떠한 일을 하든 반드시 그 일에 가장 으뜸
가는 전문가가 될 필요는 없겠지만 최소한 그 일의 근본이 되는
부분, 기본적인 바탕에 대해서는 줄줄 꿰고 있어야 의사결정을 하
고, 사람을 영입하여 사업을 지속시키는 일을 할 수 있다고 생각
했습니다.

인터넷 사업을 시작해야겠다고 마음먹은 뒤로는 서점에 나가 인터넷, 정보통신, 데이터 관리 등은 물론 컴퓨터 하드웨어, 소프트웨어 등 컴퓨터와 관련된 책은 눈에 띄는 대로 사들였습니다. 그 책들을 책상 위에 쌓아두고 밤을 새우며 공부했습니다. 물론 첫날은 다섯 페이지도 채 읽어 내지 못했습니다. 난생처음 들어보는 생소한 용어에 알파벳으로 된 약어들의 뜻이 무엇인지 알 수가 없었습니다. 그런데도 끈질기게 읽어 나갔습니다. 모르는 것은 찾아보고, 찾아봐도 모르는 것은 주변에 물어보며, 물어봐도 답을 구하지 못한 것은 일단 통째로 외워버렸습니다.

책으로만 공부하는 것은 한계가 있었습니다. 그럴 때는 관련 업계 사람들을 찾아가 그들에게 물었습니다. 때로는 대학교나 대학원에 다니는 학생들에게 물어야 할 때도 있었습니다. 명색이 기업체 몇 개를 운영하는 회장이라는 사람이 막냇동생보다도 한참은 더 어린 젊은 친구에게 굽신거리며 답하는 것을 받아 적어야 했지만 하나도 부끄럽지 않았습니다. 오히려 새로운 것을 배웠다는 생각에 즐겁고 기쁘기만 했습니다. 그렇게 한참을 들고 파다 보니 '인터넷'이라는 새로운 세상의 본질이 조금씩 보이기 시작했습니다. 그저 신기한 신문물이었던 인터넷이라는 기술이 담고 있는 실제 철학이 무엇이고, 그것이 어떻게 기술로 구현되며, 그 기술들이 우리 인간의 삶을 어떻게 바꿔 나갈 것인지 그 근원적인 부분에 눈이 뜨이자 그를 활용해 돈을 벌 수 있는 무궁무진한 방법들이 눈앞에 생생하게 보였습니다.

이는 비단 사업 경영뿐만이 아닙니다. 누구를 만나서 어떠한 일을 하든 마찬가지입니다. 문제의 근원에 집중한다는 것, 그를 해결하기 위해 문제의 본질을 이해한다는 것의 힘은 우리가 상상하는 것 이상으로 훨씬 더 강력합니다. 누군가는 그 힘으로 고민하던 개인의 문제를 해결할 수도 있으며, 또 누군가는 저처럼 그 힘으로 커다란 사업을 일굴 수도 있고, 또 다른 누군가는 유방처럼 그 힘으로 나라를 구하고 천하를 품에 안을 수도 있으니 말이죠.

그럴듯한 스토리 하나 없는 영웅은 없다

(전략) 뒤따라오던 사람이 한 노파가 뱀이 있던 곳에서 한밤중에 통곡하는 것을 보았다. "왜 우냐?"라고 묻자 노파가 말했다. "어떤 자가 내 아들을 죽였기에 우는 것이라오." 그 사람이 다시 물었다. "할머니의 아들이 어째서 죽임을 당한 것이오?" 노파가 말했다. "내 아들은 백제의 아들로 뱀으로 변신하여 길을 막고 있었는데 적제의 아들이 칼로 베어 죽여서 울고 있던 것이오." 그 사람은 노파가 허황한 말로 속이려 한다고 여겨 때리려 했으나 노파는 홀연히 사라지고 보이지 않았다. 뒤에 오던 사람이 도착하니 그제야 고조는 술에서 깼다. 뒤에 오던 사람이 고조에게 이를 고하자 고조는 속으로 혼자 기뻐하며 자신을 자랑스럽게 생각했다. 따르는 사람들이 갈수록 고조를 더 어려워했다(前略 後人來至蛇所, 有一老嫗夜哭. 人問何哭, 嫗曰 "人殺吾子, 故哭之." 人曰 "嫗子何爲見殺?" 嫗曰 "吾, 白帝子也,

化為蛇, 當道, 今為赤帝子斬之, 故哭." 人乃以媼為不誠, 欲告之, 媼因忽不見.
後人至, 高祖覺. 後人告高祖, 高祖乃心獨喜, 自負. 諸從者日益畏之).

《사기본기》권8, 〈고조본기〉, 일곱 번째 절

용의 얼굴을 한 사나이

동양에서 용(龍)은 대대로 최고의 권력자, 즉 왕이나 황제의 상징
으로 여겨져 왔습니다. 특히 중국에서는 수천 년 전부터 천하를
다스리는 이들을 용에 빗대거나, 그들이 쓰는 물건이나 걸치는 옷
가지, 기타 여러 가지 것들의 이름에 '용'자를 붙여왔습니다. 언제
부터 용이 왕의 상징이 되었는지 의견이 분분합니다. 중국의 신화
에서 태초에 인간의 시조 격인 존재로 등장하는 복희씨(伏羲氏)와
여와(女媧)는 공통으로 인간의 몸에 뱀의 몸을 하고 있습니다. 얼른
보면 용과 비슷합니다. 이미 이때부터 용을 신성시하는 원시적 믿
음이 형성되었고, 그 믿음이 초기 정치 제도에 접목이 되면서 가
장 지위가 높고 힘센 사람, 즉 부족장이나 왕을 용에 빗대어 말하
는 전통이 생겨났다고 주장하는 이들이 있습니다.

또 다른 이들은 복희씨와 여와가 등장했던 신화시대보다는 조
금, 아니 한참 뒤인 역사시대부터 용이 왕의 상징으로 쓰이기 시
작했다고 주장하고 있기도 합니다. 상나라 시대에 새겨진 갑골문

의 기록 등을 보면 그때는 용이 비를 몰고 온다고 믿어 가뭄이 들면 용이 나타나 비를 뿌려 주기를 간절히 빌었다고 합니다. 그런 제의를 주관하는 이가 곧 왕이었기에 용은 왕, 왕은 곧 용을 연상시키게 되었고, 어느새 용은 왕을 상징하는 존재로 인식되었다는 설이 조금 더 신빙성 있는 주장으로 받아들여지고 있는 것 같습니다.

그러나 최초가 언제인지 상관없이 용이라 하면 중국의 왕, 왕이라 하면 곧 용이라는 등식을 확고하게 자리를 잡도록 만든 이는 누가 뭐래도 한고조 유방이었습니다. 사마천의 《사기》의 도입부에는 아예 대놓고, '고조 유방의 생김새는 콧날이 오뚝한 것이 용의 얼굴 같았다(高祖為人, 隆準而龍顏)'라고 적혀 있습니다. 생김새 자체가 용과 같았다는 것입니다. 그뿐이 아닙니다. 유방이 태어난 유래에 대해 적어 놓은 글귀에도 여지없이 용은 등장합니다. 유방의 어머니 '유씨댁 아주머니' 유온은 젊은 시절, 일하다 말고 큰 연못가에 가서 더위를 식히며 쉬고 있었는데, 깜빡 잠이 들고 말았습니다. 그때 갑자기 벼락이 치고 천둥이 요란하게 울려서 걱정된 아버지 유태공이 연못으로 자기 아내를 찾으러 왔는데, 그의 눈에 보인 것은 한 마리의 용이 자기 아내 몸 위에 올라타고 있는 모습이었습니다. 그리고 머지않아 유온은 아이를 갖게 되었고 그 아이가 바로 유방이었다고 합니다.

앞에서 용과 얽힌 유방의 이야기는 여기서 그치지 않습니다. 한량이었던 유방이 젊은 시절에 단골로 들르던 술집들의 주인이던 왕씨와 무씨가 연말이 되면 유방이 마신 술 외상 장부를 찢어 버렸다고 이야기해 드렸습니다. 그 이유에 숨겨진 이야기가 있다고 말씀드렸는데, 술에 취하면 유방은 아무 곳에서나 벌렁 드러누워 버렸습니다. 그런데 놀랍게도 그럴 때마다 매번 그의 몸 위에 용과 같은 형상이 서렸고, 그를 본 왕씨와 무씨가 상서롭게 여겨 더는 외상값을 받지 않게 되었습니다.

그에 대한 기록 속에서는 용은 아니지만, 용과 비슷하게 생긴 뱀에 관한 이야기도 꽤 비중 있게 등장합니다. 사수정 정장으로서 여산으로 죄수들을 포함한 인부들을 인솔하다가 그들을 다 풀어 주고 망태산으로 도망치던 무렵의 기록을 보면 그가 아우 한 사람만 데리고 선발대로 길을 가다 큰 뱀을 만난 적이 있다고 적혀 있습니다. 뱀을 본 아우가 혼비백산해서 길을 돌아서 가는 편이 낫겠다고 하였으나 술이 거나하게 취한 상태였던 유방은 "대장부가 가는 길에 무엇을 두려워하겠는가?"라며 칼을 뽑아 들고 뱀의 몸통을 두 동강 내버렸습니다. 그런 후 취기가 올라 그대로 드러누워 코까지 골며 잠에 빠져들었습니다.

유방 그리고 그와 같이 한 아우를 제외한 나머지 유방의 무리는 신기한 경험을 하게 됩니다. 앞서간 유방을 쫓아 발걸음을 서두르던 그들에게 한 노파가 눈에 띄었습니다. 수시로 산적이 출몰하고, 민가라고는 코빼기도 보이지 않는 인적 드문 외딴 숲속에서 말이죠. 게다가 노파는 대성통곡을 하고 있었습니다. 무리 중 하나가 노파에게 "왜 우는지" 묻자 그녀는 제 아들이 흰 뱀으로 변해서 길을 막고 있었는데, 어떤 사내가 제 아들을 베어 버려서 울고 있다고 했습니다. 아들이 누구냐고 묻자 노파는 제 아들이 전설 속의 왕인 백제(白帝)의 아들이라고 답했고, 뱀으로 변한 아들을 죽인 사람은 적제(赤帝)의 아들이라고 말하더니 홀연히 사라져 버렸습니다.

잠시 후 여태껏 잠을 자고 있던 유방이 깨어나 그의 곁을 지키고 있는 아우에게 그 신기한 경험을 이야기했습니다. 그러자 그는 깜짝 놀라며 그 흰 뱀을 단칼에 베어 버린 사람이 바로 여기 술에 취해 잠들어 있던 유방이라 말했습니다. 이후로 유방에 대한 아우들의 존경심과 경외심은 한층 더 깊어졌습니다.

이 이야기 속에서 우리가 깨달아야 할 사실은 '한고조 유방이 용처럼 생겼다'라거나, '유방이 큰 뱀을 무서워하지 않고 단칼에 베어 버린 적이 있다'는 것이 아닙니다. 그보다 더 심오한 의미가 용, 그리고 뱀과 관계되었다고 전해지는 유방의 이야기에 담겨 있습니다. 그것은 과연 무엇일까요?

'반드시 해내는', '뭔가 차원이 다른' 리더의 상징

10여 년 전쯤의 일일 겁니다. 가깝게 지내던 모 기업 회장님이 찾아와서는 자신의 회사를 맡아서 경영해 달라고 부탁을 하시는 거였습니다. 일반적으로 "와! CEO로 영입된 건가?", "회사를 통째로 맡길 정도면 얼마나 신뢰한 것일까?'라며 좋은 기회로 생각할 수도 있지만, 상황을 좀 더 자세히 들여다보면 꼭 그런 것만은 아니었습니다. 제게 경영을 맡겨 온 기업은 제품력과 기본기 자체는 탄탄했지만, 당시 여러 가지 환경이 몹시 안 좋았습니다. 매출과 영업이익은 모두 마이너스 곡선을 계속 보이고 있었고 회사가 손에 쥐고 있는 것은 현금이 아니라 빚 독촉 문서들뿐이었습니다. 조만간 갚아야 할 만기도래 채권이 수두룩하게 대기하고 있었고, 직원들의 사기는 바닥을 기고 있었습니다. '구원투수'나 '소방수' 정도의 낭만적인 단어로 말하기에는 회사의 운명이 절체절명의 위기에 처한 상태였습니다.

처음 출근하는 날. 사무실의 입구에 들어서서 제 방으로 걸어가는 찰나의 시간인데도 불구하고 저를 경계하고 의심의 눈초리로 쳐다보는 시선들이 느껴졌습니다.

'또 무슨 소리로 우리한테 희망 고문을 할까?' '분명히 어려운 상황이니 사람부터 자르자고 할 텐데…' '도대체 지금 우리 회사에 무슨 방법이 통하겠어? 끝났지 뭐.'

아무도 말은 안 했지만, 이런 마음의 소리가 들려오는 듯했습니다.

그렇게 사무실로 들어간 뒤 몇 주 동안 저는 밖으로 나오지 않았습니다. 야전 침대를 가져다 놓고 식사는 삼시 세끼 도시락으로 때워가며 사무실에만 앉아 있었습니다. 중간중간 새벽이나 심야에 잠시 목욕탕을 다녀오는 정도가 외출의 전부였습니다.

"아니, 새로운 CEO가 왔는데, 왜 취임사도 하지 않는 거야?"

"언제 업무보고를 하지? 이거 또 가만히 있다가 뒤통수 맞는 거 아냐?"

이렇게 수군거리는 목소리들이 여기저기서 들려왔습니다. 그러나 저는 아랑곳하지 않고 사무실에 칩거했습니다. 얼마나 철저하게 사무실에 틀어박혔는가 하면 낮에는 커다란 플라스틱 통을 사무실에 두고 그곳에 소변을 보고 직원들이 다 퇴근하고 나면 몰래 들고 나가 화장실 변기에 비우고 올 정도였습니다. 사무실에 그냥 틀어박혀 있던 것은 아니었습니다. 도산 위기에 처한 회사를 극적으로 살려낼 수 있을 방법을 백방으로 찾고 있었습니다. 워낙 오랜 기간 쌓여온 문제이다 보니 적극적인 영업으로 매출을 늘리고 수익구조 조정 등을 통해 영업이익을 조금 더 내는 정도로는 어림없었습니다. 좀 더 획기적인 방안을 찾아내기 위해 사무실에 틀어박혀 궁리에 궁리를 거듭했던 것입니다.

몇 주 만에 회사를 살릴 방도를 찾아냈습니다. 단순히 비용을 아끼고 함께 고생하며 일하던 동료들을 그만두게 하여 회사의 눈에 보이는 손익만을 개선하는 것이 아니라 회사의 본질적인 부분부터 바꿔 나갔습니다. 기존의 회사를 나눠서 투자를 유치하고 정상화를 시키는 작업을 통해 함께 일하는 그 누구도 눈물을 흘리지 않고 모두가 새로운 부활의 희망을 가질 수 있도록 만들었습니다. 그제야 제 집무실 문을 열고 나와 직원들을 만났습니다. 그때 마주한 직원들의 눈빛은 처음에 '낙하산으로 왔을 때' 제가 보았던 그것이 아니었습니다.

'출근하자마자 집무실에 틀어박혀 몇 날 며칠을 칩거하며 그 누구도 예상하지 못한 방법으로 회사가 안고 있던 숙제를 해결해 낸 CEO'라는 이야기는 그대로 제 이미지가 되었습니다. 남들에게는 더러운 것으로 보일 수 있는 플라스틱 소변통이 그러한 이미지와 결합하자 '반드시 해내는', '뭔가 차원이 다른' 리더의 상징처럼 여겨지기 시작했습니다.

실력, 세력, 매력만으로는 부족한 것들

사람의 마음을 움직이려면 리더십이 필요합니다. 그런 리더십을 구성하는 요소로는 여러 가지가 있고, 경영학자, 행정학자, 심리학자마다 다양한 요소가 필요하다고 말하지만, 저는 크게 '실력', '세

4장_ 일보다 사람을 보는 게 먼저다

력' 그리고 '매력'이라고 생각합니다.

첫째, 실력은 우리가 이해하는 그대로 실력, 실제로 보이거나 발휘되는 능력입니다. 그 능력이 때에 따라서는 타고난 체력이 되기도 하고, 때에 따라서는 부모로부터 물려받은 금권력(金勸力)이 되기도 하지만, 대개 자신의 노력과 시간을 쏟아 갈고닦은 전문성을 말합니다. 자신이 맡은 조직, 담당하는 업무에 대해 부하직원들이 쉽사리 따라잡거나 흉내를 내기 힘든 수준의 차별화된 전문적인 능력을 갖추고 있을 때 리더십은 절로 생겨나기 시작합니다. 〈밴드 오브 브라더스〉 같은 전쟁 드라마 또는 영화에서 남다른 전투 실력을 발휘해, 위기에 처한 아군을 적들로부터 구해내서 병사들에게 지휘관인 장교들보다 더 큰 존경을 받고 리더십을 인정받는 부사관들의 캐릭터가 대표적입니다.

둘째, 세력은 리더가 되고자 하는 사람을 따르는 이들의 숫자입니다. 알고 보면 리더십은 리더가 직접 만들어 스스로 발휘하고 스스로 알리는 것이 아니라, 리더를 따르는 사람들이 모여서 조직을 만들고 역량을 발휘하며 알리는 영향력을 의미합니다. 즉 리더를 따르는 이들의 숫자, 그들의 역량 수준, 그리고 그들 간의 조직력이 리더십의 수준이 되면 바로 세력이라 할 수 있습니다.

셋째, 매력입니다. 매력이라는 단어는 영어로는 'Charm', 'Appeal', 'Attraction' 등으로 번역돼 '호감을 느끼게 하는 힘', '무언가 끌리게 하는 힘' 정도로 해석이 되지만, 적어도 리더의 경우에 저는 이들 단어보다는 '카리스마(Charisma)'라고 번역하는 것이 맞는다고 생각합니다. 카리스마는 그리스어로 '처음' 또는 '시초'를 뜻하는 단어로 사도 바울(St. Paul)이 서기 50년경, 박해를 무릅쓰고 신앙적 소신을 지킨 한 교회에 보낸 편지글《신약성경》의 '데살로니가전서'에서 처음으로 발견됩니다. 그 글에서 사도 바울에 의해 '처음'을 의미하는 그리스어 단어 '카리스마(χάρισμα)'는 '신의 은총' 또는 한글 성경에서 흔히 사용되는 '은사'라는 의미로 사용되기 시작했습니다. 이후 한동안 종교적 단어였던 카리스마를 리더십에 접목한 사람은 독일의 정치학자 막스 베버(Max Weber)였습니다.

정작, 이 단어가 리더십의 요소 중 하나로 널리 알려진 것은 1960년에 벌어진 미국 대통령 선거 때였습니다. 성공한 아일랜드 이민자의 후손으로 제2차 세계대전 때 고속어뢰정(PT-109)의 정장으로 참전한 경험이 있고 7년간 상원의원으로 재직했다고는 하나 불과 44세의 젊은 정치가(경쟁자 표현에 따르면 애송이 정치가)인 민주당 후보가 공화당의 경륜 많은 노련한 정치가 닉슨과 맞붙게 되었을 때 이 '젊은 후보'가 승리할 것으로 예상한 이들은 많지 않았습니다. 그러나 선거 캠페인이 시작되고 몇 차례 TV 토론이 끝났을 때 사람들의 눈과 귀는 한 사람을 향해 있었고, 곧 그가 대통령이 되었습니다. 바로 '미국 역사상 가장 젊은 대통령'이자, '가장 사랑받았던 대통령 중 한 사람'인 제35대 미합중국 대통령

존 케네디입니다.

이후 그의 승리 비결을 분석하는 과정에서 단순히 정치공학적 측면에서나 후보 개개인의 능력 비교 등으로 설명할 수 없는 '또 다른 힘'이 있었다는 주장이 나왔고, 그때 다시 등장한 것이 '카리스마'였습니다. 뭐라 딱히 설명하기 어렵고 정의 내리기도 어렵지만 "저 사람이라면 우리를 잘 이끌어 줄 거야", "저 사람은 왠지 우리를 이끌 지도자 같아"라고 다소 막연하지만 그래도 확실하게 느껴지는 그 느낌 또는 믿음, 그것이 바로 카리스마입니다.

그런데 실력, 세력, 매력만으로는 조금 부족합니다. 진짜 제대로 이 세 가지가 생뚱맞게 등장하거나 따로따로 겉돌아서는 구성원들에게 제대로 어필하지 못합니다. 그때 필요한 것이 그 모든 것을 하나로 엮어내는 일관되고 거창한 '이미지'와 '스토리'입니다. 흔히, 리더에 대한 이미지 관리와 스토리텔링은 권위주의 정부 시절이나 독재정권하에서 권력자에 대한 맹목적인 충성을 끌어내기 위해 시도하는 위조, 날조 또는 선전, 선동을 떠올리는 분들이 많습니다. 효과적인 리더십 발휘를 위해서는 반드시 그럴듯한 이미지와 매력적인 스토리가 필요합니다.

위대한 리더나 거대한 부를 이룬 사업가의 생애를 다룬 책이나 영화에는 '갑자기 등장한 무지개'나 '순식간에 말라버린 호수', '지나가다 물 한 잔을 얻어먹기 위해 마당으로 들어온 점쟁이 스님' 또는 '하늘을 덮어버린 새 떼' 등이 심심치 않게 등장하는 것입니다. 이는 현재에 들어서도 마찬가지입니다. 삼성의 미래를 바꿨다는 평가를 받는 1993년의 '신경영 선포'에는 늘 따라다니는 것이 '7시간 동안 화장실 한 번 가지 않고, 단 한 번 쉬지도 않고 계속 이야기했다'라는 고(故) 이건희 회장의 일화입니다.

현대의 고(故) 정주영 회장에게는 그런 이야기가 더 많습니다. 빈대를 피하려고 침상 네 귀퉁이를 물통에 담가 놓았는데, 벽을 타고 온 빈대에게 피를 뜯기며 '해봤어?' 정신을 깨우치게 되었다거나, 과거 500원짜리 지폐가 있던 시절 지폐에 그려진 거북선 그림으로 해외 투자자를 설득했다는 등의 동화 같은 이야기들이 등장합니다.

그런 점에 있어 '용'과 '뱀'이라는 메타포를 활용하여 자신의 비범함을 강조한 유방이야말로 리더십의 달인이라 할 만합니다. 앞서 유방이 동네 패거리의 우두머리 시절 단골 술집이었던 왕씨 할멈과 무씨 아줌마가 유방의 외상 장부를 찢어버린 이유는 용의 형상 때문이었다고 이야기하였습니다. 그것은 다름 아닌, 또 '용'입니다. 유방이 술에 취해 곯아떨어지면 그의 몸 위에 종종 용의 형상을 한 짐승이 마치 유방의 몸을 다른 이들로부터 지키려는 듯이 똬리를 틀고 서려 있다가 사라지곤 했다고 이런 이야기를 유방이 만들라고 지시한 것은 아닐 것입니다. 유방 주위의 사람들이 만들어 낸 스토리일 가능성이 더 큽니다. 분명한 것은 그런 스토리들이 모여서 유방의 리더십을 더 돋보이게 해주었고 그의 위상을 탄탄하게 해준 것만은 틀림이 없습니다.

리더라면 따르는 사람들에게 '보이는 모습'과 '들려주는 스토리'가 남달라야 하고, 억지로 그런 것들을 만들 필요까지는 없지만, 분명히 신경 써야만 하는 것을 우리는 '용의 얼굴을 한' 유방의 사례를 통해 다시 한번 깨닫게 됩니다.

05 빠르게 실패해야 더 빠르게 성공한다

황제가 신하들에게 의견을 물으니, 여러 신하가 모두 산동 사람들인지라 앞을 다투어 주나라는 수백 년 동안 왕 노릇을 했으나, 진나라는 2대 만에 멸망했으니 주나라의 낙양에 도읍하는 것이 낫다고 말했다. 황제는 주저하며 결정하지 못하고 있었다. 그때 장량이 함곡관으로 들어가는 것이 유리하다고 명확하게 말하자, 그날로 수레를 서쪽으로 몰아 관중에 도읍을 정했다(高帝問群臣, 群臣皆山東人, 爭言周王數百年, 秦二世即亡, 不如都周. 上疑未能決. 及留侯明言入關便, 即日車駕西都關中).

《사기열전》 권99, 〈유경손숙통열전〉, 세 번째 절

불청객의 직언

천하를 손에 쥐고 한나라를 건국한 지도 5년이 지날 무렵, 한고조
는 도읍을 정하기 위해 고심하고 있었습니다. 고심한다고 해도 마
음속으로는 이미 지금의 허난성(河南省) 뤄양(洛阳市) 인근인 낙양
(洛陽)을 한나라의 수도로 점찍어 두고 있었습니다.

　황하의 지류인 낙수 인근 마을이었던 낙양은 중국 사람들에게
'토중(土中)'이라는 별칭으로도 불렸습니다. 모르는 이들은 북쪽으
로는 북망산, 남쪽으로는 낙수와 이수로 둘러싸인 벌판 한가운데
위치해서 그런 별명이 붙여졌으리라 추측하지만, 실은 그보다 훨
씬 더 거창한 뜻이 담겨 있습니다. 여기에서 '토'는 단순히 토지,
벌판을 의미하는 것이 아니라 중국 전체를 의미합니다. 즉, 토중이
라는 별칭은 이곳 낙양이 옛사람의 관점에서는 천하의 중심으로
여겨져 왔다는 것입니다. 중국 역사에 최초의 국가로 기록된 하
(夏)나라 시기부터 교통의 요지이자 상업과 행정의 중심지로 번창
하였으며, 이후 상나라, 후한, 위, 수나라 등의 수도가 이곳에 들어
섰습니다. 그중 가장 압권은 봉건제도와 책봉, 조공 체계 등 이후
수천 년간 영향을 미치는 통치 질서의 근간을 수립했으며, 문화적
으로도 훌륭한 유산을 남겨 중국 고대사에 가장 굵직한 발자취를
남긴 국가이자 이후 통치자들에게 가장 존경받는 국가로 남은 주
나라의 수도가 이곳 낙양이었습니다. 한고조 역시 내심 낙양을 도

읍지로 내정해 둔 터였습니다.

어느 날 부하 장수 중 한 사람이 한고조에게 알현을 청해 왔습니다. 군사 동향이나 군량 문제 등을 상의할 목적이라 생각하고 허락했더니, 장수는 난생처음 보는 사내 한 사람을 대동하고 들어섰습니다. 장수가 한고조를 뵙기 청한 것은 그에게 사내를 소개해 주기 위해서였습니다. 장수가 누경(婁敬)이라고 소개한 사내의 몰골은 가관이었습니다. 마구 헝클어진 머리에 양털 가죽옷을 입은 모습은 마치 들짐승과 같았습니다. 신발은 온통 흙투성이였고 얼굴과 손은 거칠었습니다. 전형적인 양치기나 가난한 농부의 모습이었습니다. 그러나 황제의 앞에서도 전혀 기가 죽지 않고 당당한 모습은 예사로운 인물이 아닐 거라는 기대를 하게 했습니다. 한고조는 그에게 술과 안주를 주며 "무슨 일로 찾아왔는가?"라고 물었습니다. 그는 다짜고짜 "폐하께서 낙양에 도읍을 정하려는 것이 혹시 주나라를 따라 하시는 것입니까?"라고 물었습니다. 한고조는 그에 대해 묘한 흥미가 생겨 "그렇다"라고 답했으며 "그것을 왜 묻는가?"라며 되물었습니다. 그러자 누경은 본격적으로 자기 생각을 말하기 시작했습니다.

"폐하께서는 천하를 얻었으니 과거 주 왕실과 같은 반열이라 생각하시겠지만, 그렇지 않습니다."

이 말을 시작으로 그는 조목조목 한나라가 왜 주나라가 아니고, 한고조가 왜 주나라 왕실을 따라 하면 안 되는지 설명했습니다.

"주나라는 이미 천하 뭇 제후들의 지지를 받아 여러 대에 걸쳐 국가의 토대를 다진 뒤 건국하였지만, 한나라는 짧은 시간 동안 치열한 전투를 치르며 사람들에게 원한도 많이 맺히게 하면서 급성장한 나라입니다. 주나라는 사방의 오랑캐마저 흠모하고 복종을 다짐할 정도로 덕을 오랫동안 많이 쌓아 왔지만, 한나라는 지금도 호시탐탐 노리는 적들을 사방에 두고 개국한 처지입니다. 그렇기 때문에 허허벌판이라 교통의 요지이면서 방어에 취약한 낙양보다는 적들의 접근이 쉽지 않고 지형적 장애물이 산재한 곳을 도읍으로 정해야 합니다"라고 열변을 토했습니다.

그 말에 한고조의 좌우에 배석하고 있던 신하들은 얼굴이 하얗게 질렸습니다. 누경이 한 말은 한마디로 "당신은 덕이 아니라 싸움으로 나라를 세워 원수가 된 이들이 많으니, 괜히 주나라 흉내 내지 말고 분수에 맞게 도읍지를 다른 곳에 정하라"라는 말이었기 때문이었습니다. 신하들은 안절부절못했습니다. 일부 신하들은 눈물까지 글썽이면서 분통을 터뜨리고, 다른 이들은 누경을 소개한 장수를 원망했으며, 또 다른 이들은 당장이라도 누경을 두드려 팰 기세였습니다. 그러나 잠자코 누경의 이야기를 다 들은 한고조는 뜻밖에 침착한 모습으로 장량을 불렀습니다. 낙양을 그대로 도읍지로 확정할지 아니면 누경의 말대로 적들로부터 방어하기에 쉬운 지역으로 정할지 상의했습니다. 중차대한 의사결정이었지만 의외로 그 논의의 시간은 길지 않았습니다. 일사천리로 한고조는 모든 결정을 내려 버렸습니다.

논의한 결과, 관중 땅에 적들로부터 방어하기에 쉬운 지역을 물색해 그곳을 도읍으로 정하기로 했습니다. 그리고는 누경에게 낭중(郎中)이라는 벼슬을 내렸습니다. 이 모든 것이 단 하루 만에 모두 이뤄졌습니다.

빠르게 시도하고 정답을 찾아가는 법

사람들은 흔히 유방이 남다른 인품과 매력으로 사람들을 끌어모아 큰 무리를 이뤘고, 그 위세를 앞세워 적들을 물리치고 황제에 등극했다고 생각합니다. 아주 많이 틀린 얘기는 아닙니다. 실은 유방은 덩치를 키우기보다 속도에서 앞서 승리한 인물입니다. 유방은 모든 의사결정이 빨랐습니다. 전쟁의 승패가 달린 전술적 판단을 해야 할 때도 그랬지만, 그보다 더 중요한, 생사가 달린 의사결정을 해야 할 때도 거침이 없었습니다. 때로는 그 모습에 '경솔하다', '생각의 깊이가 얕다'라거나 심지어 '아무 생각이 없다'라고 비판하는 이들도 많았습니다. 그러나 과연 그럴까요?

태생적으로 유방이 심사숙고하는 성격은 아니었던 듯합니다. 젊어서는 아우들과 어울려 다니며 느낌 가는 대로 말을 내뱉고, 하고 싶은 대로 행동했던 성격에 가까웠고, 나이가 들어서도 이리

저리 재고 실리를 묻고 따지기보다는 마음이 끌리는 대로, 더 중요하다고 생각하는 것부터 했던 인물이었습니다. 그러나 그를 단순히 충동적이거나 생각 없는 행동을 즐겼다고 폄훼해서는 곤란할 것입니다. 그보다는 완벽을 지나치게 추구하느라 찾아온 기회를 놓치는 우를 범하지 않았고, 뾰족한 대안이나 확신도 없으면서 최상의 해답을 찾기 위해 시간을 허비하는 실수를 하지 않았을 뿐입니다. 이왕 할 거라면 과감하고 빠르게 결정하고 일단 신속하게 시도해 보면서 문제가 되는 부분은 점진적으로 고쳐 나가며 문제에 융통성 있게 대처하는 길을 택했던 것입니다. 이는 최근 몇 년 사이 기업체 사이에서 선풍적으로 확산하고 있는 애자일(Agile) 방법론과도 맞닿아 있습니다.

애자일 방법론은 원래 소프트웨어 개발 산업에서 시작된 것으로 알려져 있습니다. 기존에 소프트웨어를 개발하는 방법은 고객이 원하는 기능을 정리하여 발주를 내면 개발사에서는 개발 계획을 세워서 단계별로 작업을 진행하고, 그것이 완성되면 고객에게 인도하는 방식으로 진행됐습니다. 중간중간 개발 과정에 대한 보고가 이뤄지기는 해도 고객이 주문한 소프트웨어가 작동하는 모습을 미리 살펴볼 방법은 없었습니다. 그런데 문제가 생기기 시작했습니다. 우선 고객들이 똑똑해지고, 원하는 니즈가 늘어나면서 완성된 소프트웨어에 만족을 못 하고 더 나은 기능과 디자인을 원하는 경우가 늘어났습니다. 이에 따라 개발 단계를 되짚어가며 어디서부터 고쳐서 다시 작업해야 할지 찾아야 했는데 그게 보통 일이 아니었습니다. 또 하나는 과학 기술이 발전하면서 소프트웨어가 개발되는 와중에도 신기술 또는 새로운 하드웨어들이 속속 등장하곤 했기에, 오랫동안 기다렸다 최종 단계에 완성된 소프트웨어를 납품받았는데 정작 신기술을 접목한 다른 소프트웨어나 새 하드웨어와 충돌을 일으켜 못 쓰게 된 결과도 빈번하게 발생했습니다.

이런 상황에 문제의식을 느낀 일련의 소프트웨어 개발자들이 기존의 방법론을 대체하기 위해 새롭게 도입한 방법론 또는 일하는 방식이 애자일 방법론이었습니다. 그 내용은 다양하고 복잡하지만 한마디로 얘기해서 '빠르게 실패하고 빠르게 피드백을 받아서 더 나은 결과물을 만들어 내는 것'이었습니다. 즉, 비유하자면 기존의 방식으로 자동차를 만든다고 했을 때 설계도에 따라 단계별로 프레임을 구축하고 엔진을 만들어 얹고 바퀴를 갖다 끼워서 만든다고 한다면, 애자일 방법론은 일단 바퀴로 굴러가는 킥보드를 만들어 보고, 개량해야 할 부분을 찾아서 보완한 뒤 오토바이를 만들어 보고, 더 나은 방식을 추가해서 자동차를 만들어 내는 방식입니다. 그 과정에서 잘못된 부분을 미리미리 살필 수 있게 되고 그를 통해 고객의 니즈에 좀 더 가까운 결과물을 만들어 낼 수 있게 되는 것입니다.

답 없는 문제를 두고 고민하기보다는 일단 시도해 보고 빠르게 오답을 지워 나가 차츰 정답을 찾아 나가는 애자일한 방법론을 바탕으로, 작은 스타트업 스포티파이(Spotify)는 2008년 스웨덴에서 첫 서비스를 시작한 이래 이용자 3억 명을 자랑하는 전 세계 1위 음악 스트리밍 기업으로 성장했고, 2002년 설립된 우주 탐사기업 스페이스 X는 불과 몇 년 만에 '최초의 상용 우주선 발사', '세계 최초로 궤도 발사체 수직 이착륙', '세계 최초 발사체 재활용' 등 그간 아무도 하지 못했던 성과들을 이뤄냈으며 지금, 이 순간에도 인류의 우주 탐사를 주도하고 있습니다.

과거 유방의 모습 역시 현재의 시각으로 보면 지극히 애자일한 모습이었습니다. 그는 실패를 두려워하지 않았고, 이왕 할 거라면 빠르게 시도하고 빠르게 실패하여 잘못된 점을 찾아내고 그를 개선하여 다시 더 나은 결과물을 연속적으로 만들어 내는 것을 택했습니다. 그런 모습들이 다른 사람들의 눈에는 다소 경솔한 모습으로 비추어지거나 생각이 얕은 모습으로 보였을 수도 있지만, 결과가 모든 것을 말합니다. 결국 마지막 순간에 '천하 제패'라는 최고의 상품을 만들어 낸 것은 그 누구도 아닌 유방이었습니다.

빠르게 실패한, 아니 결국 빠르게 성공한 이들

1969년 7월, 달 표면에 있는 일명 '고요의 바다'에 인류를 처음으로 내려놓은 유인 우주선 아폴로 11호는 미국의 자랑이자 인류의 희망이었습니다. 칠흑 같은 우주 공간을 38만 킬로미터 이상 날아가 달 표면에 정확히 착륙한 뒤 임무를 무사히 마치고 다시 달을 떠나 지구까지 무사히 귀환하는 우주 비행 기술에 전 세계인들은 전율했습니다. 당시 우주선은커녕 비행기도 한번 못 타봤던 저로서는 흑백 TV 화면 속에 보이는 우주로 날아가는 우주선과 중력이 약한 달 표면에서 둥실둥실 걸어 다니는 우주인의 모습은 그야말로 충격 그 자체였습니다. 컴퓨터는커녕 변변한 전자계산기조차 구경하기 힘들었던 마당에 '도대체 미국인들은 무슨 대단한 기술로 우주선을 달로 정확히 쏘아 보내는 것일까?'라는 생각에 무척이나 신기해 하기도 했습니다.

그런데 그 '무슨 대단한 기술'이 지금 저와 여러분의 손바닥 안에 있습니다. 그게 무슨 말이냐고요? 이젠 한참 구형이 돼 당근마켓이나 중고나라에서조차 잘 팔리지 않는 아이폰 6S의 연산 속도가 달 착륙 당시 아폴로 11호에 실려 있던 전자 장비의 연산 속도보다 1,200만 배나 더 강력하다고 합니다. 회사에 다니는 직장인들도, 버스 운전기사들도, 손주들의 전화를 기다리는 할머니와 할아버지들도, 학원에서 데리러 올 엄마를 기다리는 초등학생들도 나사(NASA)가 달에 보낸 우주선보다 훨씬 강력한 연산 장비를 손에 쥐고 생활하는 세상을 살아가고 있습니다.

인류 최초의 범용 컴퓨터로 알려진 에니악(ENIAC)으로 '1 더하기 1은 2'라는 연산결과를 도출하기 위해서는 1만 8,000여 개에 달하는 진공관을 켜고 예열을 시킨 뒤 스위치 소자와 배선을 직접 연결해서 입력한 뒤 결괏값을 천공카드에 출력해야 했는데, 그에 걸리는 시간이 짧게는 몇 시간에서 길면 이틀가량 걸리고는 했습니다. 하지만 우리가 손에 쥔 스마트폰에서는 단 몇 초, 몇 번의 터치로 간단히 끝나는 일입니다.

과거, 해외에서 유학하는 자녀에게 송금을 한번 하려면 하루 날잡고 마음을 단단히 먹어야만 했습니다. 은행 창구를 찾아가 각종 서류를 작성하고 증빙을 제출한 뒤 한참을 기다리다 또다시 몇 번의 확인 절차를 거쳐야만 비로소 송금되었고, 해외의 자녀는 전화 연락을 받은 뒤 현지 은행에 찾아가 복잡한 절차를 거쳐서 돈을 찾을 수 있었습니다. 그러나 지금은 아시다시피 모바일 뱅킹을 통해 집에서도 간단하게 송금을 할 수 있게 되었습니다.

집마다 한 대쯤은 있는 PC, 그리고 우리 모두의 손안에 쥐어진 스마트폰이 우리 삶에 혁명을 불러왔습니다. 세상의 변화 속도는 비약적으로 빨라졌습니다. 사람들은 더는 기다리지 않게 되었습니다. '기다림'이라는 존재 자체를 잃어버린 것처럼 모든 것이 신속하게 이뤄지는 시대를 살아가고 있습니다. 우리는 간단한 손가락 터치만으로 이야기 나누고 싶은 사람을 불러들이고, 화면 클릭 몇 번이면 방안에서 단양팔경의 경치를, 베네치아의 운하를, 에펠탑에서 바라다본 파리 시내의 풍경을, 프랑스 루브르 박물관에 전

시된 모나리자를 감상할 수 있는 시대에 살고 있습니다. 먹고 싶은 음식이 있으면 24시간 아무 때나 배달 앱을 열어 주문하면 잠시 후 문 앞에 뜨끈한 음식이 도착해 있는 시절을 살게 된 것입니다.

이제 더는 규모가 우리 삶을 지배하지 못하는 시대가 되었습니다. 앞으로의 시대는 오직 속도, '속도를 누가 장악하느냐?'가 시장을 선도하고 사업을 성공적으로 영위하는 핵심 비결이 될 것입니다. '규모의 경제' 시대는 가고, '속도의 경제' 시대가 더욱더 중요해질 것입니다. 속도에 목을 매고, 누가 더 빠를지 두고 경쟁하는 사회가 꼭 바람직한 것은 아닙니다. 그러나 옳고 그름을 따지기 전에 이미 세상은 '속도'가 가장 중요한 덕목 중 하나인 시대로 바뀌어 가고 있습니다. 이런 시대에는 계획한 대로 완벽함을 도모하며, 순차적으로 행하기보다는 빠르게 시도하고, 만일 실패하면 그를 토대로 오답을 제거한 뒤 곧바로 다시 시도해야 합니다. 만약 다시 실패하면 더 많은 오답을 제거하는 기회로 삼고, 다시 시도해 나가며 유연하게 세상의 변화에 대처하는 모습, 그를 통해 옳은 답을 신속하게 찾아 나가는 모습이 중요합니다. 무려 2,000년 전 이미 그것을 깨닫고 실천에 옮겼던 유방의 사례가 우리에게 주는 교훈입니다.

06 황제는 혼자 마차를 타지 않는다

(전략) 병이 심해지자 여후가 용하다고 소문난 의사를 불렀다. 고조가 의사에게 병세를 묻자 그는 "폐하의 병은 치료될 수 있습니다"라고 답했다. 그러자 되지도 않는 소리 하지 말라며 "나는 보잘것없는 신분으로 세 자밖에 안 되는 검을 차고 천하를 얻었으니 이는 천명이 아니겠는가? 명은 하늘에 달렸거늘 편작이라 한들 무슨 도움이 되겠냐?"라고 말했다. 그리고 끝내 병을 치료하지 못하게 하고 대신 그에게 황금 50근을 내리고 물러가게 했다. (후략) (前略 病甚, 呂后迎良醫, 醫入見, 高祖問醫, 醫曰 "病可治." 於是高祖嫚罵之曰 "吾以布衣提三尺劍取天下, 此非天命乎? 命乃在天, 雖扁鵲何益!" 遂不使治病, 賜金伍十斤罷之. 後略).

《사기본기》 권8, 〈고조본기〉, 여든네 번째 절

어쩌다 일으킨 반란

앞서도 몇 차례 등장했지만, 경포라는 인물이 있습니다. 그는 원래 항우의 밑에서 중용되었던 인물이지만, 유방의 회유에 넘어가 한나라 장수가 되어 큰 공을 세운 인물이었습니다. 경포라는 이름에는 흥미로운 사연이 하나 얽혀 있습니다. 그의 원래 이름은 영포(英布)로 구강군 육현지금의 안후이성(安徽省) 루안(六安) 부근 출신의 빈농이었습니다. 그런데 어린 시절 사람의 관상을 잘 본다는 이가 그의 얼굴을 뚫어지게 쳐다보더니, "참으로 좋은 관상이로다…. 그런데 뭔가 조금 부족하네. 아마도 큰 변고를 치르고 나면 부족한 하나가 채워질 테지….”라고 한탄을 한 적이 있었습니다.

그 후 얼마 지나지 않아 공교롭게도 그는 큰 죄를 저지르고 옥에 갇히는 신세가 되고 말았습니다. 그의 가족이 백방으로 뛰어다니며 구명하기 위해 애썼지만, 무죄 방면시키는 것에는 실패하고 다만 목숨을 부지하는 것으로 만족해야 했습니다. 풀려나는 조건으로 그가 받게 된 형은 경형(黥刑)이었습니다. 얼굴의 가장 잘 보이는 곳에 칼로 글씨를 새기고 그 상처에 먹물을 부어 일종의 문신을 새겨 넣어 범죄자로 낙인찍히게 만드는 끔찍한 형벌이었습니다. 그런데 놀랍게도 바로 그 경형이 관상가가 말한 '참으로 좋은 관상에 부족한 하나'를 채워주는 역할을 했습니다. 경형을 당해 얼굴에 큰 흉이 생긴 이후로 그의 인생은 180도로 확 바뀌었습니다. 하는 일마다 술술 잘 풀렸고, 나간 전투마다 큰 공을 세웠습니다. 그의 명성이 높아지기 시작하면서 영포라는 이름 대신 경포라는 별명으로 불리게 되었습니다. 항우가 이끄는 초나라군의 핵심 인물이 되어 승승장구하던 그는 유방 측의 교묘한 회유에 넘어가 항우를 배신하게 됩니다. 그는 한나라 측으로 넘어와 유방을 도와서 초나라를 멸망시키고 한나라 개국에 큰 공을 세운 것을 인정받아 회남왕(淮南王)에 봉해져 구강(九江), 여강(廬江), 형산(衡山), 예장(豫章) 등을 영지로 거느리는 넓은 제후국의 왕이 되었습니다.

하지만 눈앞의 이익에 지나치게 밝고 다소 조급했던 그의 성격이 이내 큰 화를 불러왔습니다. 한신과 팽월이 황제로부터 버림을 받는 이른바 '토사구팽' 상황이 벌어지자 그는 지레 그다음 순서는 바로 자신일 거라고 성급하게 단정 지어 버린 것이었습니다. 더더욱 마음이 급해졌던 그는 은밀하게 군사를 모으고 무기를 장만해 만반의 준비를 하기 시작했습니다. 유사시에 자신을 지키고 필요에 따라서는 농성을 벌이며 황제와 중앙 정부로부터 원하는 것을 얻어내기 위함이었습니다. 하지만 몰래 병사를 늘리고 그들을 무장시키는 작업은 쉬운 일이 아니었습니다. 시간이 꽤 흘렀지만, 아직 준비는 터무니없이 부족했습니다.

어느 날 결정적인 사건이 엉뚱한 곳에서 터지고 말았습니다. 회남왕 경포에게는 아끼는 애첩이 있었습니다. 병에 걸린 그녀는 읍내에서 가장 용하다는 의원을 찾아갔습니다. 의원의 집 맞은편에는 중대부 벼슬을 지내던 분혁(賁赫)이라는 이가 살고 있었습니다. 회남왕이 아끼는 애첩이 의원에 들렀다는 소식을 들은 그는 서둘러 사람을 보내 그녀를 자신의 집으로 모시도록 했습니다. 그리고 온갖 몸에 좋다는 귀한 식자재를 마련해 보양식을 만들어 바쳤습니다. 그 대접에 흡족했던 애첩은 저녁나절에 경포를 만나 입에 침이 마르도록 분혁을 칭찬했습니다. 여기까지는 분혁이 예상한, 아니 바라던 바였을 것입니다. 그러나 군사를 모으느라 혈안이 되어 장기간 스트레스에 노출된 상태였던 경포는 그런 분혁을 칭찬하고 상을 내리기는커녕 늘 호시탐탐 자신의 애첩을 넘본 것은 아닌지, 혹시 집으로 들여 무슨 음탕한 짓을 하지는 않았는지 의심하기 시작했습니다.

그 소식을 듣고 '가만히 있다가는 경포에게 끌려가 무슨 일을 당할지 모른다'라고 생각했던 분혁은 시중에 '회남왕 경포가 모반을 꾸미고 있다'라는 소문을 퍼뜨린 뒤 그대로 마차를 몰고 황제가 있는 장안으로 내달리기 시작했습니다. 소식을 들은 경포가 정예 군사들을 보내 분혁이 탄 마차를 쫓도록 했으나 실패하자, 장안에 도달한 분혁은 한고조 유방에게 고변장을 적어 냈습니다. '경포는 늘 자신도 황제가 되고 싶다'라는 말을 입에 달고 살았고, '곧 장안을 치기 위해 반란군을 이끌고 출병할 예정'이라는 식의 자극적인 내용이었습니다. 여기까지만 해도 역사상 몇 번 마주치기 힘든 대형 사고였지만, 대충 여기에서만 끝냈더라도 이후에 전개되는 역사적인 사건 중 상당수가 일어나지 않았을 것입니다. 경포가 그저 "분혁과는 약간의 오해가 있었다", "모반이 아니라 장안으로 향하는 주요 통로를 지키기 위해 병사들을 보강한 것이다" 정도로만 둘러댔어도 당시 분위기상 별문제 없이 지나갈 수도 있는 일이었습니다.

그러나 상황이 예상치 못한 방향으로 확대되기 시작하자, 자포자기한 심정이었던 경포는 아직 준비도 덜 된 상태에서, 진짜 반란을 일으켜 버렸습니다. 기원전 195년 한나라가 개국한 지 12년이 되는 해였습니다.

쓸데없이 쏜 화살이 운명을 바꾸다

심리학이나 경영학에는 '컨퍼메이션 바이어스(Confirmation Bias)'라는 말이 있습니다. 다른 말로는 '확증편향(確證偏向)'이라고 하는데 자기 생각이나 의사결정에 도움이 되거나 그를 강화 또는 설명하는 데 도움이 되는 것만을 진실이라고 믿고, 반대의 생각, 단서, 주장 등은 애써 믿지 않거나 아예 외면해 버리는 현상 또는 모습을 말합니다. 대표적인 것이 '인류 역사상 가장 무모한 도발'로 불리는 진주만 폭격과 그로 인해 촉발된 태평양 전쟁을 일으킨 제국주의 일본군 대본영(大本營)의 사례입니다. 군사력과 전쟁 지속 능력에 있어 미국과 아예 비교되지 않는 수준이라는 현실을 알고 있었음에도 그들은 자신들에게 유리한 상황, 모습, 환경만을 보려 했고, 거기에 더해 정신력과 행운이라는 측정 불가한 무형의 자산마저도 자신들이 일방적으로 더 우세하다고 믿었습니다. 그들은 선전포고도 하지 않은 채 미국과의 전면전을 시작해 버렸고, 잠깐 수세에 몰렸던 미군은 이내 전열을 정비해 태평양 인근 전장 곳곳에서 일본군 대본영을 박살 내기 시작했습니다. 그리고 히로시마와 나가사키에 결정타 두 방! 제국주의 일본군은 당시 단순히 '확증편향의 아픈 흉터' 정도로 생각하고 넘기기에는 너무나도 뼈 아픈 주먹을 두 방이나 연속으로 맞고 휘청거려야 했습니다.

자포자기한 심정에서 반란을 일으킨 경포 역시 컨퍼메이션 바이어스에 휩싸였습니다. 그는 '한나라의 장수 중 한신과 팽월 정도가 나와 호각세를 이루는데, 황제가 미리 그들을 숙청시켜 버렸으니, 이제 한나라에 나를 막을 장수는 더는 없다'라고 생각했습니다. 두려운 적이 없으니 초반 그의 기세는 거칠 것이 없었습니다. 그의 생각이 실제로 맞아떨어지는 듯하여 착각할 만도 했습니다. '게다가 유일하게 나와 맞설 만한 위인인 황제도 최근 들어 정사를 돌보는 날보다 병석에 누운 날이 더 많다고 하니, 진압군의 군율과 사기는 아마도 바닥에 떨어진 상태일 것이야'라고도 생각했습니다. 생각이 거기에 미치자, 그의 입은 절로 신이 나서 자신의 속마음을 들리게 말할 지경이었습니다.

"이 모든 것이 다 나를 황제로 세우려는 하늘의 뜻이다!"

실제로 경포의 기세는 무서웠습니다. 중앙 정부의 병력에 비해 그 숫자도 적고, 아직 완벽하게 체계를 갖추지도 못했으나 충성스럽고 용맹한 장수들과 정예 병력으로 이뤄져 있던 경포의 군대는 형나라를 쳐서 한고조의 사촌형이자 자신과는 생사고락을 나눈 옛 전우 형왕 유고를 죽여 버렸고, 삽시간에 옆 초나라까지 쳐서 초원왕으로 재임하던 한고조의 배다른 동생 유교마저 혼비백산하여 도주하도록 만들었습니다. 그때까지도 한고조는 형세를 관망하되 직접 나서지는 않고 있었습니다. 그런데 경포는 엉뚱한 곳으로 쓸데없이 화살 한 방을 쏘아 버리고 말았습니다.

몇 차례 전투에서의 승리에 도취하여 있던 경포는 회추(會甀)라는 곳에서 황제의 진압군을 맞닥뜨리게 되었는데, 이때 그는 독특한 형태로 병사들을 전투 배치했습니다. 그 진법은 바로 초패왕 항우가 살아생전 한창 잘나가던 시기에 유방의 군사들을 만나 사용했던 것이었습니다. 해당 진법을 활용해 항우는 큰 승리를 거뒀고, 패배한 유방은 한동안 큰 고초를 겪어야 했습니다. 그 진법은 양쪽 진영과 같은 규모의 병사 숫자에는 비효율적이었고 회추의 지형에도 맞지 않았습니다. 오로지 한고조를 약 올리기 위해 사용한 진법이었습니다. 경포의 이 '쓸데없이 쏜 화살 한 방'은 그대로 날아가 병석에 누워 있던 한고조의 뇌리에 꽂혔습니다. 천하 제패라는 대업을 이루고 난 뒤 얻게 된 알 수 없는 허탈감과 점차 고령으로 접어들며 여기저기 아픈 몸 탓에 다소 병약해졌던 옛 영웅은, 다시 떠오른 아픈 패전의 기억, 항우에게 쫓기며 날마다 노심초사했던 기억, 그리고 그런 기억을 되살려준 경포에 대한 분노로 몸을 떨며 완벽하게 각성을 했습니다. 경포의 예상과 달리 한고조는 진압군의 가장 선봉에 서서 전투를 치렀습니다. 얼굴은 병색이 완연했지만, 군사들을 이끄는 당당한 자태는 예전 초패왕과 천하를 두고 쟁패를 겨루던 때와 다를 바가 없었습니다. 황제의 솔선수범에 감동한 병사들은 너나 할 것 없이 싸움에 몸을 던졌고, 병력의 숫자, 장비의 우세에 병사들의 사기까지 급상승한 한고조의 진압군은 경포의 반란군을 말 그대로 박살 내 버렸습니다.

결국 수십 명도 되지 않는 측근들만 거느린 채 경포는 처남인 장사왕 오신에게 도망하였습니다. 그러나 경포가 살아생전 쐈던 화살은 하나가 아니었습니다.

목숨은 하늘의 뜻에 달렸다

한고조는 휘하의 장수 중 가장 날래고 용맹한 장수에게 정예병을 내주어 도망친 경포를 쫓도록 했습니다. 그리고 자신은 나머지 병사들을 이끌고 도읍으로 귀경길에 나섰습니다. 마침 돌아오는 길의 중간에는 고향 패현이 있었습니다. 그는 아직 고향 마을에 사는 친지, 옛 친구들을 모두 불러 모아 열흘 밤낮 동안이나 잔치를 열었습니다. 잔치에서 그는 황제라는 자신의 신분도 잊은 채 마음껏 먹고 마시며 옛 추억을 화제로 대화를 나눴습니다. 그 내용 중에는 길거리 한량, 건달패였던 시절의 일화도 있었지만, 그는 전혀 개의치 않는 듯했습니다.

한창 잔치가 절정에 달했을 무렵 한고조는 악사 무리 중의 우두머리를 불러 악기를 가져오도록 했습니다. 그리고 직접 악기를 켜며 자작곡을 부르기 시작했습니다.

큰바람이 일어 구름이 흩날리듯(大風起兮雲飛揚)
천하에 위세를 떨치고 금의환향 하였네(威加海內兮歸故鄉)
어떻게 용사를 얻어 천하를 지킬꼬(安得猛士兮守四方)

노래를 마친 한고조는 그 자리에서 일어나 어깨를 들썩이며 춤을 추기 시작했습니다. 고향 패현 지방의 전통 춤사위였습니다. 그의 두 뺨 위로 뜨거운 눈물이 흐르고 있었습니다. 천하 제패라는 대업을 이루기까지 겪어온 인생 여정과 때로는 함께 목숨 걸고 싸웠던 전우를 내쳐야 했던 상황에 대한 회한, 오랜만에 들른 고향 땅에서 다시 떠오른 자신의 옛 모습 등이 겹치면서 감정이 북받쳐 올라 그런 듯했습니다. 눈물 흘리며 덩실덩실 추는 '황제의 춤사위'를 본 이들은 너 나 할 것 없이 함께 눈물을 흘렸습니다.

며칠이 지나 한고조가 다시 길을 떠나려 하자 패현 사람들은 정성껏 마련한 음식들을 짊어지고 나와 신하와 병사들에게 떠안겼습니다. "이미 군량이 넘치도록 충분하다"라며 받을 수 없다고 만류해도 소용이 없었습니다. 음식을 바치고 나서도 그들은 병사들의 대열을 따라서 한없이 함께 걸었습니다. 그 대열은 경포의 뒤를 쫓던 장수가 보낸 전령이 '반역자 경포가 멀지 않은 곳에 은신하고 있다'라는 전갈을 받고 다시금 반역 무리를 정벌하기 위해 대열의 방향을 틀 때까지 계속되었습니다.

한고조는 고향 사람들과 헤어져 경포의 잔당들 뒤를 쫓았습니다. 발악하며 도망치던 경포 무리 중 하나가 화살을 쏘았는데, 그만 그 화살이 황제의 얼굴에 상처를 입히고 말았습니다. 처음에는 상처가 그리 깊지 않은 듯했지만, 고령에다가 오랫동안 전장을 누빈 탓에 면역력이 약해져 상처가 아물지 않고 오히려 덧나기 시작했습니다. 황제의 병세는 눈에 띄게 나빠졌습니다. 여태후는 중국 전역에 명령을 내려 용하다는 의원은 모두 소집하여서 한고조를 돌보도록 했지만, 그의 병은 더 깊어지고 있었습니다.

장락궁 연못가에 봄꽃이 흐드러지게 핀 어느 봄날, 한고조는 자리에서 몸을 일으켜 앉지도 못할 정도로 기력이 쇠한 상태였습니다. 탕약을 들고 와서 상처 부위를 살피던 의원에게 상태가 어떤지 물었습니다. 그 물음에 의원은, "하루가 다르게 상처가 잘 아물고 있고, 약으로 기를 보하고 있으니 폐하의 병은 곧 나을 수 있습니다.”라고 답했습니다. 그러자 한고조는 고개를 가로저었습니다.

"나는 일개 평민의 신분으로 태어나 세 자루의 검으로 천하를 얻었으니 그것이 천명(天命)이 아니고 무엇이겠는가? 인간의 목숨 역시 천명에 달렸으니, 편작(扁鵲)[10]이 온다 한들 어찌할 도리가 있겠는가?"라며 탕약을 도로 가져가도록 했습니다.

의원에게는 "그동안 나 때문에 수고가 많았다"라며 황금 50근을 하사했습니다. 불과 수십 년 전 자신의 불로장생을 이루기 위해 수많은 백성을 험준한 산과 먼바다로 내몰았던 진시황의 모습을 기억하는 이들은 다시 한번 그의 마음 씀씀이에 감동해 눈물을 흘리지 않는 이가 없었습니다. 얼마 뒤, 한고조는 조용히 눈을 감았습니다. 기원전 195년 4월 어느 봄날이었습니다.

무엇을 남기는 사람이 될 것인가?

'호랑이는 죽어서 가죽을 남기고, 사람은 죽어서 이름을 남긴다'라는 말이 있습니다. 중국 역사책인 《오대사(伍代史)》 속 〈왕언장전(王彦章傳)〉에 나오는 '표사유피 인사유명(豹死留皮 人死留名)'이라는 구

---

10. '죽은 사람도 편작이 오면 살릴 수 있다'라는 이야기가 널리 알려졌을 정도로 춘추전국시대에 이름을 날렸던 명의(名醫).

절에서 유래한 말입니다. 해당 글의 주인공인 왕언장은 말단 병사에서 시작해 대장군의 지위에 올라 후량(後梁)을 개국한 태조(太祖) 주전충(朱全忠)의 심복이 되었던 인물입니다. 그는 전투가 시작되면 100근이 넘는 무게의 무쇠창을 각각 양손에 들고 대열의 가장 앞에 서서 적진을 휘젓고 다닌 맹장 중의 맹장이었습니다. 그러나 주전충이 아들의 손에 목숨을 잃고, 그 아들 역시 자신의 동생에게 목숨을 잃는 대혼란이 일어나자 후량의 국력은 일개 말단 제후국에도 못 미치는 수준으로 전락하고 말았습니다. 전투마다 왕언장이 눈부신 활약을 펼쳤지만, 번번이 패하고 말았습니다. 비록 부족한 병력과 미흡한 보급 탓에 번번이 전투에는 패했지만 일기당천(一騎當千)의 기백으로 전장을 누빈 왕언장의 활약을 눈여겨본 당나라 황제는 포로로 사로잡힌 그에게 은밀하게 사람을 보내 "당나라로 귀의하면 장군의 지위를 줄 테니 부하가 되어 달라"고 연일 회유를 했습니다. 그때마다 그가 입에 달고 살았던 말이 '표범은 죽어서 가죽을 남기고, 사람은 죽어서 이름을 남긴다'라는 뜻의 '표사유피 인사유명'이었습니다. 즉, 인간인 자신은 죽을 때 가죽이 아닌 이름을 남겨야 하는데, '변절자'라는 이름으로 더럽게 남겨 죽은 이후에라도 부끄럽게 지내는 일은 하지 않겠다는 다짐과도 같은 이야기였습니다. 그랬음에도 불구하고 당나라 황제는 지속해서 사람을 보내 왕언장을 회유해 자신의 장수로 삼고 싶다는 뜻을 알려왔습니다. 불과 몇 년 사이 대륙의 실세로 떠오른 당나

4장_ 일보다 사람을 보는 게 먼저다

라 왕의 노골적인 청을 더는 거절할 수 없었습니다. 자신 때문에 가족과 지인들이 입게 될 피해가 안 봐도 눈에 훤했습니다. 그렇다고 소신을 접고 싸우던 적국의 장수가 될 수도 없었습니다. 왕언장은 "아침에는 양나라를, 저녁에는 당나라를 섬긴다면 살아남는다고 해봐야 세상 사람들을 어떻게 대할 수 있을 것인가?"라고 한탄한 뒤 스스로 목숨을 끊어버리고 말았습니다. 이때부터 죽을 때 표범이나 호랑이는 가죽을 남기고 인간은 이름을 남기니, 자신의 이름이 얼마나 소중한지 깨닫고 이름을 더럽힐 짓은 하지 말며, 조금 힘들고 어려운 길이라고는 해도 이름값을 드높일 수 있는 일을 하는 데 힘써야 한다는 말이 널리 퍼졌습니다.

요즘 "한 회장님, 앞으로의 계획이 무엇인가요?"라는 질문을 받곤 합니다.

아마도 현재의 사업적 성과를 기반으로 앞으로 어떤 분야에 투자하고, 어떤 영역에 추가로 사업을 진출시킬 것인지 묻는 것입니다. 그러나 제 대답은 늘 한결같습니다.

"예, 도시락집 사장이 되는 것이 계획입니다만…"

그러면 다들 제가 장난을 치려고 농담을 한 줄 압니다. 그러나 진짜입니다. 앞으로 하는 사업이나 투자야 늘 하던 대로 진심으로, 절대자가 보시기에 선하고 바라보기 좋은 모습으로 운영하겠지만, 궁극적으로 꼭 해보고 싶은 '달콤한 상상'은 도시락집을 여는 것입니다. 그런데 그냥 도시락집이 아닙니다. 노숙인들이나 일시적으로 경제적 어려움을 겪는 사람들, 또는 여러모로 마음고생이 많은 학생이나 각종 시험을 준비하는 수험생들이 맘 편하게 와서 한 끼 먹을 수 있는 그런 도시락집을 만들려고 합니다.

이쯤 되면 '그냥 자선단체에 기부나 하지. 도시락집은 농담으로 한번 해본 말 아니야?'라고 생각할 수도 있습니다. 그러나 그렇지 않습니다. 구체적으로 필요한 금액을 산출하고 그 비용을 저와 함께 투자도 하고, 심지어 시간이 날 때는 직접 팔 걷어붙이고 도시락통에 밥과 반찬을 나눠 담을 동지들을 이미 모았습니다. 팍팍한 삶을 살다 보면, 세상 참 각박하고, 좋은 사람 만나기 어렵다는 생각이 들 수도 있지만, 그렇지만은 않습니다. 세상에는 생각보다 좋은 사람들이 많습니다. 앞으로 남은 생애 동안 자신이 가진 재산을 다른 사람들을 위해, 우리가 살아가는 이 사회를 돕는 데 쓰고 싶다는 분들이 있습니다. 제가 때로는 친구로, 때로는 파트너로, 또 때로는 스승이자 어버이로 모시는 지인들이 바로 그런 사람들입니다. 그런 분들이 저의 뜻과 함께해 주셨습니다. 평상시라면 한자리에 다 모으기도 어려울 만큼 쟁쟁한 분들이고 바쁘기로는 대한민국 둘째가라면 서러워할 분들이지만, 제 생각에 흔쾌히 뜻을 같이해 주시기로 한 참 고마운 분들입니다. 이런 분들이 펼치시는 든든한 사회적 책무, 노블레스 오블리주가 앞으로 우리 사회를 더 따뜻하고 달콤하게 만들어 주리라 확신합니다.

도시락의 적정한 가격까지도 산출해 두었습니다. 현재로서는 3,000원 정도를 받으려 합니다. 공짜로 준다고 하면 무료급식이나 불우이웃돕기라고 생각해서 섣불리 들어오지 못하거나 괜히 부끄러워할 수도 있을 거라는 생각에 시중에서 파는 저렴한 가격의 국밥이나 백반의 딱 절반 가격인 3,000원으로 책정했습니다. 대신 밥과 국은 무제한 리필이고, 돈이 없으면 '언제 갚을지 약속할 필요 없는 외상'이라는 핑계로 돈을 내지 않고 가도 되는. 엄연히 외상이기에 어쨌든 공짜로 준 것은 아닙니다.

저 혼자서도 도시락집 하나쯤은 충분히 낼 수 있습니다. 그러나 제가 바라보는 시선은 단순히 도시락집에 있는 것이 아닙니다. 그 도시락집을 찾아 배를 채울 수많은 어려운 이웃, 힘겨운 젊음과 그 도시락을 통해서 베풂과 감사의 기쁨을 느낄 수많은 사람, 그들을 조금이라도 더 많이 만들어 내는 것이 제 '구수한 상상'의 목표이기에, 저는 오늘도 열심히 밥집의 동업 구성원을 모으고, 이리저리 오픈 준비를 하고 있습니다.

한 우화 속에서 사내의 옷을 벗긴 것은 거센 강풍이 아니라, 태양이 선사한 따스한 햇볕과 훈풍이었던 것처럼, 세상을 좀 더 좋은 곳으로 바꾸는 것은 우리 마음속의 따스한 사랑과 감사의 마음일 것임을 믿습니다.

우리가 소인배라 부르는 이들은 아무리 지위가 높고 가진 것이 많아도 어떠한 일을 할 때 일부터 봅니다. 그러나 우리가 보통 성인군자라 부르는 이들이나, 일을 잘하는 인재라고 부르는 이들은 어떠한 일을 할 때 사람부터 봅니다. 단순해 보이지만 그 차이에서 위대한 성공과 처절한 실패라는 커다란 격차가 생겨난 것입니다.

사람이 무기다

한고조 유방의 성공 전략

초판 1쇄 발행 2022년 6월 30일
초판 4쇄 발행 2022년 7월 20일

지은이 한의상
발행인 김석종
편집인 김석
편집 김영남, 박현숙
마케팅 김광영(02-3701-1325)
인쇄, 제본 OK P&C
발행처 (주)경향신문사 **출판등록** 1961년 11월20일(등록번호 제2-79호)
주소 서울시 중구 정동길3(정동 22)
대표전화 02-3701-1114

값 17,800원
ISBN 979-11-88940-13-4 03320
ⓒ경향신문, 2022